現代《いま》に生きる安藤昌益

●

編者

石渡博明, 児島博紀, 添田善雄

御茶の水書房

昌益と現代 ―自然と人間の調和をめざして― 主催 昌益記念実行委員会

'95年 5月 3日

まえがき

二〇一二年は、日本史上に屹立する独創的な思想家・安藤昌益没後二五〇年、昌益の発見者として知られる大教育者、大哲学者・狩野亨吉の没後七〇年という記念すべき年に当たります。

農文協版『安藤昌益全集』の完結と昌益没後二二五年を記念して、一九八七年に神田一ッ橋の日本教育会館で開催された〝二〇・二四「安藤昌益は甦り、現代に生きる」シンポジウム〟を受けて結成された昌益研究の全国ネットワーク「安藤昌益の会」の事務局長として、この間、昌益思想の研究深化と普及に微力ながらも取り組んできたことから、昌益に心惹かれ、昌益に思いを寄せる人々の論集が出版できないかと考えました。母体は安藤昌益の会と〝変革のアソシエ講座〟「いのちの思想家・安藤昌益」参加者を中心とした皆さんです。

編集会議で構想を話すうちに、百科全書的とも言われる安藤昌益にふさわしく執筆者候補が次々と広がり、当初の企画を大きく上回ってしまいました。しかも、お声をおかけした方のほとんどがご快諾くださり、二五人の多きに達し、またきわめて多彩なものとなりました。本当に感謝に堪えません。

安藤昌益の思想はとかく難解だとして敬して遠ざけられる傾向にありますが、本質はきわめて単純明快、奇跡の星・地球という惑星に生まれおちた人間の「いのちの尊厳」とそれを育む「自然への畏敬」に満ちた賛歌であり、一大叙事詩ともいうべきものです。

そのため、執筆者のほとんどは専門的な学者の世界とは縁のない普通の人々であり、それぞれの仕方でこの社会を支えている、また支えてきた勤労民衆であり、昌益流の言い方で言えば「直耕の衆人」です。共通項と言えば、昌益の生き方・考え方への共感、昌益への思いということになりそうです。

３・11という過酷な試練を受けて、生き方考え方を問い直すことを余儀なくさせられている私たちにとって、問い直しのためのヒント、解決のためのヒントが、昌益の思想に、昌益の思想に共感して「現代を生きている」執筆者の皆さんの文章に潜んでいると思われます。本書がそのための一助になれば幸いです。

二〇一二年一〇月一四日

編集委員代表・石渡博明

現代《いま》に生きる安藤昌益　目　次

Ⅵ　昌益研究の原点――狩野亨吉

Ⅶ　昌益論の展開

現代《いま》に生きる安藤昌益

Ⅰ　昌益ゆかりの地から

安藤昌益　再訪の旅

佐藤栄佐久

そうだ。八戸と大館にもう一度行こう。

この原稿を依頼され、私はすぐ思ったことである。私がどれ程安藤昌益に傾倒しているといっても、私はご存知の通り、研究家でも歴史学者でもない。

安藤昌益と私との出会いについては、平成二一年九月平凡社から出版された私の著書『知事抹殺』第五章、「「三位一体改革」と地方分権の死」で詳しく触れているので、あえて再録してみよう。

青年会議所福島ブロックの会長をしていた一九七六年。青森県八戸市で、日本青年会議所（JC）の東北地区大会が開催された。JCでは経営・経済だけでなく文化についても目配りしており、大会テーマは「東北の風と土と心」。江戸時代の思想家、安藤昌益を取り上げていた。

安藤昌益はもともと医者で、母親が今でいう鉱毒に冒されたため、その治療法を探して京都、江戸と良き師を求めて訪ね歩いてみたものの、都会には時の権力におもねるような医者・学者しか見当たらず、あきらめて八戸に戻って医者を開業した。しかし、江戸からいろいろな情報が船によって集まる八戸も、彼の目にはただの都会としか映らず、

「都市の地に於いて、道に志す正人出づること能はず」（都会では立派な人は育たない）

と、自分の生まれた秋田の大館の在、二井田村に帰り、独自の思想体系を作り上げた。

私には「都会には人は育たない」という言葉が、強く印象に残った。

翌一九七七年、私がJC東北地区協議会長に就任するにあたり、

「東北から光を」

というスローガンを唱えた。当時、東北新幹線の誘致運動のスローガンが「東北にひかりを」だったが、逆に青年の意識改革を訴え、「東北の素晴らしいところを発掘し、全国に発信していこう」という意味を込めた。

全国的に見ても東北は独自の文化の体系を持っている。それはその時代の権力の中心であった京都や、江戸・東京から離れていたためではないか。宮沢賢治は宇宙と直接つながってしまったし、棟方志功は自ら独特の技法を開拓した。東北は、東京や京都の模倣でない独自の文化を作り上げて来たのではないかと考えたのである。

その頃、安藤昌益の墓が新たに発見されたというので、大館に赴き、年若い地方史研究家の山田福男君に案内してもらった。

「大館というのは秋田からも青森からも遠くて非常に時間がかかり、地方も地方、地の果てのようで……」

私が言ったら、山田君はすかさず反論した。

「地方、地方と言うな。俺にとっては自分の住んでいるこの大館が、ここが中央だ」

これはショックだった。「東北から光を」とは言ってみたものの「東北は遅れている。みちのくは遅れている。白河以北、一山百文」といった意識が私自身にもあった。ところが、全国を回って気付いたのだが、どこへ行っても自分のところは遅れていると思っているのである。戊辰戦争の時、東北に攻め込んできた九州へ行っても「遅れている」。四国も中国地方もしかり。北海道はもちろん、東京と並ぶ日本の中心と思っていた大阪でさえ「大阪は地盤沈下している」と言っている。

自分の住んでいる地域を東京との「近い遠い」の関係だけでなく、行政も経済も文化も教育も、すべてが東京というフィルターを通してしか見られなくなっているのではないか。これは、東北に限らず全国同じ状況であった。

「自分のいるところが、俺にとっての中央だ」

というこの大館の青年の言葉は、私が漠然と抱いていた「地方はこれからどうしたらいいのか?」という疑問を解くのに大きなヒントを与えてくれ、その後の考え方の原点となった。

私は、一九七九年度の日本青年会議所会頭選挙への出馬にあたって、「自分の住むところを中央と考えるところから地域づくりを考え始めないといけない」という「新地域主義」を打ち出して臨んだ。同じ頃、神奈川県知事に当選した長州一二さんが、『中央公論』に「地方の時代」という論文を発表されたことも私の大きな自信となった。選挙の結果は残念ながら敗北に終わったが、この考え方は、その後参議院議員を志し知事に転じても一貫して私の考え方の中心にあった。

そうした意味で、八戸や大館は、安藤昌益とともに、私の政治の原点である。

八戸「安藤昌益資料館」

聞いたところでは、八戸市には平成二一年一〇月、青年会議所を中心とした市民活動で「安藤昌益資料館」が開設されたという。

また、大館の山田福男さんは、私の『知事抹殺』を読んでくれたらしく、私と連絡を取ろうと私の電話や住所を聞いたというが、平凡社ではプライバシー保持で教えてくれなかったという。私が大館に近く行って又お会いしたいと言ったら、たいそう喜んで、平成一三年一月に東方出版から刊行された萱沼紀子さんのすばらしい本、『安藤昌益からの贈り物——石垣忠吉の物語』をすぐ送ってきて、大館に来るのならこの本を読んでこい、と言わんばかりであった。安藤昌益のタイトルにひかれて、私はこの本をすでに読んでいたが、山田福男さんの石垣先生を軸とした安藤昌益へのまっすぐな思いが伝わってきた。

何としても八戸と大館に行かなければ。私の思いは日ましに強くなるのだが、福島は昨年三月一一日の東日本大震災、とくに東京電力福島第一原発の事故と放射能飛散があり、一年三ヵ月経った今でも先の見通しなどなく、いまだ漂流はやまずといった状況で、私自身の予定が立たず、ようやく五月三一日と六月一日、再訪が叶った次第である。

五月三一日午後二時五〇分八戸着。郡山を昼出発なので、安藤昌益資料館の閉館時間に間に合わないといけない、郡山青年会議所ＯＢの福内君が、八戸青年会議所の皆さんにお願いしてくれ、八戸駅には理事長の中野君、副理事長の橋本君、山田君が迎えてくれて、おおいに恐縮した。

橋本君、山田君の先導で即八日町の「安藤昌益資料館」に。そこには、安藤昌益資料館を育てる会の根城秀峰会長が待っていてくださった。

根城会長は昭和五一年日本ＪＣ東北地区大会が八戸で開催されたこと、その時、私が雷に打たれたように感動したスライド「安藤昌益――八戸・風と土と心」のこともよくご存知で、彼が八戸ＪＣ理事長の時、資料館を作る市民運動を展開し、今は育てる会の会長をつとめているという、安藤昌益のコトバで言えば、直耕そのものの人である。

安藤昌益資料館は、八戸地酒の名門、八戸酒類㈱八鶴の酒蔵をそのまま使い、一・二階に数々の資料を展示している。根城会長に解説してもらいながらじっくり拝見させていただき、昌益の弟子の一人に、郡山市の隣り須賀川市の渡辺湛山がいたことを知り、帰ったら調査しなければとメモを取った。

閉館時間の四時はとうに過ぎているのに、ＤＶＤを見せていただいたり、私の青年会議所時代の仲間で、案内してくれる橋本君の叔父さんに当る橋本精二君もわざわざ訪ねてくれ、お父さんの橋本昭一君とも再会を果たし、いつものことであるが、ＪＣの絆の深さを改めて知った。

三五年ぶりの再会

翌六月一日は、大館に行く。八戸駅前でレンタカーを借り、東北自動車道を安代まで南下、秋田自動車道十和田インターで下車。

山田福男さんの住む大館市比内町扇田を目指す。手紙や電話で二、三度連絡をしあったが、山田さんと会うのは何しろ三五年ぶりである。安藤昌益と山田さんへの思いが私の中では渾然一体となっていた。

山田さんが営んでおられるスタジオサンフォトに到着したのは約束の時間より大分早かった。それでも山田さんは、三五年前もそうだったように、満面の笑顔で迎えてくれた。周囲の空気まで全て包み込むような笑顔である。

大館弁で、まずはそばでも食いながらゆっくり話そうとおっしゃる。そして、「田村」というそば屋さんにご案内くださった。

山田さん自身、昭和六〇年に土門拳記念館の開館記念写真展で第一回目の特賞を受けられた一流のカメラマンであるが、そば屋のご主人の写真もすばらしく、店内を飾る写真に私はしみじみ見とれてしまった。

「昨日は役所の安藤昌益のところに行って税金を納めてきた。本来なら、税金など決して取ってはいけない血統なのにと言ってきた」と山田さんは冗談を言う。役所の安藤昌益とは、安藤昌益の末えい。私が始めて大館を訪ねた時は高校生だったが、今は比内町の分庁舎に勤めているそうだ。

「子供の頃は昌益といっても何の興味もなかったようだが、最近は少しめざめてきて、勉強を始めたところだ」

まるで自分の孫を語るように、山田さんは嬉しそうだ。山田さんにとって安藤昌益は歴史上の偉人などではなく、今もこの土地に生きている親しい隣人のひとりなのだと思う。

そばを食べながら、私はかねての疑問を山田さんにぶつけてみた。

いくら天才だったとはいえ、この草深い二井田の里に生まれ育った昌益が、あれだけ独自で深い思想体系を確立できたのはどうしてですか。あの、物部文書が秋田に流れてきて昌益は子供のころ読破したという説もあるようですが……。

山田さんは、こともなげに、物部文書だって読んだかもしれない、と言った。京都で結婚した女性が版元の娘だったことを見ても、たいした読書家だったとオレは思うよ。

学者じゃないから何一つ断定はできないけど、昌益という人は良中、中をもって良しとすると一時名乗っていた位だから、とんでもなくバランスのとれた人だった、バランスこそ昌益の本質であったとオレは勝手に考えているんだ。頭に入りきれない位たくさんの情報をつめこんで、さまざまな学説を全て受けとめて、そして自分の考えを打ち立てていったと思うんだよね。

石垣忠吉さんがご存命の頃から、山田さんは安藤昌益を研究するたくさんの学者や歴史家と会ってきた。オレは難しいことはわからないと言いながら、実は、さまざまな学説や研究の核心を誰よりも理解して、シャッフルして、それを超越した人だと私は考えている。山田福男さんこそ安藤昌益のほんとうの専門家ではないだろうか。

余談ながら、田村のそばも実においしかった。比内鶏のダシをていねいにとったそばつゆがとくにすばらしかった。

生きている歴史

昼食の後は、温泉寺の安藤昌益の墓を再訪した。三五年前、山田さんに案内されてようやく訪ねあてた時とちがって、墓はずい分立派になっている。墓石は変わらないが、台座を作ったのだという。山田さんにとっては周りの墓石が輸入の立派な大きなものになっているのが不満のようだ。

温泉寺には境内の一角に立派な経堂が残っていて、ふつうは施錠されているそうだが、この時はどういう訳か鍵がかかっていず、扉をあけることができた。

中に、ネパールなどで見られる回転式の経蔵があり、ぎっしりと経典が収蔵されていた。

「昌益はきっと子供のころ読んでいたのではないか、だって、京都に行った時は、はじめ寺に入ったんだから」と、山田さん。

「昌益は鉱毒に苦しむお母さんを助けたくて医者を志したと昔習ったような」私がウロ覚えのことを言ったら、「そんなの嘘だよ」言下に山田さんは否定する。

「大体昔はね、不治の病なんてものはどうにもならないから、そのまま隔離されて、死んでゆくしかなかったの。鉱毒なんていう難病だったら、打ち捨てられていたと思う」

よくある偉人伝の嘘だったのかも知れないと私は納得した。

大館市内に戻り、安藤昌益を初めて世に紹介した狩野亨吉博士の記念碑も見せてもらった。狩野亨吉博士は、一高の校長時代、岩波茂雄さんや、人生不可解なりのコトバを残して日光・華厳の滝に身を投げた藤村操さん、のちの第一高等学校校長となった安倍能成さんなどが教え子であった。私は、藤村操の自殺に衝撃を受け一年間山にこもったという岩波茂雄伝を読んで、青年としての道を求め、入学で一年留年した位大きく影響されたので、狩野亨吉博士には特別な感慨がある。狩野博士もまた大館の人であったことに不思議な巡り合せを覚えないではいられなかった。

そして、もう一か所寄りましょう、と連れて行かれたのが、役所の安藤昌益さんの家。ちょうどお父さんとお母さんが畑仕事から帰ってこられたところであった。

「先刻役場に昌益君に会いに行ったんだけど不在だった」と山田さんが言うと、たいへんすまながって、邸前の記念碑までわざわざ出てこられる。

「昌益君と名付けられたのはお父さんですか」と私が聞いたら、お母さんは「ご先祖様にそういう名前のエラい人がいたと言って、孫じいさんがつけた」と教えてくれた。

「孫じいさんとは、曾祖父のことをこのへんで言うんだ」山田さんの解説。私は子供の子供を孫と言うように、祖父の父を孫じいと言うのかと、すっかり感心してしまった。「最近は息子も昌益のことをしっかり勉強する気になってよかった」山田さんが我がことのように少し威張って言うと、お父さんもお母さんもニコニコして、「山田さんのおかげです」と言う。

こうしたやりとりを目のあたりにして、私は再び安藤昌益が今も生きているような感覚にとらわれた。地域の歴史はこうでなくてはいけない、とも考えた。大げさな言い方になるが、血肉を有した歴史とでも言おうか。文書や石碑だけでない、突けば血が噴き出るような生きた歴史。比内の豊かさはこれだ。

原発事故以来漂流している福島を思い、私は怒りと悲しみ、そして大館への灼けつくような羨望を覚えた。

山田さんと再会を約して、私は再び車で盛岡に。そして郡山に戻ってきた。

いま私は、「直耕」と「互性」、安藤昌益の残した二つの言葉に心をゆさぶられている。

私は「直耕」という言葉は農耕にとどまらず人間本来の生き方のことと、広義に解釈してきた。その解釈でいくと、「互性」とは共生に他ならないのではないか。

私は福島県知事をつとめていた時、「人と人との共生」、「自然との共生」、「世代間の共生」、「地域間の共生」、「価値観(民族・宗教)の共生」、と「五つの共生」を掲げ、「競争」から「共生」へと、政策を展開してきた。

「人と人との共生」では、全ての県立高校を男女共学にして、イラク戦争の時は、全国で唯一、福島県だけが反対を表明した。国・県・市町村はイコールパートナーと職員に求め、国家の安全保障も大事だが命・人権・人格の安全保障を訴え、ピラミッド型社会からネットワーク社会を共につくろうと呼びかけてきた。

しかし、今回の原発事故と放射能飛散により「五つの共生」は成り立たなくなっている。双葉地方の三〇〇の鎮守の森が吹っ飛びコミュニティが崩壊し、放射能飛散は子供とおばあちゃんだけが県外避難になったりして、「人と人との共生」はこわれている。

うつくしまふくしまの原点である森・川・海は汚れ、自然との共生を望む術はない。廃棄物の捨て場もない原発はいうならば三〇年経つと町長の給料も払えない町になり、一代限りの産業なので「世代間の共生」もありえない。「地域間の共生」を言っても、今回のガレキ処理で見たように、福島の原発で電気を享受してきた東京は形ばかり岩手のガレキを受け入れただけで本心があからさまである。その上、事故発生の時からおそれていたことであるが、福島は中間貯蔵の名のもとに、実際的には放射能廃棄物の最終処分場の予定地に名指しされそうである。

私は一〇〇〇年かかっても二〇〇〇年かかってもうつくしま・ふくしまを取り戻す。私は決してあきらめないと国・東電・東京にこれからも訴え続けていく覚悟だ。

私は、安藤昌益と共に、八戸や大館が私の政治家としての原点であるとこれまで言ってきたが、三五年ぶりに安藤昌益を訪ね、原点どころか、私の人生で到達すべき全ての基準であったのだと発見し、正直おどろいているのである。

我が家に生きていた安藤昌益

安藤昌益

一　私の名前の由来

私の家は屋号で「まごじゃむ（孫左衛門）」と呼ばれていて、先祖には「昌益」という偉いお医者さんがいたという言い伝えが残されていました。私が生まれたとき、曾祖父の末吉（旧姓石戸谷）が、偉い先祖にあやかって「昌益」とつけさせてくれと母（キヌ）に頼んだと聞いています。

ちなみに、私の兄妹の生まれた順番では、長男の茂樹（一歳になる前に死亡）、長女の富佐江、二女の実千代、二男の昌益（私）、三女のむつみとなっています。

私の記憶では、安藤昌益という名前に物心を懐いたのは小学校から中学校にかけてのことです。社会科の授業で、江戸時代の思想家として安藤昌益という名前が出てきたからです。同じ名前を学校の授業で習うので、何か照れくさいような感じであったのを記憶しています。

安藤昌益のことは、以前から両親に先祖の名前をもらったもので、医者をしていた人であることは聞いていましたが、教科書に出てくる安藤昌益が自分の先祖であるとは考えられなくて、自分から友達や先生にそうした言い伝えを話したことはありませんでした。

二　大館（二井田）で墓が発見されたこと

一九七四年（昭和四九年）春、私が大館商業高校二年の時、

「安藤昌益が大館市二井田に眠る」

というタイトルで新聞、テレビなどに大きく紹介されました。大館市史編さん委員の石垣忠吉先生が、二井田の旧家・一関家に保存されている古文書の中から「石碑銘」や「掠職手記」を発見され、「安藤昌益の晩年に関する二井田資料」と題して発表されました。

このことにより、大館市二井田にある曹洞宗のお寺、温泉寺の過去帳に安藤昌益の記載があることや、安藤昌益の墓もあることが確認できました。この墓については、我が家に言い伝えがあり、お寺の和尚さんと腹が合わなかったため、お寺に背を向けて建てられた、というものです。墓の確認により、安藤家に伝わる安藤昌益が歴史学的にも確かめられ、全国各地からいろいろな研究者や熱心なファンが大館の二井田を訪れるようになりました。

そして、一九八三年（昭和五八年）夏、安藤昌益石碑再建の会実行委員長・石垣忠吉先生のもと、地元二井田や大館、また全国各地の方々のご協力により立派な石碑が安藤家の敷地内に再建されました。「碑文」は、一関家で発見された「石碑銘」の文をそのまま利用したもので、石碑の前庭右側に「安藤昌益石碑」という標柱を建てていただきました。全国の協力された方々に改めて感謝申し上げます。

三　墓が発見されたことによる波紋

今まで普通に暮らしてきた私の名前が、新聞、テレビ等の報道で注目を浴びるようになり、自分の名前と重なることによって、一方で恥ずかしかったり、負担を感じたりもしましたが、他方で、名誉感があったり、責任を感じたりもしました。

ただ、その当時は流れについていくので精一杯であったと思います。そのため、地元二井田にいらした安藤昌益関係者の皆さんへの対応は、もっぱら両親の安藤義雄、キヌが行ないました。安藤家の言い伝えにより聞いていることの紹介や墓の案内等、また、各地での講演会や催しなどにも両親が積極的に参加していました。

『安藤昌益入門』や『よくわかる安藤昌益』の著書もある大館市立南中学校時代の社会科の佐藤貞夫先生には、大館商業高校時代にあっても安藤昌益のことで大変お世話になりました。

今、私の館町内では二〇一一年（平成二三年）から大館市

安藤昌益の墓（温泉寺）

安藤昌益再建石碑（二井田・安藤家）

の地域応援プランの一環として、町外から来た人に安藤昌益の紹介をしようと昌益の石碑の案内板の設置や、町内会館に昌益の読書コーナーの設置を行っております。また、学習会も行い、安藤昌益のことを案内できるように勉強中です。

地域が安藤昌益に対して目覚めていくことで、私も昌益を知らないといけないと思うようになってきました。私自身が昌益を少し遠くから見ていたものを、これからは身近なものにして、何かひとつでも学んで生きたいと思っています。

四　東北(八戸、大館)で生きた昌益の思想

稲作り中心の世の中を目指した昌益の思想とは、どういうものでしょうか。昌益の生きた時代は、米なしでは考えられなかったのだと思います。人が生きていくために食はなくてはならないものです。当時は、天候によっては飢饉になったりして大変であったと思います。昌益が生まれて生きて周りを見渡したとき、何が一番必要かを考えたのだと思います。だからこそ、稲を中心とした世界を考えていったのではないでしょうか。この考えに賛同する人も現れて、認められていったのだと思います。

医者の立場では、社会的に弱い人を救いたいと思ったのではないでしょうか。社会的に強い側に立つのではなく、社会的に弱い立場に立って物事を捉えていったのだと思います。

五　最後に思うこと――昌益の思想を現代に生かす

先祖の偉い名前をもらって、以前は大変だという気持ちを強く持っていました。

しかし、昌益という名前により多くの方と交流もでき、その都度その都度、学習もできてきたのだと思います。

これからも、昌益の名前は背負っていかなくてはなりませんが、昌益が行なおうとしたことをあせらず一歩一歩理解して、これからの地域のあり方はどうあるべきかを考え、自ら地域に協力して、少しでも地域がよくなるようにしていきたいと思います。

甦った　八戸の安藤昌益

根城秀峰

はじめに

誰か『自然真営道』の書を声を出して読み、直耕という活真の妙道を貴ぶ者がいたら、それはいうまでもなく、『自然真営道』の著者の再来である。

この著者の昌益はいつも誓って言っていた。「私は死んで天に帰り、ついで穀物のなかで休らい、やがて人として生まれかわる。いかに年月を経ようとも、誓って自然活真の世を実現してみせよう」こう言って天に帰っていった。『自然真営道』を明らかにしたのは紛れもなくこの人であった。この人は、自分にそなわっている活真を天の活真に一和させて、活真の妙道をみずから現したのである。だから、この誓いに決してたがわなかったのである――。

安藤昌益資料館のポスターには、稿本『自然真営道』大序巻にあるこの言葉が、英文とともに記載されています。

そして、資料館の正面入り口には、昌益の石像が静かに鎮座し、入館者を見つめています。まるで、この資料館を訪れる人々が「『自然真営道』の現代の著者とならん」ことを望んでいるかのようです。

資料館開館への道のり

平成二一年一〇月三日、安藤昌益資料館が八戸市八日町の酒藏の中に開館しました。

資料館の構想が生まれたのは、開館から遡ること一七年前。平成四年一〇月、八戸市公会堂で開催した「昌益国際フェスティバル・八戸――安藤昌益と現代～自然と人間の調和を目指して～没後二三〇年・生誕二九〇年記念」でのことです。

国際フェスティバルの名にふさわしく、アジア学会会長のテツオ・ナジタ氏の基調講演に始まり、劇作家の井上ひさし氏を始めとする国内外の研究者によるパネルディスカッション、パネリストを囲んでの大懇親会。翌日は、ゆかりの地である八戸と大館市への昌益史跡ツアーと天聖寺分科会の開催と、盛りだくさんの内容でした。全国から一〇〇〇名を超える参加者が集まり、「市民団体の企画運営とは思えない」と高い評価をいただきました。

このとき、井上ひさし氏が発言されたのです。「このフェスティバルを毎年やるつもりで、学校を建てるべきだと思います。安藤昌益記念館付属学校を建てて、そこに行くとこういう議論が絶えず行われている。記念館には文書や資料がきちっと片づいていて、昌益についてすべてがわかる。日本中、世界中から勉強に来る。しかも、一年に二回くらい講座的な学校があって、三週間ぐらい昌益を勉強できる。そこから自然とか関連分野へも勉強を伸ばしていけるような装置を、ぜひこの豊かな八戸の方々につくっていただきたい」

けっして豊かではない八戸ではありましたが、井上氏の話はフェスティバル運営スタッフの心に響きました。

とはいえ、全国の記念館や博物館などは、行政の運営がほとんどです。市民団体運営は採算がとれないのは想像できましたので、「記念館をつくれ」の言葉には胸が躍りましたが、実現は難しいと感じていました。いつかは作りたいという、夢の話でした。

しかしながら、八戸ではフェスティバルの後も地道な活動が続きました。数年毎に開催する講演会の参加者は、常に一〇〇名を超えていました。昌益史跡ツアーも定員を満たし

ていました。但しその一方で、昌益研究の先駆者は亡くなっていきました。

和光大学の安永寿延教授が亡くなられた時、ご家族から昌益関連の沢山の貴重な資料を贈呈されました。国際フェスティバルの資料とともに図書館に寄贈させていただきましたが、このままでは、研究者の資料はいずれ散逸されていくという危機感をもちました。

そして、平成二〇年一〇月、「昌益　天聖寺二五〇年フォーラム」を開催、終了後の会場に於いて「安藤昌益資料館」の翌年開館を参加者に向かって宣言しました。

一一月に「安藤昌益資料館をつくる会」の設立総会を開催して、開館に向けての準備が始まりました。資金集め、資料館の場所探し、展示資料の検討・収集、運営方法の検討…。まさにゼロからのスタートではありましたが、資料館の場所は、現在の酒蔵を無料で借りることができ、展示資料の書籍は、研究者からの無償の寄贈によって揃えられました。また、地元ライオンズクラブより、昌益資料の複製費用とテレビの寄贈をいただき、資料館の全体像ができあがりました。

そして資料館のオープニング当日の朝、ついに内装と展示が完了しました。

「井上ひさしさん、貴方が提案された安藤昌益資料館が開館しましたよ！」平成二一年一〇月三日安藤昌益資料館オープニングセレモニーの中で、その年の春に天に召された井上氏に届くように大きな声で開館報告しました。稿本『自然真営道』大序巻の言葉を現代に甦らせる資料館に育てていくことを関係者で誓った、記念する日となりました。

二人の昌益

昌益国際フェスティバルに参加された方々から、「パンフレットに描かれた昌益の肖像画はどこから?何故?」という質問がありました。

町医者である昌益は、沢山の著作はありますが、肖像画は現在まで見つかっていません。しかし、フェスティバルを開催するにあたり昌益をイメージできる絵が欲しかったので、地元の方に貼り絵で昌益像を描いてもらい、現在まで、ことある毎に使用しています。資料館でもその肖像画をポスター等で使用しておりますが、会員から「石像があったらいい」という意見が出て、地元の石材店から無償で制作していただきました。ポスターの昌益は現代風の昌益像、石像は江戸時代風ですから、資料館には二人の昌益が存在しているということになります。ジャニーズばりの男前である現代の昌益、そして石像の昌益は、二五〇年前から資料館入り口に座り続けているような雰囲気を醸し出しています。

ポスターの昌益像は、他地域での関連イベントの際、ポスター等での使用許可の依頼がよく来ます。平成四年にポスターに現れた昌益は、二〇年の歳月をかけて「現代に現れた昌益」として認知されつつあると思います。資料館正面の写真の幟には現代の昌益像、そして隣りに二五〇年前からの昌益が石像で正に鎮座しています。

「全資料が手にとれる」がコンセプト

安藤昌益資料館前には幟が立てられています。そして入り口には、昌益の座像が鎮座しています。中に入ると稿本『自然真営道』、刊本『自然真営道』、八戸藩日記など関連資料の複製資料が展示されており、昌益ゆかりの地などの写真パネルや資料が、一階から二階へとつながって展示されています。

二階は、パネル展示の他に関連図書と研究者の資料が展示されているスペース。中央のテーブルとイスにかけ、資料をゆっくりと見ることができます。更に、国際フェスティバルの記録、資料館の説明映像やイベントやフォーラムの記録など、ビデオライブラリーの内容も多彩です。他の昌益研究の会の資料も展示してあります。井上ひさし氏の提案にあった「資料館に来ると昌益のすべてがわかる」を目指して資料展示をしています。

毎年増えていく展示資料

関連書籍や資料は、寄贈や購入で毎年増えています。二〇一四年五月、稿本『自然真営道』一二冊と刊本『自然真営道』三冊（通称：村上本）の全ページの複製が完成し、展示を始めました。稿本『自然真営道』は東大付属図書館が所蔵しており、ホームページで見ることができますが、資料館では（複製本ではありますが）手に取って見られるので、時代が遡るような気持ちになっていただけると思います。

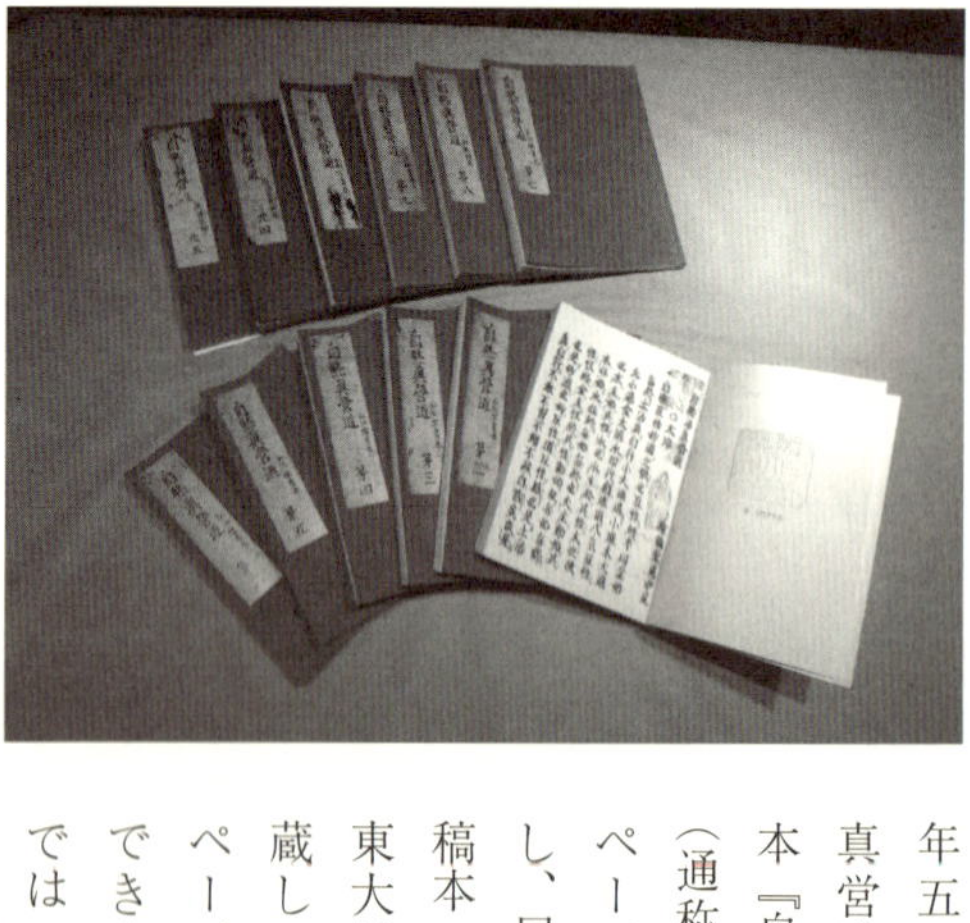

稿本『自然真営道』は八戸で書かれた？

稿本『自然真営道』の複製資料を作成している際、表紙の裏側に「昌益殿」と書かれている手紙の文字を発見しました。

実は、開館前の複製作業の際にも「大塚屋」という文字を発見していましたが、今回の作業でその他の文字も発見できたのです。

稿本の表紙の紙は昌益への手紙文の再利用で作られていることが判りましたので、昌益が関係者に稿本をつくるために提供したのではないかと考えています。資料館では、これらを複製本とは別に、資料として展示しています。

毎年一〇月はイベントを開催

開館後の一二月、八戸の「昌益ゆかりの地ウォーク」を開催しました。年に数回開催していますが、予約があれば随時行っています。また、大館バスツアーなど、遠方へのツアーも実施しています。毎年開館記念としてフォーラムや講演会も開催しています。昨年は地元のカルチャースクールとの共催で、五回の公開講座も開催しました。今年は、昌益没後二五〇年の節目の年となりますので、一〇月に記念フォーラムを開催する予定です。

今年の記念フォーラムのテーマは、「自然災害」。会員には、メール・FAX等でイベント案内をしていますが、チラシやポスターでの告知の他に、ホームページでも随時ご案内をしています。

書籍発刊

資料館開館を記念して『安藤昌益ガイドブック』を発刊しました。また昨年は、開館一周年記念として「安藤昌益資料館双書」の創刊号を発刊しました。双書は、過去の研究資料、また今後の研究資料等の記録集としてまとめていきたいと思います。資料館で収集できていない昌益関連資料がありましたら、ぜひ寄贈いただければ幸いです。過去の例を見ますと、個人管理ではいずれ散逸してしまっています。貴重な資料は、資料館で保存していくのが、後世に伝えるためにはよいと思います。

資料館では、来館者の記念品となるような商品の開発・

販売も行っています。書籍の他に、お酒、昌益の言葉の栞、手ぬぐいなど、現在も商品開発を続けています。秋には新商品のお披露目ができると思います。

「直耕」を学ぶ
——「昌益村」開村

昌益は、人は自然と一体となって、耕しては織り、織っては耕すという「直耕」の労働こそが人の自然なあり方だと説いています。

この教えを現代に実現しようと、平成二三年春、昌益村が開村しました。昌益村は、自然農法を学び、自ら直耕を体験する場所です。八戸市豊崎町の小高い丘にあり、周りには果樹園や牧場もあるので、景観は最高です。

村長である山内輝男氏の実家「昌益村役場」を拠点とし、会員は、農薬や化学肥料に頼らず、自然農法で農作物を育て

ています。約七〇アールの昌益農場も山内氏の提供です。

山内村長は、農業高校出身で元八戸市職員、市職員時代は農業委員会にも所属していました。自然農法への思いは強く、会員に丁寧に農作業指導をしています。作付け用の苗も自家栽培をしており、会員に苗を分けています。

そんな昌益村二年目の今春、開村式は、村の畑で春の山菜を収穫し、天ぷらなどでの昼食交流会から始まりました。農地の一部に昨年、小さな庭を造り、ベンチもあるので、農作業の合間の休憩場所になっています。現在会員は二〇名ほどですが、収穫時は持ちきれないほどの野菜を頂いて帰ります。午前中は農作業、午後は食事と交流会と無理のない年配者で

も参加できる活動を続けています。

また、草木染め体験も実施しており、昨年は藍染めをしましたが、今年も実施予定です。

農民登録(会員)は随時資料館で受け付けています。昨年は、社会科見学として小学生が団体で見学にも来ました。お近くにお越しの際には、ぜひお立ち寄りください。

調査・研究

昌益思想は、江戸時代の自然災害、特に飢饉の影響を受けています。八戸市に於いて、飢饉の供養塔が現在一番あるのは天聖寺の山寺です。そこで一昨年、私たち「安藤昌益資料館を育てる会」が山寺への坂道に「昌益坂」と命名して看板を設置しました。

このような経緯から、今年から改めて飢饉の歴史について再調査を始めました。近隣の供養塔を中心に調査してデジタル記録をしています。また、東日本大震災による大津波で沢山の犠牲者がありましたが、過去の大津波に関する石碑などの調査もあわせて始めています。

自然とともに生きる、しかし災害を減らすためにも、供養塔を現在に生かす教訓として取り上げていきます。

「安藤昌益資料館」で検索を!

資料館では、デジタルコンテンツの充実を図っていくこともテーマとなっています。「触れる」資料館をコンセプトにしていますが、未来への記憶として資料のデジタル保存もまた、重要なテーマです。もし、現代に昌益が現れたなら、映像、音声で残したいですよね。

デジタルコンテンツをお見せする場として、ホームページも開設しています。資料館の展示内容、活動内容がわかるよう、様々な資料の情報提供を進めています。おかげさまでアクセス数が多く、「安藤昌益資料館」と検索するとすぐに見つかりますので、どうぞご覧ください。これは、資料館に何度も来られなくても興味を持って応援してくれる人がたくさんいらっしゃるからだと、嬉しく思っています。イベント情報やスタッフの活動日記も随時更新しています。

入館者の声

二年半で入館者は三〇〇〇名を超えています。この人数を多いとみるか、少ないと見るかは、意見の分かれるところです。来館者は、八戸市民よりも県外者の方が多くなっています。ホームページで見つけた、出張があったので足を伸ばして来た、新聞記事で知った、卒業論文の資料調査で……など、来館動機は様々です。カナダやドイツからの来館者もありました。世界への情報発信の影響でしょうか。しかしながら「八戸の安藤昌益」ですので、八戸市民の来館者がもっと増えて欲しいと思います。八戸の誇りの人物として定着するにはまだまだ時間が必要なようです。

今こそ『自然真営道』を声をだして読もう

昌益が、『自然真営道』を書き上げてから二五〇年の時が流れました。社会は一見、形が変わっているようで、実は本質は何も変わっていないように思います。

江戸時代と同じく、貨幣経済が実社会を崩壊させようとしていますし、社会体制は、「国家の本質は私法である」と言われた江戸時代と同じです。

「直耕」と「互性」は、現在でも通じる言葉なのです。安藤昌益資料館は今後も、『自然真営道』を声を出して読み、人間の本当の生き方について心から考え、自ら気づく人々が増えるための場作りを進めていきたいと思います。

千住宿と自然真営道発見の地縁

相川謹之助

はじめに

「安藤昌益と千住宿《せんじゅじゅく》の関係を調べる会」（以下「調べる会」）は東京都足立区千住を基点に置き、『自然真営道』百一巻九三冊が日光道中千住宿の豪商・藁屋《わらや》橋本律蔵家に長年にわたり〝なぜ〟、秘蔵されていたのか、その謎解きをすることを目的に平成一六年（二〇〇四）五月に会を組織して調査研究をしています。

そこで、足立区と千住宿の位置と歴史を知ることで『自然真営道』が千住宿に秘蔵されていたことがいくらか頷けることと思いますので少し記してみたいと思います。

足立区と千住

足立区は東京都の北東部に位置して周りが河川で囲まれているのが特色の一つです。北は毛長《けなか》川、綾瀬川、垳《がけ》川を境に埼玉県草加市、八潮市に、西は新芝川で埼玉県川口市に接し、東は中川と古隅田川で葛飾区、南は隅田川をはさんで北区や、荒川、墨田の各区に接しています。面積は東京二三区でも三番目、人口は約六八万人、東京二三区の中で第五位です。

また、今から一〇〇年前の明治四五年（一九一二）江北《こうほく》村から、荒川堤（今の隅田川）の桜十一種類（通称五色《ごしき》桜）から穂木を採取して日米親善のため、東京市長・尾崎行雄を通しアメリカへ贈られ、ワシントン、ポトマック河畔に植えられました。現在この桜の並木は三〇〇〇本あり、同市の名所の一つとなって全米に親しまれています。今年は百周年の年にあたります。

千住は足立区の商業中心の地区です。周りが河川で囲まれた地域で、南に隅田川、北に明治から昭和にかけて開削された荒川(旧名荒川放水路)に囲まれた輪中地帯です。

江戸時代から日光道中への初宿千住宿で、日光道中ほか諸街道が通り江戸の東北方面の交通の要所になっています。現在も千住大橋を渡る国道四号線が千住宿の西側を通り最終地青森県を目指しています。鉄道網はJR常磐線をはじめ、地下鉄日比谷線、千代田線、私鉄の東武線、つくばエクスプレス線、京成電鉄線が乗り入れています。北への交通の要になっています。昨今、宿場町の面影も薄れ、北千住駅付近に東京電機大学をはじめ四校の大学が進出し、文教の町、若者の町に変貌しつつあります。

千住の地名はよく見聞きすると思いますが、いまひとつよく分からないと思われます。若い方には武田鉄矢さん主演の「三年B組金八先生」のロケ地として馴染み深いと思います。また、高校生時代、古典の学習で松尾芭蕉の『おくのほそ道』の冒頭、「千じゅと云う所にて船をあがれば、前途三千里のおもひ胸にふさがりて、幻のちまたに離別の泪をそそぐ。『行春や鳥啼魚の目は泪』」というくだりが出てきます。元禄二年(一六八九)三月一六日、芭蕉「おくの細道」矢立《やだて》はじめの旅立ちの地「千住」のことです。

少しタイムスリップして稿本『自然真営道』が著された江戸時代の千住について述べさせていただきます。千住は武蔵国足立郡に属し、今から四〇〇年ほど前の天正一八年(一五九〇)徳川家康が関東入府、四年後の文禄三年(一五九四)入間川(のち荒川、現隅田川)に最初の大橋が架橋され交通網の整備が始められました。慶長八年(一六〇三)江戸幕府が開かれ、寛永二年(一六二五)五街道の改正で日光道中が制定され、千住宿はその初宿に指定されました。参勤交代の制度が確立して、日光道中、奥州道中、水戸佐倉道を利用して千住宿を通過する大名は六九家にも達します。『自然真営道』に関係すると思われる八戸藩(二万石)の参勤交代も千住宿を通過します。なぜ『自然真営道』の稿本が江戸でなく千住宿に秘蔵されていたかの謎を解く一つの鍵がここにあるような気もします。

江戸時代千住宿は北への出口で、日光道中、奥州道中、水戸佐倉道、脇往還の下妻《しもつま》道、赤山道等が通り、荒川(現在の隅田川）に千住河岸があり舟運の盛んな物品の集積地であり、江戸の台所を担う関東の農産物の出荷地、通称「北山」と呼ばれる近在農家の農産物を扱う千住青物市場「やっちゃば」があり、また近在農家と江戸の需要を賄う問屋、商家中心の町で宿場町というより物流の基地の性格を帯びていました。さらに江戸に一番近く、あまり規制を好まない文人墨客は「やっちゃば」や商家の主人より経済的支援を受ける代わりに俳諧、和歌、書道、茶道、華道、絵画等を教え千住宿に文化的影響を与えました。千住宿は諸街道を通じての人的交流が盛んで情報、通信の基地でした。江戸四宿の中でも人口が天保期で一万人と飛びぬけて多く、宿場には医師をはじめ多種多様な職業の人々が暮らしていました。千住の文化は江戸から明治、大正、昭和と連綿と続き、多くの文化人が文化の灯を残しております。これが江戸から千住に伝播された地縁であります。文化面を深く掘り下げることで『自然真営道』秘蔵の謎を解く第二の鍵があると思います。千住宿はおのずから江戸文化を東北方面に伝え、東北文化を江戸に入れる役割を果たしていたと確信しています。

「調べる会」を立ち上げた経緯

「調べる会」を立ち上げる前、個人的に安藤昌益の稿本『自然真営道』が千住に秘蔵されていたことに興味を持っている方もありました。足立史談会役員の一人、棚橋保司《やすじ》さんが「調べる会」を立ち上げる数年前に橋本律蔵の墓を特定していた経緯もあります。

「安藤昌益の会」の石渡博明氏にも足立史談会で何度か安藤昌益に関する講演をしていただいていました。

平成十六年（二〇〇四）一月、「安藤昌益の会」石渡博明氏が『昌益研究かけある記』を出版され、千住において開催された記念講演会の後、五〇人を超す出席者から、安藤昌益と千住宿の関係をもっと知りたい、本格的に研究する必要があるのではないかという意見が出ました。

千住は芭蕉の「おくのほそ道」旅立ちの地であり、芭蕉関係を研究しているグループはありますが、昌益の『自然真営道』発見の地・千住で、安藤昌益を研究しているグループはありません。昌益の生まれた故郷東北の大館市、医者として活躍していた八戸市の研究グループのように『自然真営道』が千住に秘蔵されていた経緯の謎を追いたく平成十六年五月に創立総会を開き、千住より安藤昌益を全国に発信して、昌益研究の一助になればと思い「調べる会」が発足しました。

歴史を調べることは、その土地の成り立ち、地理的条件、時代背景、環境、風俗、しきたり等を知る必要があります。それと同時に、戻ってこない過去が残した遺物を調べる必要があります。千住において、安藤昌益、『自然真営道』の保管者・橋本律蔵関係の遺物について「調べる会」発足以前は手がつけられておらず、埋もれている状態であると思いました。分からないなら原点に立ち返り、現場を丹念に探せといわれます。私たちは原点の千住に立ち、安藤昌益、橋本律蔵の謎に迫っていくことにしました。

千住宿の歴史探訪と安藤昌益の紹介

謎を追うことの第一歩は千住の町探訪より始めました。

前述したとおり、千住宿は他の宿場に無い特徴を持っています。ここに『自然真営道』が秘蔵されていた鍵があると思います。宿場町を肌に感じ、足元を丹念に見ていこうということから始めました。新会員が加入されると今でも探訪は必ず実施しています。

地元千住でも、安藤昌益の『自然真営道』のことは残念ながら余り知られておりません。

まず地元千住の方々に安藤昌益を知っていただくことが先決です。講演会等を開催して理解して戴く方法もありますが、分かり易く伝えるにはいかにしたら良いか考えました。今でしたらパソコンを駆使して、映像で伝えることも出来ますが、「調べる会」を立ち上げる中では、準備が整いません。そこで女性講談師の宝井琴桜さんにお願いし、地元で講談「安藤昌益発見伝」を熱く語っていただきました。講演会と違う雰囲気で、聴講された皆さんから分かりやすかったと感想をいただきました。

会結成二周年を記念して平成一七年（二〇〇五）に橋本律蔵家跡地に「自然真営道発見の地」、橋本律蔵に薫陶を受け明治・大正期の一時代を画した日本経済史の先駆者「内田銀蔵博士の生家」、内田銀蔵博士との交流もあり戦前、戦後のベストセラー『学生に与う』で知られる「河合栄治郎生誕の地」、この地を訪れる多くの方々に千住の町の文化的遺産を再認識していただけたらと思い案内板を設置いたしました。平成二一年（二〇〇九）二月には橋本律蔵の菩提寺・慈眼寺の墓石わきに説明板「橋本律蔵の墓」を設置しました。

「自然真営道」発見の地の説明板

橋本律蔵の墓と説明板

また地元において平成一八年（二〇〇六）一一月に「千住と奥州を結ぶ街道・宿場町フォーラム」を、平成一九年（二〇〇七）一〇月「安藤昌益全国フェスティバルin千住」を開催して安藤昌益の謎と千住との関わりなどを強烈にアピールしました。

千住の歴史と安藤昌益についての勉強会

私たち「調べる会」会員も、千住宿、安藤昌益のことを勉強しなければ前に進めません。二つの勉強会を「調べる会」発足と同時に立ち上げました。

一つは前足立史談会会長で江戸東京人文科学研究会主宰者である地元の安藤義雄氏を講師に「千住宿研究講」の講座を開設して、千住の歴史、風俗、民俗等を幅広く学ぶこととし、現在も継続して勉強しています。もう一つは、「安藤昌益の会」事務局長の石渡博明氏に安藤昌益と大館・八戸との関係、『自然真営道』、事績等について講義をしていただき、お二人に「調べる会」チューターをお願いしています。

『調べる会通信』『昌益文庫』他の発行

「調べる会」では、千住より勉強会、講演会等を開催して、『自然真営道』の思想等を発信していますが研究、調査は記録して次世代の人々に残さなければ単なるイベントに終わってしまいます。講演会で勉強した事項を各先生に執筆していただき『昌益文庫』として刊行させていただいております。執筆者の先生方はつぎの方々です。石渡博明『安藤昌益——人と思想と千住宿』、東條栄喜『安藤昌益の自然思想』、八重樫新治『安藤昌益の医学思想』、菊池勇夫『安藤昌益と飢饉』、村瀬裕也『安藤昌益の平和思想』、鈴木正『狩野亨吉と安藤昌益』の現在六冊です。足立、千住の歴史関係は足立史談会発行『史談文庫』の中で安藤義雄『千住宿研究講』ＰＡＲＴ１～5、6～10の二冊、『江戸文化中興期の歴史的研究』が刊行されています。

また、内田銀蔵と河合栄治郎関係は松井慎一郎先生に講演をお願いいたしました。著書は『河合栄治郎・戦闘的自由主義者の真実』として中央公論新社より中公新書の一冊として発行されております。

会員相互の意思疎通を図る目的で『安藤昌益と千住宿の関

安藤昌益研究発表会（2009年）

昌益文庫①〜⑥

係を調べる会通信』を年六回の割りで発行しています。平成二四年三月現在で四八号です。会員の研究発表の論文等は小冊子『しらべるかい』を年四回発行して研究発表の場を設けています。そのほかフェスティバル、フォーラム開催の報告集、毎年開かれる会員の『安藤昌益研究発表会記録集』等も活字化して後世の研究のため残しております。

安藤昌益ゆかりの地、東北大館・八戸を訪問

平成十七年(二〇〇五)九月二三日から二五日にかけて、「調べる会」会員の夢であった安藤昌益ゆかりの地八戸と大館を二三名の会員で訪ね、八戸、大館の関係者、研究者の方々、地元新聞社等と「調べる会」として交流をはかるなど大きな成果をあげました。

稿本「自然真営道」橋本家秘蔵の解明に着手

いよいよ「調べる会」も本格的に、三つの班を組織して調査に当たりました。

一、寺院の墓誌、各所に残されている石碑の調査

一、図書館、博物館、公文書館、等の調査

一、古文書研究班

各調査班の研究成果は年一回開催される「調べる会」の研究発表会で報告されます。

調査対象等の寺院を始め調査先のご理解とご協力のもとに成果を挙げることが出来ました。詳しい調査のご報告は紙面の都合もあります。その一部を簡単に紹介したいと思います。

『自然真営道』秘蔵者は藁屋・橋本律蔵です。律蔵は千住掃部宿《かもんじゅく》日光道中で藁屋という米問屋を営む主人で、広大な土地を所有していました。地元千寿小学校設立に多額の寄付をしています。千住の菩提寺・慈眼寺の墓誌及び過去帖の調査にはじまり、橋本律蔵から学問の薫陶を受けていたといわれる橋本家の筋向いの江戸時代から続く川魚問屋「鮒与《ふなよ》」を生家に持つ、内田銀蔵博士の遺品の中から橋本律蔵の備忘録『雑記』、昌益の医学にかかわる『静谿《せいけい》漫筆』の冊子が発見され、これまで不明だった安藤昌益—川村錦城—川村真斎—橋栄徳と繋がり、真営道医学が幕末から明治にかけて千住で受け継がれていたことが分かってきました。

一方足立区立郷土博物館所蔵の「千住宿宿並《しゅくなみ》図」(織畑《おりはた》家文書)という江戸時代の千住家並《やなみ》地図の中に藁家橋本家地借

人、橋本玄益という医師がいました。この玄益が江戸に於ける安藤昌益の変名ではないかといわれていましたが、「調べる会」の調査、研究の結果、岩手県立博物館主任専門学芸員齋藤里香氏により江戸時代後期の幕府医学館督事として名高い多紀《たき》元堅《もとかた》の『存誠薬室弟子記』という入門帳に千住の住人橋本玄益という実在の医師であることが記録されていました。この人の経歴や墓・戒名など未だ不明の状態でありますが、一昨年「調べる会」で、佐藤元萇《げんちょう》の日記や遺稿書を多数発見いたしました。日記の中に佐藤元萇が千住宿の橋本玄益を訪ね深い交友を結んでいたことが遺稿書と関連研究によって判明しております。日記の中で橋本玄益の死亡年月日が元治元年（一八六四）六月十九日であることが判明しました。幕府医官を退いたあと佐藤元萇は千住に住み、森鷗外が明治の初め千住で開院した父親の「橘井堂《きっせいどう》医院」から元萇の自宅に通い漢詩の指導を受けています。

　現在古文書研究班で元萇日記の翻刻を行っています。幕末から明治にかけて千住での医業のことも追々分かってくると思います。いろいろな角度より調べることにより最終目的である稿本『自然真営道』が千住で発見されたことの解明に繋がります。解明の夢を地域の人と「調べる会」の協働で追ってゆきたいと思います。

おわりに

安藤昌益の『自然真営道』が〝なぜ〟千住に秘蔵されていたのかという謎を調べることから発足した会が『自然真営道』という一本の大樹を千住の森の中に見つけたことにより千住の歴史、文化の深さを改めて知ることが出来たことが一番の収穫と思います。

　大樹の枝葉は八方に歴史、文化、民俗の枝を張り調査を望んでいることと思います。「調べる会」ではあせらず、慎重に調査して次世代に引き継いでゆきたいと思います。

　当会発足当時より千住宿の歴史講座を長年にわたり開催して御指導を戴きました安藤義雄氏、各昌益文庫の著作者でありまた、ご講演を戴きました石渡博明氏、東條栄喜氏、八重樫新治氏、菊池勇夫氏、村瀬裕也氏、鈴木正氏に心より厚く御礼申し上げます。

　「調べる会」発足当時より千住はもとより各地の神社仏閣、商家、近隣の皆様方に何度も調査にお伺いいたし御協力を戴きましたことにつき厚く御礼申し上げます。

Ⅱ　3・11とエコロジー

昌益から考え直す3・11以後の「自然」と「命」

片岡　龍

一　二〇一一年春、石巻にて

3・11からまもなく、まだ巨大な瓦礫があちらこちらで道を遮っていた石巻の河岸で、わたしの目に飛びこんできたのは、赤いペンキで殴り書かれた「生き残ってしまいました」という文字でした。このだれに向かって発されたともわからない言葉が、いまも異物のように胸に突きささっています[1]。

目の前で家族や友人が津波に呑み込まれていく。「命」が「自然」に滅ぼされていく。それをどうすることもできない無力感、罪悪感。襲いかかる絶望感。いっそあのとき自分も一緒に死んだほうがよかったのかもしれない。しかし、そうした自分の意志に反してまで、あくまで生きつづけようとする、この「命」の不思議な働き。

「命」とは、いったい何なのでしょうか。「命」は「自然」から恵みを受けて生きながらえ、自分が生きながらえるためには他の「命」を犠牲にし、しかし結局は、「自然」の脅威により、また他の「命」の生存欲によって滅ぼされます。

原発だって、わたしたちの生存欲が生み出したものだと言えるかもしれません。わたしたちは生殖欲によって、新たな「命」を誕生させますが、では、生存欲の生み出した物には、「命」はまったく宿らないのでしょうか。母親のつくってくれたおむすびに、ときに「命」が宿っているように感じるのは、気の錯覚なのでしょうか。それともお米自体に何か不思議な力が宿っているのでしょうか。おむすびと原発の本質的なちがいは何なのでしょうか。

もちろん、わたしは原発とおむすびが同じだなどと言おうとしているのではありません。しかし、「生き残ってしまった」人間の務めとして、もう一度「命」とは何か、「自然」とは何か、「命」と「自然」の関係はどうなっているのか、どうあるべきなのかといった問題を、あらためて先入観なく考え直していきたいと思っています。

答えは、まだありません。というより、唯一の、間違いない、したがってだれもがそれに従わなければならない答え、そうしたものがどこかに隠れていて、それをいかに人よりも早く見つけ、ミスしないでそれに従うかといったマニュアル的思考法・生活法の限界が、3・11によって明らかになったのではないでしょうか。

二 一八～一九世紀、小氷期の東北

安藤昌益(一七〇三－六二)は、いまから二～三世紀も昔の、社会構造もいまとはまったくちがう時代を生きた思想家ですが、徹底的に自分の頭と心と身で、ものを考えた人でした。彼が生きた時代は、地球的には小氷期(一四世紀半～一九世紀半)と呼ばれる寒冷期にふくまれます。とくに米本位経済を基盤とした江戸時代、東北地方は地域性・風土性を無視した米の増産を余儀なくされました。そのため新田開発も頭打ちとなった昌益の時代には、たびかさなる飢饉によって、無数の民の「命」が奪われていました。

こうした時代の緊急課題に、従来のあらゆる学問や宗教が対応能力を失っていると昌益は痛感したようです。そうした問題意識が、それらに対する激しい批判となって、昌益の思想をふちどっています。ただ、そうした批判よりも、昌益自身が時代の課題に応えようと、従来の学問や宗教を自分の頭と心と身で再編しようとした営み、そこにふくまれている人間がものを考える力、それによって人々の生活をより幸福なものにしていこうとする愛情と勇気、そちらの方がより大事です。

実際に、昌益自身の思想の継承は途絶えましたが、彼と同じように時代の課題に応えるための学問・宗教の再編が、昌益以後の日本ですこしずつ進んでいきます。学者や宗教家だけではなく、たとえば松平定信(一七五九－一八二九)の藩政・幕政改革も、昌益と同じ問題意識によるものです。その政治・経済・教育改革の課題は、危機に瀕した民の「命」を救い、民全体の豊かさを高めるというものでした。[2] それに倣って、日本各地で、同様の課題にもとづく藩政改革がとりくまれます。

武士だけではなく、民自身もこの課題にとりくみました。定信の政治改革と同じころから、東北の民衆も、コミュニティの絆を強めることで生活力を上げ、伝承芸能・「講」・「一揆」などの相互扶助的な文化・経済・政治の作法を生みだし、磨いていきます。それによって自分たちの「命」の質を高めようとしました。幕末の芸能の最盛期に、三陸沿岸地域を中心に起こった、類を見ない大規模な組織的な一揆（三閉伊一揆）は、その代表的な一例です。

ところで、この三閉伊一揆が起こった嘉永五（一八五三）年は、ペリー提督の率いる黒船四艘が浦賀に来航した年でもありました。大佛《おさらぎ》次郎は『天皇の世紀』の中で、「ペリー提督の黒船に人の注意が奪われている時期に、東北の一隅で、もしかすると黒船以上に大きな事件が起こっていた。かなり長期間にわたって、外部に対して事実を伏せていたので、地方的の事件でもあり、一般に知られずにいた」と記しましたが、実際に、昌益以来徐々に進展していた、「黒船以上に大きな」思想再編のとりくみは、一九世紀半ばに飲んだ「たった四杯」の「上喜撰」による不眠症の中で、忘却されてしまいました。

一九世紀は、産業革命に成功したヨーロッパ諸国が、原料の供給と市場の開拓を求めて、アジアの支配に本格的に乗り出してきた時代です。アヘン戦争が起こったのは、黒船来航の一〇年ほど前です。では、なぜ西洋諸国は、産業革命を必要としたのでしょうか。産業革命の原動力が、熱エネルギーを力学的エネルギーに転換することを可能にしたジェームズ・ワット（一七三六－一八一九）の蒸気機関の開発（一七六九年）にあったことは、周知のとおりです。一七六九年は、昌益が亡くなった少し後、松平定信がその対応に臨む天明の大飢饉（一七八二－八八）発生の少し前になります。

アジアの天然資源を採掘し、西洋諸国内でエネルギー化して消費し、その結果、エントロピーの増大した低品質の商品を、アジアの市場に売りつける（廃棄する）論理を生み出した西洋の科学・技術知も、地球規模で考えれば、それに先立つ数世紀にわたる小氷期がもたらした自然災害、またそれを遠因とする宗教戦争の多発などによって、人々の「命」が危機にさらされたことへの対応であったと言えるかもしれません。

しかし、そうした科学・技術知による「命」の質向上の試みが、ついには原発事故による放射能災害に代表されるような、わたしたちの「命」、また「自然」を脅かすものへと行き着いてしまったことも否定できない事実です。もう一度、産業革命以前の、わたしたちの足もとにあった思想的営みをふりかえりながら、3・11以後の「命」と「自然」について考え直してみたいと思います。

三　「声が届かない」、「手が届かない」

まず3・11以後ということで、考えの出発点に置きたいのは、あの広域かつ大規模な被災の現場に立ったときに感じた無力感、失語感です。もちろん、それは一〇〇〇年に一度の巨大地震・巨大津波と言われるように、通常ではほとんど経験しないはずのものであるわけですから、そうした感覚にとらわれるのも当然と言えるかもしれません。

しかし、次のような原発災害の経験から出てくる感想は、地震・津波による被害と向き合ったときの、わたし自身の上記の感覚と通じるところがあります。

これまで、暮らしやすさのために科学技術や社会システム・経済システムを発展させてきたが、原発災害を被災してみて気づいたのは、「自分たちの声が届かない」「自分たちの手が届かない」ということであった。この複雑化、専門化、高度化、大規模化したシステムの中では、自分の生活や命にかかわることを、直接自分たちで手が届く範囲で決めることがきわめて難しくなっている、ということに気づかされた。私たちは、ひとたび事故が起これば自分たちが全く手が届かない広範囲に被害が広がる。何が起こっているのかを知りたいと思っても、それは複雑で高度な科学技術の世界で、素人が自分の力のみで何が起こっているのかを知ることは到底できない。情報が開示されたところで、その意味は簡単に読み解けない。汚染された土地や水を元に戻そうと思っても、簡単にできない。……もうこんな思いを二度としたくないし他の人にもさせたくないから原発はやめた方がいいのではないか、と思っても、被災者が少し声を上げただけで原発は止まらない。巨大な経済産業システムの中で声を上げても、国の政治にまで声は届かない。国際政治や産業界まで声が届かない、などである。(3)

「この複雑化、専門化、高度化、大規模化したシステムの中では、自分の生活や命にかかわることを、直接自分たちで手が届く範囲で決めることがきわめて難しくなっている」、この言葉はまさに、ガス・電気・水道といったライフラインが途絶えた中で、あの膨大な瓦礫の広がる荒野にたたずんだときの、わたしの実感でした。

　複雑化、専門化、高度化、大規模化したシステムは、本来わたしたちの「命」の質を高めてくれるはずのものでした。しかし、その中に安住することで、わたしたちは自分たちの手で、自分たちの声で、わたしたちの「命」の質を高める能力を退化させてしまったように思われます。

　もちろん、そうした無力感、失語感を乗り越えて、わたしたちは災害の復興にとりくんできました。しかし、それがたんにもとのシステムに復旧するだけなら、いずれまたその中に安住して、「命」の質をみずから高める能力をふたたび退化させるだけのことです。

　昌益は、天災も人災であると言いました。これはかなり極端な考えですが、いったん傾聴する価値はあります。昌益は、個人の欲望過多による「気」の変調が、身体の病気を引き起こすように、「自然」の本質的な働き（「直耕」）に従わず、その生産物（「食」）の再分配を独占化することで（「不耕貪食」）、社会全体の「気」が変調し、それによって戦争などの人為災害のみならず、飢饉・干ばつなどの自然災害も起こるとしています。

　これをわたしたちのケースにあてはめてみると、苦労せず安楽な生活をしたいという、わたしたちのエゴイズムの過剰が、エネルギーを独占的に利用しようとすることで、科学技術や社会システム・経済システムを異常発達させ、またわたしたち自身による生命・生活の質の向上能力を減退させ、それによって放射能災害のみならず、地震・津波などの自然災害に対する復興も遅延させる、といったところでしょうか。

　自然災害と人為災害を同列に捉えようとするのは、当時においては一般的であった、いわば社会有機体説（社会契約論に対し、社会を生物になぞらえて、有機的な統合体とみなし、個々の要素が全体の中で一定の機能を果たすとする学説）的な発想に、大きく言えば、昌益も立っているからでしょうが、ここにはまた、「平和」に対する昌益の独特の考え方が関連しているようです。

四　社会の「構造的暴力」と「自然治癒力」

村瀬裕也によれば[4]、当時一般的だった「一治一乱」的な考え方、すなわち賢君によって実現される安定した統治状態と、暴君によって招来される争乱状態とを対比させ、前者を「平和」とするような発想に対して、昌益は「治」という支配―被支配の関係の中に、すでに「暴力」がふくまれていると考えます。

これは、ちょうど現代における平和学の第一人者ヨハン・ガルトゥングが、「平和」の反対概念を「暴力」とし、その「暴力」を戦争、テロ、リンチ、強姦などの「直接的暴力」と、植民地・半植民地支配、政治的・経済的抑圧、人種差別、男女差別などの「構造的暴力」とに分けて捉えるのに対応していると言います。

江戸時代の東北地方の飢饉が、米本位経済にもとづく、地域性・風土性を無視した米の増産という治者の都合に起因するものであったことは、先に述べたとおりです。これはある意味、東北の農山漁村を国内植民地化した「構造的暴力」による災害であったと言えるでしょう。

現代においても、たとえば阪神・淡路大震災の際に、女性の死者が男性よりも約一〇〇〇人多く、二〇〇四年のスマトラ沖地震では女性の死者が男性よりも一・五倍から四倍も多かったといった事実が示すように、社会構造の歪みによる脆弱な部分に被害が集中すると言われます[5]。

一七五五年、すなわち蒸気機関が開発される少し前に発生し、ヨーロッパ全体を震撼させたリスボン大地震に際して、ヴォルテールが、なぜ何の罪もない女性や子供が死ななければならないのかと怒りの詩を書いたのも、神そのものの慈悲深さを疑ったというよりは、社会における「構造的暴力」の存在を、「すべての出来事は最善である」と神の権威を借りて、正当化する人々に向けてであったと思われます。

むろん、そうした「自然」災害をすべて構造的暴力(「人為」)のせいに帰する発想にも、限界はあります。日本では一九五九年の伊勢湾台風で約五〇〇〇人の死者・行方不明者を出してから、一九九五年の阪神・淡路大震災で約六五〇〇人の死者・行方不明者を出すまで、一〇〇〇人以上の死者の出る災害はありませんでした。これは、戦前までの「天災」観に対して、戦後は災害を「人災」と捉えることによって、防災対策が強力に推し進められたことによると言われています[6]。

しかし、そうしたすべてを「想定内」に収め、災害を封じ込めようとする「人為」が、システムの複雑化、専門化、高度化、大規模化の大きな推進力になったことは否定できません。また上記の社会的脆弱性（ヴァルネラビリティVulnerability）という概念に対しては、そうした人々をパワーレスで受け身一方の存在と規定してしまう危険性があることが指摘され、それに対して、このような集団や地域の内部に埋め込まれた文化的な潜在力に注目して、復元＝回復を図ろうとするレジリエンス（Resilience）という概念が、近年提唱されています[7]。

レジリエンスとは、社会的な「自然」治癒力とでも訳したらよいでしょうか。昌益は、「構造的暴力」という考え方だけでなく、社会の「気」の変調を、身体・自然の「気」の変調と連関させて捉えてもいましたが、こうした医療モデルによる世界（自然、社会、身体、生命）像がもつ意義も、あらためて見直してみる価値はありそうです。

五　暴力の「火」から平和の「土」へ

さて、正直を言えば、この昌益の医療モデルによる世界像を、昌益の難解な用語がちりばめられた原典にそくして、またその背景にある「運気論」と呼ばれるような、当時の東アジアの思考基盤にあった自然哲学をふまえた上で、きちんと理解する準備は、現在のわたしにはまだ整っていません。したがって、以下は主にこれまでの昌益研究に触発された、現時点でのわたしなりの問題関心の表明にとどまるものであることを、あらかじめお断りしておきます。

まず、わたしが気になるのは、従来の運気論に対する昌益の批判は、多岐にわたるが、その要点は、（一）木火土金水の五行のうち、火を「君火」「相火」の二つに分け、六気としたこと、（二）五行のうち、土を中正とせず、木火金水と並ぶものとしたこと、の二点であると言われている点です[8]。

（一）は、運気論が「五運六気」と呼ばれるように、従来の「陰陽五行」という気の概念を「十干・十二支」という時間概念に対応させることで、気の運動・循環の論理を導き出すための操作に関わることですが、五行を六行にして対応させやすくするために、万物を支配し活動させる力である「火」を、同じく国家を支配し活動させる力である君主と宰相に分けたものです[9]。

これに対しては、日本では昌益以前すでに、儒学における古学、医学における古方派によって盛んな批判がなされました。彼らの批判によって、気象現象から人体までをつなぐ統一理論であった運気論は、日本では急速に影響力を失っていきます。一方、昌益は、そのころの日本では時代遅れとなったこの運気論的発想に、基本的には拠っていましたが、しかし「治」の中にふくまれた構造的暴力を徹底的にえぐり出そうとする昌益が、運気論における「君火」「相火」といった考えを改めようとすることは、見やすい理です。

問題は（二）の方です。昌益は「土」を、木火金水の中央にあり、それら四行を「革就」（促進・抑制）するものとして、特別な位置を与えます。「土」を方位において中央に当てるのは、従来の五行説も同じですが、その性質を中・真・平・正とし、四行のはたらきを促したり、抑えたりしながら、バランスをとる存在としていることのもつ意味はなんでしょうか。

この「土」は根源的物質である「活真」に配され、「土」の生成力を実体化した概念とされる「土活真」として、後・晩期の昌益独自の自然観・世界観の完成において、重要な役割を果たしたとされます[10]。

ところで、そもそも陰陽五行は、古代ギリシア哲学の四元素のような実体ではなく、気の性質と運動をあらわす、どちらかといえば存在論的な概念というより認識論的な概念であると言います。すなわち、「それは世界をたえず変化し流動してゆく、どこまでも柔らかなものとして捉える」発想です[11]。

しかし、昌益の「土」の位置づけは、その生成力をむしろ実体化する方向にあります。この運動・変化する世界を、根源的な物質の生成力を中心とする実体論的な概念[12]と、物質の連続観・流体観・循環運動観を中心とする認識論的な概念とを混在させて捉えるということには、はたしてどのような意味があるのでしょうか。

これを本体と作用という二つの観点からの世界把握と見ることもできます。昌益は「自然」を「自《ひと》り然《す》る」と解釈しましたが、『自然真営道』という昌益の著作の題名に対する昌益自身の説明（「題号妙弁の事」）から、小林博行は次のような二本の等式を導き出します[13]。

自（自発性）＝五（本体）＝真（中心）

然（能動性）＝行（作用）＝道（一様な回転）

すなわち、「自《ひと》り」とは中心に位置する本体の自発性をあらわし、「然《す》る」とは一様な回転を行う作用の能動性をあらわすことになります。なお、ここではまだ後・晩期の「土活真」という概念が前面に出てくる以前のものなので、五行という語が用いられていますが、「五」を「土活真」に、「行」を「四行」に置き換えてみると、混乱がないと思います。

あるいは、「自」と「然」をわざわざ分けて考えなくとも、「自然とは自《ひと》り然《す》るを謂うなり」（刊本『自然真営道』巻一、序）という場合の「自然」は、本体の観点によるもの、「転定《てんち》は自然の全体なり。自然とは五行の尊号なり」（稿本『自然真営道』私法仏書巻）という場合の「自然」は作用の観点によるものとも言えるかもしれません。

いずれにせよ大事なのは、本体である「土活真」は、それ以上の原因をもたずにひとりで生成するもの、作用である「四行」は、相互に関連し合って循環的な運動をするものとされている点です。そして、この本体である「土活真」が、「四行」の有機連関的な循環運動に、安定性を保証しているのです。「活真」とは、「永遠のエネルギーであるから宇宙に遍満し、形成した万物の中に宿り、これを生きつづけ再生産させる」[14]ものであり、それを「土」に配することで、あらゆるエネルギーの根源を、土壌の生成力、持続力、回復力に帰して実体化したものが「土活真」です。

これはある意味、一九世紀前半のドイツの自然哲学において、破壊されることもなく、形態転換する根源的な「力」の想定が、いわゆるエネルギー保存則の成立に影響を与えたという事実[15]を連想させます。「土活真」自体が形態転換するわけではありませんが、それが四行を「革《あらた》め」たり「就《つ》け」たりして、万物を形成し、その中に宿って、それを生きつづけ、再生産させつづけるからです。

六　温かい食事を軸としたエネルギー転換

ともあれ、「五行」から「土」を独立させ、認識概念の中に実体概念を昌益がもちこんだ功績は、従来の「気」の理解に、根源的なエネルギーの存在という発想を付け加えたところにあると考えられます。もちろん「元気」や「太極」といった発想も、根源的なエネルギーを連想させる概念ですが、しかし、それらはあくまで、どこまでも開かれた空間と時間の中で、無限に変化・運動する、わたしたちの感覚を通しては知覚できない世界全体（「一気」）の始源・根源に、観念的に付された呼び名にすぎないからです。昌益以前の人が、根源的なエネルギーの存在を感じていなかったわけではありませんが、「自然」理解において、それに適切な理論的根拠を与えられなかったということです。

エネルギーという語は、一八〇七年にトマス・ヤングがギリシア語のエネルゲイアという語をもとに造ったとされます。エネルゲイア（en+ergon; ergon=work）とは「仕事をしている状態」という意味とのことです。すなわち、この語が用いられるようになった背景には、目には見えない活力が、具体的な仕事に変換したという考え方があると言われています。

熱力学の第一法則、すなわちエネルギー保存則も、このエネルギーの変換という発想を支えるものです。さきに産業革命の原動力が、熱エネルギーを力学的エネルギーに転換することを可能にしたところにあることを見ましたが、その後、力学的エネルギーを電気エネルギーに転換する手法の確立により、社会の電化が進みます。その行き着く先が、核分裂エネルギーによる発電であることは、周知のとおりです。

昌益の「土活真」の根源的エネルギーも、万物の中に宿って、それぞれの「活真」として、自《ひと》り然《す》る「直耕」という活動エネルギーに転換され、姿を変えながらも、永遠に働きつづけます。このことは、「是れ活真、無始無終の直耕なり」（稿本『自然真営道』大序巻）という語からも推測されます。昌益が、「転」の最外部を殻におおわれたものとイメージし、時間的には無始無終でありながら、空間的には有限論の立場をとるのも、エネルギー保存則に連なる思想であると指摘されています[16]。

西洋において、生命現象は一般に生気論と機械論という二つの説明原理によって理解されてきたとされます。昌益の「活真」の運動の総体を「自然」とする理解も、一見機械論的な傾きをもっているように見えます。しかし、熱力学の展開が、そもそも機械論的な世界像にかわるものとして、世界の活動性の根源を熱にみる一八世紀後半のラヴォアジェらによる熱素理論——それは地質学・気象学・海洋学・水文学をふくむ地球上の生命活動・物質変化・物質循環全般を問題として生まれた——から始まったように[17]、昌益の運動理解も熱と密接な関係をもつものと思われます。

それは、昌益が「転定《てんち》」の中央にあって万物を生み出す大地（「央土」）と、人家の中心にあって食物を煮炊きする囲炉裏（「炉土」）と、人間の身体の中で食物を消化する胃（「胃土」）を、「土活真」の活動する場として、結びつけて捉えていることから推測されるものです。それは、たとえば囲炉裏を中心にした言い方では、「（土活真のはたらきは）炉に備はり、食物煮熟し、口に入り胃に至り、人を助けて常を得るは、乃ち炉土活真の直耕にして、転定・央土活真の直耕して万生熟すと同一の妙道なり」(稿本『自然真営道』大序巻)と表現されます。

消化とは胃の熱をもって「胃中の穀を再び炊ぎ煮る」ことにほかならないとしたのは、昌益が医学を学んだ味岡三伯家の説でした。また自らのはたらきによって、地上に熱を送りつづける太陽の恒常性に、昌益は徳を見ていたとされます。[18] さきにその暴力性を見た「二火」が、ここでは「土活真」のエネルギーの恒常性から捉えかえされているようです。

こうした安定的で穏やかな熱が万物を生熟させ、それ(とくに植物である穀物)を煮炊きした食物という低エントロピーの熱エネルギーを人が食べ、その養分を胃で吸収することで活動し、それによってエントロピーの増大した廃物・廃熱を体外に放出することで生命を更新し、その放出物を食べて家畜(馬・牛・狗・鶏・猫・鼠)が生成する……といった連関が、「活真」の運動の総体である「自然」に対する、昌益の根本的なイメージだったようです。

ここでは、植物―人間―動物が、温かい食事という人間の根本的な「生命」活動を中心に、暖かい「自然」のエネルギー運動に包まれて、その形態を転換させながら、穏やかな連鎖を保っています。エントロピー・バランスのとれた調和世界とも言えるかもしれません。

しかし、この昌益の夢見た調和世界が、あいつぐ飢饉によって、多くの人々が冷たい木の根や草や壁土まで食べ、結局は命を落とさざるを得なかったという、昌益の直面した冷酷な現実が生んだものであることは、次の語によって明らかです(稿本『自然真営道』大序巻)。

> 穀有りと雖も、煮熟せずして生穀を食ふ則《とき》は、生冷の気に傷《やぶ》れ、人身、久持すること能はず。故に煮熟して食ふこと、人身・主宰・備足の活真、自行して、家を作り炉を為し、穀菜、煮熟して食ひ、転年を尽さんが為めなり。故に煮熟の穀菜を食ふ則《とき》は、人身・神情・行業、常なり。若《も》し凶年の如く、煮熟の穀菜を食はざる則《とき》は、飢ゑて、神情・行業、忽《たちま》ち止《や》みて、人心《ひとごころ》無く、已《すで》に死なんと為《す》。此の則《とき》、煮熟の穀菜を食ひば、則ち人心出でて、神情発《おこ》り、行業成る。故に人身・心神・情・行業は、人の為《す》るに非ず。煮熟の穀の為《す》る所なり。

こうした民の「命」の危機的状況を克服しようと、一方では熱エネルギーを力学的(運動)エネルギーに、さらにそれを電気エネルギーに転換し、それの独占的な大規模利用を支えるための冷たいシステムを異常発達させた流れと、もう一方では熱エネルギーと運動エネルギーの間で相互に転換しながら、温かい食事を中心に、「自然」における「命」のあり方を考え直そうとした試みとが存在するようです。

ここで、始めに出しておいた問いに戻りたいと思います。原発とおむすびの本質的な違いはなにか。昌益がもしいま生きていたなら、きっと温かい食事のもつ「自然」治癒力の有無だと答えたにちがいありません。

人間の「命」の質を高める活動エネルギーは、人間が「自然」を無視して、勝手にどうこうできるものではありません。「自然」の万物を生熟させる働きに倣った、暖かな「自然」という大きな「命」の営みへの参与によってなされるのです。それが、いつかまた「生き残ってしまった」者の傷をも、少しずつ癒してくれるのではないでしょうか。

注

（1）東日本大震災から一年後の筆者の思いは、「悲しみを抱えて生きる」『世界』八二九号（二〇一二年四月一日）に記しました。

（2）片岡龍「十八、十九世紀日本の精神資源の探求——松平定信・広瀬淡窓・山田方谷を中心に——」（金泰昌企画『ともに学びあう山田方谷・譚嗣同・崔漢綺　東アジアから世界へ』樹福書院、二〇一二）参照。

（3）石原明子・岩淵泰・廣水乃生「震災対応と再生にかかる紛争解決学からの提言」（高橋隆雄編『将来世代学の構想——幸福概念の再検討を軸にして』九州大学出版会、二〇一二）。

（4）村瀬裕也『安藤昌益の平和思想』（昌益文庫⑤、安藤昌益と千住宿の関係を調べる会、二〇〇八）参照。

（5）大矢根淳・浦野正樹・田中淳・吉井博明編『災害社会学入門』（弘文堂、二〇〇七）参照。

（6）前掲『災害社会学入門』参照。

（7）前掲『災害社会学入門』参照。

（8）『安藤昌益全集十一』寺尾五郎解説（農文協、一九八五）参照。

（9）山田慶児『気の自然像』（岩波書店、一〇〇二）参照。

（10）『安藤昌益全集別巻　安藤昌益事典』用語解説・用語索引（農文協、一九八七）参照。

（11）前掲『気の自然像』参照。

（12）本稿脱稿後、松山壽一「昌益とシェリング」（笠谷和比古編『十八世紀日本の文化状況と国際環境』思文閣出版、二〇一一）を読みました。それによれば、昌益の「活真」は「根源的物質」ではなく、あらゆる物質性・存在性を排除した概念であるシェリングの「根源的活動」と同類の発想であるといいます（またシェリングの場合も、その活動はつねに新たに運動を始める積極原理と、その積極原理をたえず制限することで運動を源泉へと連れ戻す消極原理の両原理をもっているとのことです）。傾聴すべき意見ですが、現在のわたしの昌益理解の段階では、その当否を判断することはできません。本稿では、とりあえず「活真」を実体概念として論を進めますが、この点については、後考を期したいと思います。

（13）小林博行『食の思想』（以文社、一九九九）参照。

（14）前掲『安藤昌益全集別巻　安藤昌益事典』。

（15）『岩波哲学・思想事典』「エネルギー（杉山滋郎）」（岩波書店、一九九八）参照。

（16）東條栄喜『安藤昌益の自然観』（昌益文庫②、安藤昌益と千住宿の関係を調べる会、二〇〇六）参照。

（17）山本義隆『熱学思想の史的展開3』（ちくま学芸文庫、二〇〇九）参照。

（18）前掲『食の思想』参照。

安藤昌益と田中正造
——鉱業開発反対論と軍備全廃論

赤上　剛

私の一族が関係しなかったら、安藤昌益の生涯は解明されなかったかもしれない。秋田県大館市二井田の昌益の資料や墓碑を発見したのがいうまでもなく石垣忠吉。

代用教員石垣忠吉に師範学校出の教員菅原ソノとの結婚を後押ししたのが「赤上信弥校長」。石垣忠吉はソノと相思相愛、昌益の「男女《ひと》」実践例のような家庭生活の中で昌益資料を発見した。

こうしたことを、菅沼紀子『安藤昌益からの贈り物』（東方出版）で知った。「赤上校長のおせっかい」（同著一五三頁以下）があって二人が結ばれたのだから、赤上校長→石垣忠吉とソノが結婚→安藤昌益資料・墓碑発見、という因果関係が強引に（笑）成り立つ。

私も「赤上《あかがみ》」だ。一六〇二年常陸の佐竹義宣が秋田へ転封された当時、私が生まれ育った現栃木県茂木町《もてぎまち》一帯も佐竹藩に属していた。茨城県とは那珂川を挟んだ隣である。実は、我が赤上一族も佐竹藩に従って秋田へ移った（栃木県『茂木町史』による。残った一族の次・三男が茂木の地元に土着し百姓になった。私はその後裔。電話帳によれば赤上姓は今や秋田県の方が断然多い）。

「赤上校長よくやったね」とほめてあげたい。

私にとって安藤昌益は、田中正造・足尾銅山鉱毒事件研究の縁があり、菅沼木のおかげでさらに親しみがました。

田中正造（一八四一～一九一三年）

安藤昌益（一七〇三～一七六二年）

昌益と正造が生まれた差は一三八年。

ことしは昌益没後二五〇年、来年二〇一三年は田中正造没後一〇〇年、昌益生誕三一〇年になる。

田中正造は没後一〇〇年の来年、勝海舟の保証で、「総理大臣」に就任する。

「　田中正造
百年之後、浄土又地獄ェ罷越候節は、
屹度惣理に申付候也
　　　　請人　半死老翁　勝　安房
阿弥陀
閻魔　　両執事　御中　」

（『新訂海舟座談』岩波文庫、九七頁。松浦玲『明治の海舟とアジア』岩波書店、一七五頁に「証文」の写真がある）

「浄土か地獄での話」だが、メチャクチャな民主党政権の「法世」の現代こそ正造が生き返って総理になってほしい（昌益は支配の道具たる「総理大臣」自体を認めないが）。

「田中正造は安藤昌益の再来だ」とよくいわれる。

ひとことでいえば、昌益は時代の制約上「理論の人」、正造は現場で闘った「実践の人」として、時を超えて共鳴していることは事実である。

江《え》渡《と》狄嶺《てきれい》は「日本の四農」と題して語る。


「……東郷元帥如何に偉なりとも我等百姓の学ぶところに非ず、良寛……我等農人の習ふところに非ず。……

我れ日本の四農を選ぶ、曰く、安藤昌益、曰く佐藤信淵、曰く二宮尊徳、曰く田中正造。四農を打って一丸とし、習学して更に一歩を進め得ば、それ或は後来農人独自の境地を開拓し得んか。」（『地涌のすがた』昭和一四年、青年書房、四七〇頁）。


本稿で、昌益と正造の「鉱業開発反対論」と「軍備全廃論」をとりあげてみたい。

以下、傍線と（　）補記は赤上。

一　鉱業開発反対論

(1) 安藤昌益

松岡信夫の「昌益思想とエコロジー」（寺尾五郎他編『甦

る！安藤昌益』一九八八年、社会評論社所収）が初期の総括的論文と思われるがそれをふまえつつ、簡にして要を得た石渡の説明から入っていきたい。

【石渡博明1】の概要説明

「鉱業開発による自然界からの金属資源の一方的な採掘が、自然の循環・自然の生態系を破壊することについても、五行論にもとづいて批判する。金気は土中にあって、大地を引き締めるのがその役割であるにもかかわらず、金・銀・銭（銅）は掘り出して蓄財するばかりで自然の循環を断ち切ってしまうからである。……昌益が描いた光景が具体的にどこに由来したものかは不明ながら、折しも江戸期の秋田は尾去沢鉱山をはじめとした鉱山開発ラッシュであった。」（『安藤昌益の世界』草思社、二二四・五頁）。

【寺尾五郎】の「三重の罪――自然と社会と人心の破壊」説明

「第一……自然破壊への反対である。……

第二……金・銀・銅を採掘して貨幣を鋳造することが、貨幣・商品経済の普及として自然な共同体を破壊し、上下・貴賤・貧富に二分された階級社会を造りだすからである。……

第三……貨幣が人の欲望を過大に刺戟し、人心を攪乱・錯倒させて『利欲ノミニ泥《なず》ミテ人件ヲ知ルコト無キ』という精神破壊をもたらすからである。

以上の自然破壊・社会破壊・人心破壊の三重の罪業が鉱山開発反対の理由である。

……昌益の鉱業開発反対の論は、日本におけるエコロジーの先駆であり……田中正造とならんで昌益が日本エコロジーの先駆とされる所以である。

昌益のこのような鉱業開発反対には、……秋田藩における大掛かりな金銀銅山開発という背景があったと思われる。一六〇〇年代の秋田藩は左図（略……赤上）のごとくいわばゴールドラッシュ的状況があったと思われる。……」（『安藤昌益の自然哲学と医学』農文協、一六一・二頁）。

【東條栄喜】の「金銀採掘と鉱毒・環境破壊」説明

「昌益が鉱山公害・環境破壊を批判する際には、木火（土）金水の循環の分断、鉱毒と環境破壊の蔓延、欲望社会の増長という三つの側面を鋭く指摘しています。……このように……激しく批判するのは、彼の出身地・秋田藩全体が全国屈指の鉱山開発地であり、郷里の大館を流れる米代川の上流には大葛鉱山があって、鉱毒の発生や鉱夫の死病、社会風俗の乱れをつぶさに見聞し得た事が背景にあると考えられます。……

なお昌益の鉱物観に関しては、鉄と金銀を明確に区別している点に注目したい……昌益にとって、鉄は金属というよりは『金気』を帯びた『土』であり、鍬・鎌・鉈・鍋など生産と生活に必要な素材となるので、土中から取り出しても……循環を損なわない、と解されています。」(『安藤昌益の自然思想』安藤昌益と千住宿の関係を調べる会、三三・四頁)。

【西村俊一】の「ギラ水(鉱毒水)
――二井田村の遭遇した悲劇」説明

「(昌益が生れた)二井田村に異常事態が発生し、それが鉱毒によって引き起こされていた……次のような諸事実が浮かんできます。

(1) 二井田村には犀川(犀川)という大河川が流れている。
(2) その犀川の上流には全国有数の大葛金山があった。
(3) 大葛金山の鉱夫は『金掘病』と称する鉱毒病のため短命であった。
(4) 犀川流域の農民は久しく鉱毒水(ギラ水)に悩まされ続けてきた。
(5) 大葛金山の請人荒谷家と二井田村の一関家(昌益の有力門弟……赤上)は姻戚関係にあった。

……昌益の母親が鉱毒病で『非命の死』か?……

……農文協の泉博幸さんは、私がこのような史実に基づいて『昌益思想の形成には鉱毒問題が重要な契機になっている』と主張するのに対して『証拠がない』というわけです。……

……昌益の門弟(で)……最も有力だったのは一関家の父子かも知れません。大葛金山の請人である荒谷家は、一関家の跡取り問題に直接介入するほどの関係にありました。ですから、昌益も鉱毒問題についてはあからさまには言及しにくかったのではないか。……」(「安藤昌益――エコロジズムの伝統と継承」『昌益思想の継承と地域社会の再生』農文協所収、一八～二三頁。なお、西村には、「田中正造の社会認識と行動美学(1)」『田中正造と足尾鉱毒事件研究』一一号所収や『日本エコロジズムの系譜』農文協もある)。

【石渡博明2】の「鉄と金・銀・銅を別の範疇にしている理由」説明

「……五行論に基づくこうした自然界の気の調和と金銀採掘による調和の破壊論は、ひとり昌益のみならず、雨森芳洲や幕末期の油井元雄によっても共有されている旨を安藤精一が『近世公害史の研究』(吉川弘文館刊)で報告している。……

なお、昌益が、同じ金属でありながら、鉄と金・銀・銅を別の範疇のものとして扱っているのは、一つは採取法の違いによるものであり、二つにはその用途・有用性の違いによっているものと考えられる。鉄の材料である磁鉄鋼は、当時は主として砂鉄や餅鉄といった形で、川床に堆積しているものや山道・耕地からも供給されていて、あえて鉄山を開発しなくても賄うことができたのである。……そして、鉄は……人々の役に立つ上、錆びて腐食しやすく、やがては土に帰っていく。……一方、金・銀・銅は、人々の日用に供することもなく……永遠に土に帰ることがない。……」(「安藤昌益とエコロジー」『QUEST』二〇〇四年五月号所収、一七・八頁)。

私は昌益研究に疎いので誤解もあろうが、これらを読んで感じた疑問を述べてみたい。

一つ目の疑問は、五行論に基づきながら、鉄と金・銀・銅を区別していることとである。

石渡博明2が引用する安藤精一『近世公害史の研究』(三七三~六頁)の「第二節 鉱山開発公害論」により、熊沢蕃山と雨森芳洲の五行論に基づく鉱山論を点検してみよう(同著には油井元雄もあげられているが私にはこの人物がよくわからないので対象からはずした)。

冒頭が、熊沢蕃山なのだが石渡論文には引用されていない。

・熊沢蕃山(くまざわばんざん一六一九~一六九一)

「朋友問て云、黄金白銀は乾坤の至精なりと中侍れば、多(く)ほり出して、異国へ渡し侍る事はいかがと申人あり。……(蕃山)答て云、……近世は、国土の霊もうすく、人もおとりゆく事は、山澤の至精をたくはへかくさずして金銀銅鉄多(く)ほり出し、異国へまで渡し、山あれ(荒れ)、川浅く成たるゆへにてもあらんか。……人も才知のあらはれ過たるよりは、内にたくはへて徳を養ひ、時に用るこそよく侍れば、金銀も世中に多すぎたるよりは、国土の精と成て、山中にふくみたるやよくはべらん」(蕃山「集義外書」巻五、『増訂蕃山全集』第二冊、昭和五二年、名著出版復刻、八四頁。安藤本は『日本経済大典』第五一巻から引用しているがその本は抄録なので、ここでは『増訂蕃山全集』から引用した）。

蕃山は、金・銀・銅・鉄が「乾坤（天地ということか……赤上）の至精なり」と、鉄を除外していない。

ついでながら、蕃山は晩年幕府の忌憚にふれて古河《こが》藩（現茨城県古河市）に幽閉された。幽閉といっても、門弟の指導や堤防工事の指導（谷中村の赤麻沼の蕃山堤工事など）等に活躍した。

足尾銅山鉱毒事件を隠滅するために国家権力によって廃村とされた谷中村は、かって古河藩領であり、古河と地（思川）続きであった。田中正造は、一九〇四年七月、日露戦争中に谷中村に居を移して谷中村の廃村反対運動を闘い、谷中村復活運動中に亡くなったが、蕃山の治山・治水論に多くを学んでいる。正造の日記には蕃山の次のような文に瓜二つの考えが記されている（⑫二三四～六頁、⑬六五頁など）。

蕃山「山川は天下の源なり。山又川の本なり」（「集義外書」巻三、『増訂蕃山全集』第二冊、名著出版、六一頁）。

「それ山林は国の本なり……山は木ある時は神気さかんなり……木草しげき山は、土砂を川中におとさず。大雨ふれども……洪水の憂なし」（前掲「集義外書」巻一、『増訂蕃山全集』第二冊、七頁）。

なお、大橋健二『反近代の精神　熊沢蕃山』（勉誠出版、一八四頁以下）は、昌益と蕃山の共通性、昌益への間接影響を指摘している。

・雨森芳洲（あめのもりほうしゅう一六六八～一七五五）

「あめつちとひとしく生ひいでたるこがね（金）、しろがね（銀）、あかがね（銅）をみだりにほり出し、……五行の気を損じ、奢侈のみなもとを長ずるこそ、まことのをしむべきとはいふべき、くろがね（鉄）は、此国の産するところ、萬国にすぐれたれば、あだに兵をかすにおなじとて、むかしより、これを禁ぜり、……世の人此国は金銀多しとのみこころえ、其実をしらざるゆゑに、おもきたからを、みだりにほり出し、或いはみだりにつひやし……」（「たはれ草」『日本経済大典』第五一巻、三三四・五頁）。

このように、昌益のやや先輩にあたる熊沢蕃山と雨森芳洲は金・銀・銅と鉄を区分していない。

五行論では、鉄を除外しないのが原則論だろう。

ところが、昌益が金・銀・銅と鉄を区分したのは、鉄は腐食しやすく土に帰ること、鉄の採取法の違いおよびその用途・有用性からではないかと石渡はいう（前掲『ＱＵＥＳＴ』一七頁）。

「用途・有用性」というのは、「鍋釜・包丁、鉞《まさかり》、薬」だという（石渡前掲、一七頁）。

確かに、昌益は、「炉で溶かして鉄とする」「非常に錆びやすく……土になる」「純度を高めると絶妙な切れ味の剣となる」「刃物や鉞などの道具を作る」「金銀は宝だといっても、この鉄の多様な用途に及ぶものではない」「鉄銷や鉄醤などとして薬に用いる」といっている。（『安藤昌益全集』農文協、第一一巻、二八〇頁、訳文）。

このように昌益は、鉄の精製方法を知ったうえで「鉄の多様な用途」を評価している。

しかし、鉄はもともと昌益がいう「剣＝武器」製造から発したのではなかったか。また、鉄は貨幣として「金銀銭」だけでなく「鉄銭」としても使用された（「鉄銭」鋳造が昌益在世中から始まったのかどうか私は確信がない）。

「武器」「鉄銭＝貨幣」ともに、昌益は支配者の道具だとして否定している。「鍋釜・包丁、鉞・鋤・鍬」などの鉄の「有用性」だけを評価し、「武器」（「鉄銭」も？）に対しては昌益はなぜか目をつぶっている。

＊東北地方の製鉄業の歴史について、私は次の論文を参照している。必読文献と思われるので、項目もあげておく。

〈森　嘉兵衛「南部の鉄工業」（地方史研究協議会編『日本産業史大系』３（東北地方編）、一九六〇年、東京大学出版会、二五三頁～二八四頁）

一　東北地方の製鉄業
「中世前の製鉄業」「中世期の製鉄業」「近世期の金屋業者の定着」（南部藩の鉄産業）（洋式高炉製鉄業の成立）

二　東北地方の鉄工業
「中世前の鉄工業」（農器具工業）「近世期の鉄工業」（鋳銭工業）

三　近世鉄産業のもたらした諸問題
「鉱毒被害と山川荒廃」「労働問題」〉

そもそも製鉄業自体が支配者の認可＝収益・搾取事業で

あった。農民が勝手に「鍋釜・包丁、鉞・鋤・鍬」を作れたわけではない。極めて高価、高級品で農民にはなかなか手が出なかった。鍋釜の鋳造は一六八八年（元禄）頃以降というし、昌益逝去後の天明の大飢饉（一七八一〜八九年）頃から鍬の需要が高くなり、購入資金のない貧農には「貸鍬」を貸し付けたともいう（森前掲論文、二六九頁）。

五行論からみれば、蕃山などのとおり鉄を区分しないのがすっきりする。

昌益がいう鉄の「用途・有用性」論は整合性に欠け、私には納得がいかない。

二つ目の疑問は、昌益の公害認識とくに「鉄の公害」についてである。

＊ここでは「鉱害」用語が適切だろうが以下一般的な「公害」を使用する。

先に引用した諸論文はおしなべて、昌益を鉱業開発反対論の根底に鉱山開発による「公害」認識があったからだ、と書いている。

問題は、

・昌益が鉱山の「公害」を認識していたのか、

および、鉄だけ金銀銅から区分したのであるから、

・「鉄の公害」は当時なかったのか、

・それがあることを昌益は知っていたが無視したのか、

・昌益は知らなかったのか、

さらに、「鉄の公害」を知っていたら、同時に「鉄の有用性」を評価するのは昌益思想と矛盾しないか、あれほど「人災」にこだわる昌益なのに、

ということである。

「鉄の公害」について昌益研究者はほとんど触れていない。公害があっても「金銀銅山だけの公害」と考えているようである。

唯一、石渡が、当時は砂鉄などの採取であえて鉄山を開発しなくても賄うことができたからだと前掲論文2でいっている。石渡の主旨がよくわからないが、石渡説は昌益の時代は「鉄の公害はなかった」という解釈にとれる。

しかしそうだろうか。昌益在世前後の「鉄の公害紛争」を追ってみよう。

①「一六六六年、南部領（現岩手県）内田名部通の砂鉄精錬に関し鉱山師ら、南部藩に精錬許可を願い出。その文書の中に『田畑に被害を与えぬところで精錬する』旨、

記されており。」（飯島伸子編『公害・労災・職業病年表』公害対策技術同友会刊、四頁）。

② 安藤精一は、貞享二年（一六八五）に陸奥国八戸藩の大野村で「鉄類生産」を計画したが、農民が反対し許可にならなかった例をあげ、「この地方（陸奥国）は……主要な鉄生産地であったために、すでに近世初期から公害問題が発生したが、農民の反対があれば許可にならず、農業・農民重視であった。」と指摘している（前掲『近世公害史の研究』九頁）。

③ 「一七三〇・一年、南部藩東磐井郡松川村地方で大洪水。村人ら、上流の大原村地方における砂鉄生産に伴う濫伐や川底上昇などが原因と指摘。」（飯島「年表」四頁）。

④ 「一八一四年、南部藩の板橋鉄山と（下閉伊郡）四ヶ村と燃料山を中心に紛争を生じた」「鉱山経営の成立には巨大な燃料を必要とする。その燃料が木炭であったことは、急速かつ大量に山林を荒廃せしめた。そのために洪水の被害を大にし……」（森前掲論文、二七九頁。当時の効率が悪い「平炉精錬」では、砂鉄原鉱一〇〇に対し木炭七〇を必要とした。一八五七年にオランダから導入された洋式高炉では、岩鉄一〇〇に対し木炭一六〇を必要とした。森前掲論文、二六四頁）。

⑤ 「一八二八年、野田松倉鉄山（東北・南部地方）の廃水で小本川の名産魚が減産し被害農民、松倉鉄山を相手に訴訟を提起。このころより、鉱毒問題のほか森林濫伐、村民の共有財産の侵害などをめぐり、南部地方における鉄山業者と農民の紛争が頻発。」（飯島「年表」七頁。森前掲論文、二七八頁によれば、名産とは「鮭」で、このころから「鉄山」を保護する立場になるという。これに関連して、森は「このような公害紛争は北上山系内に近世末期だけでも五十数件を数えられる」ともいう。「近世末期の公害紛争」『朝日新聞』一九七一年二月一八日、夕刊）。

⑥ 「一八三六年、九戸郡大野鉄山」と四か村の公害紛争で八戸藩は「　時大野の砂鉄経営を禁止」（森前掲論文、二七八頁）。

このように、昌益の生れる前から陸奥国は主要な鉄生産地で近世初期から「鉄による公害問題が発生」していた。原料も「砂鉄」だけではない。「鉄鉱石」（鉄山）も有力な産地だった。

なんと南部藩だけで、一六四八年から一八六九年の間に九三か所の鉄山があった（森前掲書、二五七〜二六一頁）。

石渡説のように、昌益当時は「砂鉄」のみの需要で足り「鉄山開発」はなかったと断定できるだろうか。

公害は石渡がいう採取段階だけではない。昌益は「炉で溶かして鉄とする」とさらりと書いてすませているが、「砂鉄」でも「鉄鉱石」でも精錬・精製する過程で大量の鉱毒水と煙害がでる。昌益の時代は精錬・精製技術が未熟だったからなおさらである。

さらに、燃料として膨大な木炭を要し、奥羽山脈や北上山地の山林を軒並み伐採した。燃料（木炭）を求めて「平炉精錬」場所は転々したという。

江戸時代の製鉄法について、吉田光邦『技術と日本近代化』（日本放送協会、一五一頁以下）が図解入りで解説している。

それによれば、当時は主にタタラ製鉄法によった。砂鉄と木炭を粘土製の炉に交互に投入して点火しフイゴで風を送り込んだ。一回の操業で、木炭四千貫、砂鉄五千貫を要し二百貫の鉄を得た（一貫は三・七五キログラム）。一操業七〇時間、炉は一回ごとに破損してしまい新しく築造する。とてつもない木炭量を使いつつ炉を転々と移したから鉱毒を各地に垂れ流したのだ。

こうした山林荒廃で洪水も頻発する。鉱毒水と洪水の合成公害である。

一六〇二年の佐竹藩転封以降の鉱山開発ラッシュと昌益の論を結びつけて、寺尾は先に引用のとおり、「（昌益の）鉱業開発反対論には……秋田藩における大掛かりな金銀銅山開発があったと思われる。」という。

松岡信夫もその寺尾説を引用して「昌益の鉱業批判は実に激烈です。批判というより鉱業の否定、または反鉱業論といった方が当たっている……」としながらも、「昌益はどんな経路で鉱山の実態についての情報を入手したのか」そこがブラックボックスだと疑問を呈している（「昌益思想とエコロジー」寺尾五郎他編『甦る安藤昌益』社会評論社、八九・九一頁）。

西村俊一は「（『自然真営道』）には、鉱山の乱開発や鉱毒問題を厳しく糾弾する記述が見られ（る）……」（前掲「安藤昌益——エコロジズムの伝統と継承」一九頁）とまでいう。

当時昌益がこのような「公害認識」があったならば「鉄の公害」も知らないはずはなかろう。

「鉱物による公害」という点では、金・銀・銅も鉄も同じである。鉄製造が農民を苦しめる「公害」を出すならば、昌益思想の整合性から判断して鉄を別枠にする決定的理由に乏しくなる。

そもそも、天災というのはなくすべて人災だと説いた昌益だ。昌益が鉄の「有用性」から、金銀銅と別枠にしたのであれば、武器（鉄銭も）用は論外とし、公害もほとんど出さず家庭・農耕用として最小限の限定つきで鉄を採取・生産すべきだと注記したはずだ。

鉄製造は、「支配者の認可事業＝収益＝収奪事業」であり、「鉱毒」「山林伐採・荒廃」「洪水」という公害を伴った。鉄は「武器」（「鉄銭」も）にも使われ、生活用具としての「鍋釜・鋤・鍬」などは昌益当時は農民にはおおむね高嶺の花だった。

こうしてみると、直耕する農民を苦しめる要因がほとんどだ。昌益が金・銀・銅と鉄を区別した「有用性」の理屈はほとんど成り立つ余地がない。

少なくとも、昌益は「鉄の公害」のみならず「鉱山公害」全般を認識していなかったから「鉄の有益性」を認めたとしか私には考えられない。

昌益研究者が、佐竹藩転封以降の秋田県のゴールドラッシュ→公害という当時の社会的背景を、昌益が認識していたと（同時に「鉄の公害」はまだ未発生として）、検証なしに結合させてしまったから、昌益の「鉱業開発反対論」の説明につじつまがあわなくなる。

西村が、「（『自然真営道』）には、鉱山の乱開発や鉱毒問題を厳しく糾弾する記述が見られ」というがどうだろうか。深読みだろう。

素人の私が五行論から素直に読むと、「鉱山の乱開発」はそのとおりでも「鉱毒問題を厳しく糾弾する記述（だ）」とはとてもとれない。

また、金銀銅の鉱毒について、西村が、「門弟の関係から昌益が鉱毒問題に言及しにくかった」と述べているのは、「農民の苦しみを一顧だにしない昌益像」となり昌益思想を解体することになりかねない。

西村論文によれば、泉博幸が西村批判をしているようである。私は泉博幸論文を見ていないが、「確率が高い証明がないのに、昌益の鉱業批判の根底に当時の『公害認識がある』と決めつけてしまった誤り」という指摘なら大賛成である。

私は、昌益は五行論から「山林崩壊」や「洪水」を論じているに過ぎないと思っている。昌益が「鉱毒問題」を知ったら、鉄を区分する考えを再検討し修正せざるを得なかったはずだ。

結論として、昌益は「金銀銅鉄の公害」を知らなかった。百歩譲っても「鉄公害」は知らなかったが故に、「鉄の有用性」を評価するあまり五行論の金銀銅鉄から鉄を区分してしまったと私は考える。

また、鉄を「有用性」から区分した昌益が、鉄が武器の材料でもあることや、支配者の認可・収益・収奪事業たる鉄製造業などをどうとらえていたのか、私にはわからない。

昌益の考えの整合性と昌益研究者の考えをぜひ教えていただきたい。

(2) 田中正造

田中正造は、足尾銅山鉱毒事件に一生を捧げたとよくいわれる。

しかし、正造は鉱毒事件取り組みの最初から「足尾銅山の鉱業停止」を主張していたわけではない。その認識は当初はなかった。

まず、正造の国家観を先にふれておきたい。

国家というのは、人民の幸せのためにある。正造は憲法に基づく政治をせよと死ぬまでいっていた。憲法とは、「大日本帝国憲法」である。

正造最後の演説は、逝去の五か月前、大正二年(一九一三)四月一三日だった。谷中村の北、藤岡町(現栃木市)の赤麻寺で「下都賀郡南部危急存亡問題政談大演説会」が開かれた。正造の指示で大書された文が正面に張り出された(島田宗三『田中正造翁余録』下巻、三一書房、一四三頁)。

「朕ハ我ガ臣民ノ権利及財産ノ安全ヲ貴重シ及之ヲ保護シ此ノ憲法及法律ノ範囲内ニ於テ其ノ享有ヲ完全ナラシムヘキコトヲ宣言ス」

これは、「大日本帝国憲法発布勅語」の一文である。

正造は、人民の「権利・財産の安全を尊重し保護する」という憲法前文たる「発布勅語」の精神にそった政治(立憲的動作)を主張し続けた。

これこそ人民の「人権保障宣言」であり、主権者たる天皇も守らなければならない「憲法を貫く精神」だと正造は確信した。

確かに、よく読めばこの文章は、憲法・法律より上位の「憲法を貫く精神」といえる。

明治維新はこのためにあったと正造は考えたはずだ。

だから、正造はあらゆる問題解決の根底にこの「発布勅語」文言をおいた。

大日本帝国憲法は、天皇主権のエセ立憲主義で近代憲法に値しないなどという「机上の空論者」が極めて多い。しかし、正造が闘いの武器として大日本帝国憲法を死ぬまで活用したことをどう思うだろうか。

正造が死んだ時の唯一の持ち物が〝ずた袋（信玄袋）〟だった。その中に、紙縒（こより……和紙をひねって糸にした）でとじた文庫本より小さい『帝国憲法』と『マタイ伝』がある。佐野市郷土博物館に展示されている。ぜひ現物を見ていただきたい。

『田中正造全集』（岩波書店、全二〇巻）、『亡国への抗論』（同上の補遺、一巻）には諸問題への正造の発言、日記、書簡が収録されている（以下、『全集』とし、第一巻は①のように記載、傍線赤上）。

足尾銅山鉱毒事件は、人民の権利（生活・生命・自治・環境等）が、近代化にひた走る国家権力によって奪われ棄民化され尽くした事件であった。政・官・学・産（財）の癒着によって、足尾銅山（古河鉱業《ふるかわこうぎょう》）の「鉱業停止」は実現しなかった。

しかし、田中正造は「憲法破壊の政府」に対する足尾銅山の「鉱業停止」の闘いを死ぬまでやめなかった。この闘いの実践の中で正造の「人権・自治・環境・平和・軍備全廃」の思想が生みだされた。

そして、昌益がいう「法世」の欺瞞性を正造は晩年に悟ることになる。

「人権亦法律より重シ。人権ニ合するハ法律ニあらずして天則ニあり。国の憲法ハ天則より出づ。只惜む、日本憲法ハ日本的天則に出しなり、宇宙の天則より出たるニはあらざるなり。」（明治四五年三月二四日、日記。『田中正造全集』⑬一五七頁）。

「憲法、法律、教育の渾てを全廃して、更（に）天神を基とせる方法即ち広き憲法を設くべし。誠ニ天則ニよらバ即ち憲法の天ニかのふを云ふなり。真理を中心とする憲法なり。」（同年一月一六日、⑬五五・六頁）。

さて、本論に戻る。

既述のとおり、正造は最初からの「鉱業停止」（採掘と精錬反対）論者ではない。

足尾銅山の鉱毒被害が一気に顕在化したのは、明治二三年（一八九〇）八月の渡良瀬川大洪水からである。

正造は、第二回帝国議会の一八九一（明治二四）年一二月二四・二五日に鉱毒事件につき初めて質問をしたが、「鉱業停止」の主張ではなかった（『全集』⑦四一頁〜五〇頁）。

以後責任をうやむやにした古河と政府によって官主導の示談が進められた。示談金の一部から、最初は正造は「謝礼金」を受け取ったりしている（明治二五年八月、「市澤音右衛門日記」『（群馬県）板倉町における足尾鉱毒資料集』板倉町教育委員会、二三頁）。

日清戦争が終わるまで正造は国会での追及を自粛した。というより、足尾銅山鉱毒事件の本質を正造はまだつかみ切れていなかった。

正造や鉱毒被害民が「鉱業停止論」に一致団結するのは、明治二九年（一八九六）の三度の大洪水で未曾有の鉱毒被害が出た以降である。

被害民の四度にわたる大押出し（請願運動）は、政府の川俣事件の刑事弾圧（明治三三年二月）で押さえ込まれてしまった。しかし、広範な世論喚起も含め、各階層の支援で必死の運動が続く。正造の直訴（明治三四年一二月一〇日）はこういう中で行われた。

「殖産興業」「富国強兵」のもと、日清・日露戦争を戦い海外侵略を強める日本は、外貨獲得の輸出主要品目である銅生産を拡大する一方だった。被害民は何の補償もされなかった。挙句の果てが、「谷中村廃村」「残留民家屋の強制破壊」「鉱毒を治水問題にすりかえた谷中村の遊水池化」だった。

正造は「鉱業停止」を叫び続けたが事ならず七三歳にして世を去った。

正造はなぜ「鉱業停止」を主張し続けたか。島田宗三が正造から直接聞いた話はこうである。

「私（正造）が鉱業停止を叫ぶ所以は、鉱業という一時的な仕事で、永久的農業を滅ぼすことは不当であるばかりか、山河を荒らして日本の経済を破壊する、法律を濫用して憲法を破壊する、天地の公道を無視して人道を破壊する、そして人類の滅亡を顧みないからです。世上一切の経営は人類の幸福を図るのを目的とする筈です。然るに工業の名に於て、人類の滅亡を顧みないという乱暴をなす事は断じて許すことが出来ません。これが、私の身命を賭して鉱業停止を要求する理由です。」（島田「正造翁言行録（二）」『全集』月報2、七頁）。

まさにこの指摘どおり、日本の銅山は資源が枯渇して軒並み閉山してしまった。石炭も同様である。

ところが、山林・河川の鉱毒被害は、今の足尾を訪れて一見すればわかるように、一二〇年以上たっても自然の自律回復はない。四〇億円前後の税金を毎年投入し、かつ多くの民間ボランティアの植林奉仕があってもそうなのだ。

足尾銅山鉱毒事件を通じて、正造は近代文明のまやかしに気付き警鐘を発し続けた。まさに昌益の考えそのものではないか。

「真の文明ハ山を荒さず、川を荒さず、村を破らず、人を殺さゞるべし。古来の文明を野蛮ニ回らす。今（の）文明ハ虚偽虚飾なり、私慾なり、露骨的強盗なり。」（明治四五年六月一七日の「正造日記」『全集』⑬二六〇頁）。

（ただし、昌益の発想には、正造がいう「真の文明」などという概念自体がなかったろう。）

しかし、日本は亡国への道をひた走ってきた。「3・11東日本大震災・東電原発加害事故」はその象徴でなくてなんであろう。

明治二九年六月の三陸大津波被害（天災）に際し、正造は、「天災地変となれば、天皇が心を悩ませ政府は直ちに救恤措置をとるのに、天災（洪水）＋人災（鉱毒）たる被害については救済どころか（被害民を）虐待しているではないか」と政府に迫った（明治三二年三月質問書、⑧一五二頁）。

この、天災（洪水）＋人災（鉱毒）＝合成加害は、「土地、人民ヲ亡滅シ尽スニアラザレバ止マザルノ悪毒」（⑧七頁）だと正造は喝破した。

同時に正造は、洪水の主要因が足尾銅山の山林乱伐と煙害だから天災もただの天災ではなく「人造洪水」だと主張した（⑰一三九頁）。

昌益は、すべての災害は、天災ではなく人災だといった（「統道真伝四禽獣巻」『安藤昌益全集』農文協、⑪一四六頁）。現在の感覚からは理解し難いけれども、近代文明（文明といえるのかどうかも含め）の不安な現状　将来をみると、昌益の言は正しいのかも知れない。正造も恐らく同感だろう。

福島第一原発事故の収束すらいまだ危惧され、かつ原因究明もなされないまま、大飯などの原発稼働にひた走る民主党政権および原発推進の無責任体制を推進してきた自民・公明前政権はともに亡国の政党である（本稿が出版された時には民主党政権は壊滅しているだろう）。

人民の命と生活を守ることを第一とする昌益や正造が今生きていたら「原発反対運動」に邁進しているはずだ。私たちにその使命がまさに托されている。

3・11東電福島原発事故と正造思想の関係では、小松裕『真の文明は人を殺さず』（小学館）がわかりやすく書いてあるのでぜひ読んでいただきたい。

二　軍備全廃論

（1）安藤昌益

昌益は、軍備が「法世」の世の支配者の道具だから全廃せよと主張した。

「軍学とは、戦争に勝ち王となるためのもの、天下国家を奪いとるためのもの……さっさと軍学を一掃し、すべての刀剣・鉄砲・弓矢などの軍備を全廃してしまうならば、将兵の示威行進もなくなり、やがて自然のままの社会にもどっていく……」（「統道真伝一　糺聖失」『安藤昌益全集』第八巻、二八六・七頁、訳文）。

「刀剣・鉄砲・弓矢」は鉄製である。先の「鉱業開発反対論」で検討したように、鉄の製造は武器から出発している。鉄の「有用性」を「武器を無視して」昌益が認知したのは、軍備（武器）全廃論と整合性がなく矛盾している。だから、鉄の「有用性」論は少なくとも半分は破綻している。

昌益は、「乱」……戦争・争乱状態、「治」……非戦争状態・一般的に平和状態という、の双方とも実は被抑圧者にとっては恒常的な抑圧状態であり克服・消滅さすべきだという。

昌益の軍備全廃論は軍事に限定しない深みと厚さを持っている。

村瀬裕也『安藤昌益の平和思想』（安藤昌益と千住宿の関係を調べる会発行）や前掲石渡『安藤昌益の世界』などがわかりやすく説いているので私の説明は省く。

（2）田中正造

正造は日清戦争を支持した。日清戦争のため大本営がおかれ、明治天皇も帝国議会も移った広島の議会で、正造は「臨時軍事費」に賛成演説した。反対は皆無、全員一致で可決された。

彼の書き残した文章からもその戦争支持の熱烈振りがうかがえる。

清国と開戦した一八九四（明治二七）年。

・「朝鮮ハ赤子、支那ハ狼ナリ、討チ殺スベシ」（②一六四頁）

・「我れ（日本）ハ文明を表し彼れ（清国）ハ野蛮を表せり」（②一九〇頁）

・「祝辞　旅順口弥《いよいよ》陥落、我軍占領……快絶無限奉存候……不肖等……国家ニ忠義ヲ怠ラザルナリ。……独（り）

宴ヲ開キ……」（⑭三四九頁）

翌一八九五（明治二八）年。

・「謹賀新年　文明ノ名誉ハ全世界ニ揚レリ、海陸軍ハ連戦連勝……

帝国萬歳」（⑭三五三頁）

・「（日清戦後）我々ハ為国家、海陸軍ヲ拡張スルモノナリ、海ニ甲鉄ノ軍艦ヲ造ルベシ、陸ニモ寛全ノ兵備ヲ整ヘントス……」（②二六九頁）

これだけ見ても正造の日清戦争支持というのは明白だろう。ところが、「正造は戦争に全面賛成ではなかった」とか、「心の中は反対だった」という説が今でも少なくない。

なぜかというと、正造は「軍備全廃論者」だという先入観が植えつけられているため、日清戦争時から「秘かに反対していた」ように思いがち（思いたい）なのだ。〝民主運動〟を自認する人たちにこうした傾向が強い。「平和運動の先駆者＝チャンピオン＝正造」論ゆえの暴論であり困った現象である。

正造の歌「やりさきで取りたる土地ハやりさきでまたやりとりの外ハあるまじ」（明治二八年六月日記、⑨四四九頁）が長く反戦歌の象徴として取り上げられてきたのもその一例である。これは、露独仏の三国干渉による「遼東半島返還」に対して正造が、政府の弱腰姿勢を批判し武力で取り返すくらいの強硬外交をせよと主張した歌なのである。珍妙にも、これまで反戦歌として全く逆に解釈されてきた。詳細は拙論「日清戦争前後の田中正造の行動と思想」（田中正造大学ブックレット『救現』随想舎、第一一号所収）参照。

日清戦争を、正造は全面支持だったことをまず明確にしておきたい。

日露戦争前の一九〇三（明治三六）年二月から、非戦論さらに軍備全廃論を主張する。

なぜ転換したのか定説はない。本人は、その前年一九〇二（明治三五）年巣鴨の獄中で『新約聖書』を熟読して「軍備ノ不可ナルヲ確信」したと書いている（大正二年三月「日記」、⑬四五二頁）。

私は、正造の軍備全廃論に至るまでには多くの要因が混在しているが、根幹は「鉱毒被害民を見捨て弾圧する政府に起因」していると考える。戦争によって銅山が増産体制になり企業を擁護、鉱毒被害が増え人民の生命・生活、村の自治を破壊し、自然も破壊した実態から導きだされた。被害民弾圧に帝国陸軍まで出動した。

・「日清戦争中ニ当リテハ帝国議会議員も……内地鉱毒の迫害を忍び又徳義を重（ん）じ銅山攻撃の質問を扣《ひか》へて……ほどなるに、（足尾）銅山の廃徳ハ渡良瀬川の水源地に於ては深山の濫伐……山林の盗伐……水源地は俄《にわか》ニ荒廃し河川は俄《にわか》ニ埋没し愈々《いよいよ》（鉱毒）被害は増加したり……民命民産を流亡毒殺せしむるに至れる……」（⑤二四四・五頁）

・「足尾銅山党が日清戦争を（で）先ヅ山を亡ぼし及び日露戦争に際して谷中奪略せる不審の条々……」（⑤二七一頁）

・「（請願途中で）露宿シテ居ル（鉱毒）被害民ノ枕頭ヲ、軍馬（陸軍の兵）ヲ以テ蹴散スニ至ッテハ、是コソ国賊ト云ハナケレバナラヌ……」（⑧一〇五頁）

こうした文章を読んだだけで、戦争と鉱毒との関係、戦争が被害民＝弱者を圧殺する構図を理解いただけるだろう。

足尾銅山鉱業停止運動ならびに鉱毒被害民救済運動の過程で、正造は、多くのキリスト者や社会主義者と出会った。

木下尚江、幸徳秋水、安部磯雄、内村鑑三、山室軍平、柏木義円等々。

正造の非戦・軍備全廃論は、鉱毒と戦争の関係、キリスト教、社会主義、世界の軍縮・平和運動等々と織り結んで形成されたものと私は思う。

晩年は、特に新井奥邃《あらいおうすい》との交流が大きい。独特のキリスト者として近年評価が高い新井奥邃と正造が実践の中で相互の思想を高めていく過程はなんとすばらしい友情であったろうか。

＊『新井奥邃著作集』全一〇巻、春風社、公共する人間5コールダニエル・金泰昌編『新井奥邃』東京大学出版会、等参照。ちなみに、新井奥邃も「男女」を「人」と呼んでいる。

正造の非戦・軍備全廃論形成の詳細については、前掲拙論「日清戦争前後の田中正造の行動と思想」参照。

日本海海戦でバルチック艦隊を打ち破り日本中を沸かせたという聯合艦隊の解隊式が、日露戦争終結後の一九〇五（明治三八）年一二月二一日横須賀で行われた。本稿の冒頭で江渡狄嶺がふれていた元帥東郷平八郎司令長官が、「勝って兜の緒をしめよ」と訓示したことはよく知られている。

以後、日本は急速に「軍拡」が進み名実ともに帝国主義化してゆく（宮地正人『国際政治下の近代日本』山川出版社、一三六頁以下）。

そういう時に、東郷と同じ言葉を使って正造は全く反対の演説をした。

「『勝って兜の緒を締めよ』と云ふことを、世間で一般に軍備を拡張することだと思ふのは、大変な誤解で、軍備全廃と云ふのが、ほんと（うだ）」（明治四一年四月五日、『全集』④六〇四頁）。

正造は、空想でなく軍備全廃を担保するために、同時に、学生を全世界に派遣せよ、外交費を現在の三〇倍もしくは三〇〇倍に増やして外交を強化せよ、と提言している（大正二年三月「日記」、⑬四五二頁）。

最後に、正造の決意を掲げておく。

「対立、戦ふべし……予は此（の）天理によりて戦ふものにて、斃《たお》れても止まざるは我道なり。……世に非戦を唱ふるものあれども、戦ふの心なきものは常に食はる、のみ。」（明治四四年六月「日記」、⑫二四六頁）。

三　まとめ

安藤昌益と田中正造の「鉱業開発反対論」と「軍備全廃論」を概観してみた。安藤昌益に疎いので不十分だが感想を述べておきたい。

時代の差はありながら、二人が深く共鳴しあっていることを改めて確認できてうれしかった。

「鉱業開発反対論」

昌益は、五行論により鉱物を掘り出すことは気の循環を乱すと反対した。

正造は、有限の鉱物を掘ることによって、鉱毒が無限の自然、土地・人民を亡ぼすと反対した。今回の原発事故にみられるように人類は完璧な「公害防止」などできるはずはない。だから、正造は条件闘争ではなく「鉱業停止」の旗を頑として降ろさなかった。ここで昌益の思想と一致した。

なお、昌益が、金銀銅と鉄を「有用性」から区別したことに私は疑問を感じている。

また、昌益研究者が、昌益は「公害」の現実を知って鉱業開発反対を唱えたというのも納得がいかない。

先に詳細は論じたので繰り返さないが、「天災というのはなくすべて人災だ」という昌益理論といずれも整合性がないと思われるからである。

「軍備全廃論」

昌益の軍備全廃論は単なる武器全廃論ではない。軍備は武力で天下国家を私物化する直接的暴力装置だという。前掲石渡1によれば、昌益は直接的暴力だけでなく、飢餓や貧困、教育の不均等、環境の悪化などの構造的暴力・文化的暴力をも批判し闘い続けたという。

正造の軍備全廃論は、鉱毒事件と戦争の関係、国家公認の政・官・学・産（財）の癒着が鉱毒被害民を抑圧するという構図、それとの闘いの中で形成された。キリスト教や社会主義の影響もあった。

特に、戦争が、生命、権利、自治、平和、自然環境を根こそぎ破壊することに正造は気がついた。戦争は、国内で人民を抑圧し、海外で侵略を重ねる。ここで正造は、世界の人民との連帯をさとった。

正造は、世界に先駆けて日本が軍備を全廃せよ、軍備費に替えて青年を全世界に派遣し平和外交に徹せよ、と提言した。

そして、一〇〇年前に「現在の憲法、法律、教育の渾てを全廃し『広き憲法』『天則による憲法』によって日本を立て直せ」と叫んだ。正造の声は、「法世」から「自然世」を目指した昌益のもとへ届いていることだろう。

人災論の元祖・エコロジスト安藤昌益

小林嬌一

天災は人の迷いと欲による人災

昌益のエコロジー思想は、思想史から見ると先駆的であったととらえられている。私の視点では、昌益は「すべての天災は人災に起因する」というフレーズに象徴される人災論の元祖でもある。昌益はあらゆる角度から思索する中で、もっとも人間らしい生き方をするための、当たり前の思想を導き出したのかもしれない。民衆が肌で感じていて公言できなかった考え方を、明確に表現したのである。昌益の「自然」へのこだわりとエコロジズム的な考え方は、秋田の二井田周辺ひいては秋田藩・南部藩全域の鉱山公害問題の惨状と多くの犠牲者を見た体験が関係している。身近な事例を、直接的に告発するのが困難であった時代に、昌益は一般論・抽象論の形に置き換え、民衆を救うための自然破壊告発の書を、『自然真営道』『統道真伝』などに密かに書き綴ったのである。

昌益の生まれた年一七〇三年（元禄一六年）には、関東にM（マグニチュード）八・二の大地震（元禄地震）があり、江戸城の石垣が崩れ、小田原から江戸の間で一万五、〇〇〇人の死者が出た。この大地震を理由に宝永に改元された。昌益の亡くなった年、一七六二年（宝暦一二年）一二月には、陸奥八戸地震津波（M七・四）があり、翌年の一月と二月にもM七以上の地震が起きている。昌益の時代には、地震・津波、噴火が相次ぎ、大自然の力と災害の恐ろしさを何度も体験したのである。

われわれが生きている平成の世の中も地震・津波、噴火が多く、江戸中期に似た天災に見舞われている。一九九四年（平成六年）一二月二八日の三陸はるか沖地震（M七・五）では、青森県八戸市内に大きな被害が出た。一九九五年一月一七日の淡路島を震源とする阪神・淡路大震災（M七・二）では、死者五三〇〇人以上、倒壊・焼失家屋一五万棟以上の大惨事となった。

二〇一一年三月一一日の宮城県牡鹿半島の海底を震源とした東日本大震災は、我が国における観測史上まれに見る規模の地震であった。M九・〇を記録し最大震度七で、震源域は岩手県沖から茨城県沖までの南北約五〇〇キロメートル、東西約二〇〇キロメートルの広範囲に及んだ。この地震により、場所によっては波高一〇メートル以上、最大遡上高四〇・一メートルにも上る大津波が発生し、東北地方と関東地方の太平洋沿岸部に壊滅的な被害をもたらした。地震と津波による被害を受けた東京電力福島第一原子力発電所では、全電源を喪失して原子炉を冷却できなくなり、大量の放射性物質の漏洩を伴う重大な原子力事故に発展した。これにより、福島県住民の一部はいまだに長期の避難生活を強いられている。

警察庁によると、二〇一二年八月現在の東日本大震災による死者は、一万五、八六七人、重軽傷者は六、一〇九人。行方不明者は二、九〇三人に及んだ。大津波や大震動に襲われた青森県から千葉県までの太平洋沿岸を中心に、一都一道一〇県で死者・行方不明者がでた。

昌益の生没地秋田県大館市では、地震による被害は少なかったが、昌益の住んでいた青森県八戸市では、かなりの被害が発生した。死者一人、行方不明一人。建物被害は、全壊二五四棟、大規模半壊一八一棟、半壊五九〇棟、津波による床上浸水は、一六〇〇世帯に及んだ。

阪神・淡路大震災や東日本大震災で問題になったのは、天災と人災との関係である。災害に弱い都市づくり、建物や道路・鉄道の設計基準の甘さや施工ミス、政府の初動態勢の甘さ、人々の防災意識の低さ、地震予知の無力、津波対策の軽視など、備えや対策の甘さが次々と露呈した。東日本大震災・東電福島第一原発事故以後、「人災」という言葉が各種メディアで連発され、国民の誰もが口にするようになった。

江戸時代における天災と人災の関係はどうか。児玉幸多氏は、「天が八、人が二」の割合で人災性があったと推定している。

表　昌益の時代に起きた主な地震・津波・噴火

一七〇三年（元禄一六）	江戸関東諸国地震津波　M八・二
一七〇四年（宝永元）	羽後津軽地震　M六・九
一七〇七年（宝永四）	富士山噴火宝永山できる
一七一七年（享保二）	花巻地震　M七・五
一七三九年（元文二）	陸奥南部地震　M七・一
一七四六年（延享三）	江戸日光地震　M六・九
一七五一年（宝暦元）	京都地震　M六・四
一七六二年（宝暦一二）	陸奥八戸地震津波　M七・四
一七六三年（宝暦一三）	陸奥八戸地震二回　M七・三、M七・一

《天災と人災の境目がむずかしいですね。原因としては人的じゃないけれど、その影響がどうおよぶかということになると、人的要素も問題になってくる。しかしたとえば地震についてでも、いまみたいな地震に耐えられる建物を江戸時代につくれといってもまず不可能だし、堤防の強弱というようなこともあるけど、いろいろな点を考えあわせると、江戸時代にあってはまず八割程度を天災、あとの二割程度が人災として、それが拡大したか、あるいは押えられたかというところで考えていい。》（雄山閣刊『歴史公論』一九七九年十月号）

江戸時代には、もちろん現在のような火災保険も地震保険もない。被害原因の八割が天災であったとしても、そのあとの救済となると政治や社会制度の問題になる。

《被災後の幕府や諸藩の救済政策にしても、大名や旗本に対しては、金を貸したり金をくれたりしますけど、庶民に対してはせいぜい小屋を設けるていどで、新しく家を建てるための材木をどうするといったようなことは、ほとんどやっていない。》（同）

これまでの住宅ローンを支払いながら、家を建て直すための資金を集めなくてはならない被災者の苦労は、江戸も平成もあまり変わらない。保険はあっても、保険金だけでは元の家と同じ規模の住宅は建たず、被災者は途方に暮れるばかりである。

ひとたび大災害に見舞われると、江戸も現在も、庶民にとっては、天災、人災、相半ばするのが、日本の社会なのかもしれない。昌益独自の漢和字典、稿本『自然真営道』「私制字書巻」で、「災」の字はこう説明されている。

《巛は水を表わし、火の上を水で覆えば火が消えるとの意を表わす。人体の火気は神であり、神が消え去るとは、人の身にとってこの上ない不幸であるとの意。訓わざわい。》

現在の一般的な漢和字典や語源辞典では、「巛」は川が土砂でふさがった形、火によるわざわいを意味する、と説明してある。つまり、昌益が考えた「災」の語源解釈は定説と逆で、火を人のたましいと考え、巛(水)をわざわいの元としている。ここに、昌益の「天災」に対する姿勢が現われているように思われる。昌益は、稿本『自然真営道』「私法儒書巻」の中で、『史記』の九年の洪水を例に、天災と人災の問題に触れている。

○「史記」に、「堯王の時に続けて九年にわたる洪水があり、民衆は住む所がなくなり、みな山に逃げ登り、鳥や獣とともに生活し肉を食っていた。こうして中国には民衆が住める土地がなくなった」とある。これはいったい何事であろうか。

○天の徳にかなない天の徳と同じであったなら、なんで九年にもわたる洪水という天災を被るのであろうか。後世、愚かな君主のときでも一年中の洪水さえあったためしがない。ましてや聖王のときに九年にもわたる洪水があったのであれば、聖王という者は大徳の慈しみを受けている者ではない。天の慈しみを受けているならば九年間もの洪水を被るはずがなかろう。

○天災とは天が勝手に引き起こすものではない。人が天道を盗んでみだりな行ないをし、民衆の悲しみの情が募り、その気が天道を汚すから水気が激動して大雨を降らし洪水となるのだ。これを天災としているが、もともとは人に起因して人にふりかかる人災である。大風や大火や大旱による大災害も全て同じである。天災とはじつは人の迷いや欲であり、人の誤りによる邪気であることもまた明らかである。

昌益は、「すべての天災はこれことごとく人災であると喝破した、エコロジーの先駆者」(寺尾五郎氏)である。しかし、さすがの昌益も地震については、人災説を控え目に言っている。たとえば、『統道真伝』「糺聖失」に次のような記述がある。

《金だけは人が貯えしまい込むのでいつまでも土に帰ることがない。ただ一方的に掘り取られるだけである。だから土中を固める金気が弱くなり、天気は濁りやすくなり、異常な気が発生して人は病みやすくなり、海の気は濁り、水も湧きにくくなり、山は崩れやすく川は土砂によって埋まりやすくなり、地震が起こりやすくなり、人間の気ももろくなってさまざまな内因性の病気にかかりやすくなり、山には木が生えにくくなる。今の世の天の気と海の気や土のありさま、川や海の状態、人間がこのように危険な状態になってしまったのは、すべて聖人の罪である。》

昌益が地震と人災を結びつけた根拠は、《金を掘り取ってしまうから大地が脆くなって地震が起こりやすくなる》（刊本『自然真営道』）というもので、この考え方を他の天変地異にもあてはめている。天や自然に悪意はない。悪いのは、自分たちの欲望を満たすために、山川草木を荒らした聖人（支配者）なのだ、と断言している。

《近代の知の水準から昌益の思想を撃つことは容易です。近代科学の到達点から、たとえば昌益の言う「すべて天災は人災」説をくつがえすことはなおさらたやすいことです。けれどもやはり私たちは昌益の思想の中に、近代の公理だけでは超えられないものがあることに気がつきます》（社会評論社刊『甦る！安藤昌益』）と、松岡信夫氏は述べている。

昌益の言う「地振ハ汰リ易ク」（地震が起こりやすく）なる現象は、現実に起こり始めている。米国中部のもともと地震があまり起きない地域で起きるM三以上の地震の回数が、一〇年前に比べ六倍以上に急増していることが米地質調査所（USGS）の調べでわかったという。シェールガスなどの採掘活動などに伴う震動が、地震を誘発しているとみられている。シェールガスやシェールオイルは、泥岩の中で固くて薄片状に剥がれやすい性質をもつシェール（頁岩）に含まれる。日本でも秋田県由利本荘市の鮎川油ガス田で、シェールオイルの実証試験が始まった。「因果は巡る」事態、新たな人災などが起こらないことを祈るばかりである。

鉱山開発批判からの自然観

それでは、昌益はどうして天災＝人災論を確立するに至ったのであろう。それを知るためには、まず昌益の育った生活環境を考えてみる必要がある。昌益の生没地秋田県大館市二井田には、犀川が流れ、米代川に合流している。いまこの川をみると、釣人からは残された清流といわれるほどきれいな流れである。ハヤ、ウグイがよく獲れ、サケも上ってくる。米代川にアユがすむようになったのは、昭和四十年代に入ってからだ、と二井田に住む人は証言している。米代川の上流にあり、昭和四一年ごろまで精錬を続けた尾去沢鉱山や小坂鉱山と関わりがあったと地元の人は考えている。犀川のほとりに住む安藤昌益家の子孫、安藤義雄氏は話す。

「この近辺には、大巻、炭谷、大谷などたくさんの鉱山がありました。私自身も、昔、少し離れた花岡鉱山に働きに行ったことがあります。二井田の田んぼも鉱毒でやられていました。鉱山会社から、土を中和するための石灰をもらったことがあります。補償金代りだったんですね」

安藤義雄氏の話は、戦後の鉱害の話である。昌益の生きた江戸中期の鉱害は、どんな状況だったのか。菅江真澄（一七五四－一八二九年）は、紀行文『遊覧記』（一八〇三年）の「すすきのいで湯」で、犀川の上流にある大葛金山（大館市比内町）のことを書いている。

《とくにこの金山はほかの山と変った風習が多い。どこの山でもかなほりの工（鉱夫）になると、烟という病にかかり、寿命も短く、四十歳まで生きる者はまれである。国の習俗として四十二のとしやく（厄年）を祝うことは富んだ者も貧しい者もひとしくするのであるが、かなほりの家では男が三十二歳になると、四十二の年祝いの気持で年賀するという。》

烟（煙の別字）とは、「よろけ」と呼ばれる珪肺で、歩行障害が多くみられるところから、この名が出てきた。「よろけ」の症状は、喘息や肺結核と似たものとされ、歩行時に息切れなどの呼吸困難を伴う。一度発病すると進行のとまらない不治の病として怖れられていた病気である。

昌益が子供のころ、大葛金山を始めとする近くの鉱山へ働きに行き、「よろけ」にかかって早死した人を何人も見たことであろう。また、犀川、米代川の汚染が原因で、いまでいう公害病で亡くなった身内や知人たちもいたにちがいない。そのような鉱害による人々の不幸が、昌益の思想形成や人生観に強く影響を与えたと思われる。

宝永のころ（一七〇四－一七一〇年）に熊沢蕃山が著した『集義外書』を、昌益が読んだかどうか分からない。この書は昌益よりも前に鉱山開発によって自然の調和がくずれることを指摘している。「山沢の主精をたくはへかくさずして金銀銅鉄多くほり出し異国へまで渡し山あれ川浅く成たるゆへにてもあらんか」「金銀も世中に多すぎたるよりは国土の精と成て山中にふくみたるやよく侍らん」などと述べている。つまり、金属を掘り出して外国へ輸出したりしたため、山が荒れ川は浅くなり、人間も劣ってきた。鉱物は国土の精として土中に残しておくのがよい、と考えていた。

昌益は江戸期の鉱害を蕃山よりも体系的にラジカルに論じた。安藤精一著『近世公害史の研究』（一九九二年二月、吉川弘文館刊）などを参考に、昌益の「鉱山開発公害論」の要点をまとめてみる。

昌益は『統道真伝』「糺聖失」で、商人は天下に物を通用させるためにつくられたもので、聖人（権力者、横領者階級）

の大罪であると論じた。「是れ金を掘り取り金銀銭を鋳て天下の通用と為す聖人の為す所に始まる所の者なり乃ち大いに自然を失るなり」。商品流通の必要から金属を採掘し、金貨、銀貨、銭貨を鋳造して天下に通用させたのは聖人である。このことは、大いに自然の調和を壊すものだ、とした。

その理由としてこう述べている。「金は気を以て升りて転外を堅め土を堅めて崩さず。人を住まはせ転気健剛し定水澄まし人気清浄にし是れ金の用なり。故に掘り取り用ゐべからざる者は金なり」。

鉱物は気となって上昇し天の外郭をかため、土を固めて崩れないようにして人を住まわせ、天の気をひきしめ、海水を澄まし、人間の気を清浄にする。これが鉱物の役割である。このような基本的な役割を果たしている鉱物を採掘してはならない。

土中の鉱物を掘りとるだけで、土中の鉱物は減少し、土中を固める金気が弱まり、天気は濁りやすくなる。異常な気がおこり、人間は病気にかかりやすくなる。海の気は濁りやすく、水も湧きにくくなり、山は崩れやすく、地震はおこりやすくなる。人間の気ももろくなり、内因性の病気が発生しやすい。山に木が生えにくくなると、自然の調和がくずれて、いまでいういろいろな公害や環境問題が出てくる、としたのである。

現在にも通じる昌益の鉱山開発公害論には、《当時の東北地方一帯なかんずく秋田藩における大掛りな金銀銅山開発という背景があった》（農文協刊『安藤昌益全集第十三巻』）と思われる。

たとえば、一七一二年（正徳二年）から一七一五年（正徳五年）ごろの大坂登銅額（荒銅）は、秋田藩のものが一五一万五、四二七斤と日本一の生産量である。昌益の亡くなった年一七六二年（宝暦一二年）の同じ物の登高は一二七万八、三二四斤で、全国の約三分の一を占めていた。斎藤實則著『鉱山と鉱山集落――秋田県の鉱山と集落の栄枯盛衰――』（一九八〇年一一月、大明堂刊）にある「秋田県鉱業史年表」から江戸時代の主要な事項を拾い出してみよう。

一六〇九年（慶長一四）　秋田藩家老渋江内膳　赤沢金山を巡視　南部領民の立入を禁ずる
一六一七年（元和三）　大葛金山山勢回復する
一六二八年（寛永五）　十和田銀山発見される
一六六九年（寛文九）　尾去沢鉱山の採鉱の中心を銅

鉱に移す
一六七三年（延宝元）早口・矢櫃沢鉛山として開発される
一七〇六年（宝永三）阿仁真木・小沢開発される
一七二一年（享保六）諸山銅山割当のうち秋田藩一四〇万斤（阿仁、亀山森、荒川銅山）
一七四一年（寛保年間）院内銀山盛況
一七五四年（宝暦四）尾去沢銅山　盛岡商人一八人の仲間請負となる
一七六四年（明和元）秋田藩　阿仁銅山　出銅減少の理由で麓一万石余とともに幕府没収の上知令出され田沼意次を通じて撤回を交渉し成功する
一七七三年（安永二）平賀源内・吉田利兵衛と共に真木銀山に至り精錬指導す

こうして年表の主要事項をながめてみると、一七ー一八世紀の秋田地方は、鉱山開発ラッシュであったことが分かる。

《その開発の急成長ぶりはすさまじく、院内銀山のごときは、わずかの間に秋田城下の一万人をしのぐ一万五千人という人口増加を見せている。そこには農村地帯の牧歌的平安とは異なり、奴隷的な労働にまつわる喧騒と乱脈があった。山師・金名子・掘子や大工・炭焼を中心に、食いつめ者・切支丹・牢人などが、さらには博徒・遊女が流入したものであろう。そのような都市的頽廃と乱脈にたいする見聞が昌益にも達していたと想像してもよかろう。》（前出全集十三巻）

江戸の高度成長期、それも鉱業生産量日本一の秋田で生まれ育った昌益は、鉱山開発の弊害と矛盾を自分の目と耳で確かめた。自然の破壊と人間への害を無視して開発をすすめる藩と幕府へ批判の目を向けていったのであろう。藩・幕府の領民からの搾取について、松岡信夫氏は寺尾五郎他編著『甦る！安藤昌益』（社会評論社刊）の中で、示唆に富む解説を展開している。

○　当時、金、銀山は天下、公儀のものとされ、その経営の利益は幕府に運上し、幕府は翌年これを還付するのが慣例だったとされます。こういう歴史を知りますと、佐竹藩の上に、より正確には領民の頭上に幕府という巨大なおもりがズシリとのっていることを実感いたします。

いわば中央と地方の権力が二重三重に民衆を搾り取る構造が目に見えます。

○藩内で開発された鉱山における収奪も苛烈を極めます。鉱山地帯では藩が衣食住に必要な物資の専売制を実施して他よりも高く売りつけ、あらゆる種類の徴税制度を設けてしぼり取り、民衆には質素な暮らしと節約を強制し、鉱床の衰亡や湧水などで産出高が落ちるときは、藩主は「上納できない者を牢にたたきこみ、妻子を売ってでも上納させろ」と命じたといいます。昌益はこのような時代に生きていたわけです。

江戸から続いた東北の鉱山災害

ここで再び現代に目を向けて見ると、一九九四年三月二九日は、日本の鉱山史に残る日付になるだろう。秋田県大館市の花岡鉱山（松峰、深沢）で、閉坑式が行われ、同鉱山一一〇年の歴史に幕が下ろされたからである。翌三月三〇日の地元紙『北鹿新聞』は、《県内では最後だった両鉱山の閉山は、尾去沢銅山に始まるとされ千二百年以上続いた本県鉱山史にもピリオドを打ち、〝花岡のヤマ〟は静かに幕を閉じた》と報じている。

閉山に至った表向きの理由は、優良鉱床深沢鉱山の鉱量が底をついたことと、松峰鉱山はまだ鉱量が期待できるものの、不況による市場価格の低迷、円高による採算割れである。「秋田県鉱業史年表」（前出）は、秋田県鉱業の嚆矢を「七四三年（天平一五年）尾去沢金鉱、白根砂金発見の両伝説」としている。一二五〇年も続いた秋田県鉱業の終焉が、「天命」であったとすれば、私はそこに安藤昌益の自然観との関わりを感じないわけにいかない。昌益は、《自然の生態学的な循環系を破壊する開発、たとえば鉱業のごとく自然を拷問にかけるような開発には猛然と反対し、自然環境の維持を主張》（農文協刊『安藤昌益全集一』総合解説）した。

秋田であろうと、アメリカ、中国であろうと、鉱山開発は、「自然を拷問にかけるような開発」である。秋田における鉱山の相次ぐ閉山は、資源の枯渇、不況、採算割れなど、経済性ばかりでなく、自然破壊や鉱公害の問題が背景にあったのである。

大館市内鉱業による環境破壊問題について、『大館の歴史』（一九九二年三月、大館市教育委員会刊）には、このように説明されている。

・鉱山開発の一方で、鉱公害問題が起こった。用水の取水や鉱滓処理などの問題。長木川と米代川の合流点から伏流水をとり、各鉱山へ送水する工業用水の布設（一九六六年）や、能代市までの七一キロメートルに及ぶ鉱滓流送パイプの完成（一九六九年）により解決した。

・ところが、地盤沈下問題が各鉱山の操業とともに表面化した。一九六七年に、日本鉱業釈迦内鉱山第一鉱体の上の水田で早くも地盤沈下が発生した。鉱山関係者は、沈下は四、五年先のことと予想していた。最沈下部で約三〇センチの落差を生じた。

・花岡鉱山松峰地区では一九六八年に、同和鉱業松峰の採掘によって水田が被害を受けた。花岡川と下内川の合流点付近の堤防のカサ上げが必要になった。たび重なる交渉の末、一九七二年四月に松峰集落の集団移転（全戸一〇五戸）が決定した。

安藤昌益家の末裔大館市二井田に住む安藤義雄氏は、戦時中の一九四四年（昭和一九年）ごろから、花岡鉱山で働いたことがある。

「花岡へ行ったときは日給一円、金はみんな家に送りました。二井田からは五、六人行ったと思います。観音堂の露天掘りで働いていました。私は水揚げポンプとコンプレッサーの番をする仕事で、一二時間交替で働いたものです。各地から人が集まり、花岡の全盛期でした」

安藤義雄氏が働いていたころ、世に有名な「花岡事件」が起きた。鉱山の上を流れる花岡川の水路変更工事に従事させられた中国人などが、集団逃亡。連れ戻されて拷問死した人は一一三人。これを含めて、強制連行された人の四一八人が死亡した大事件である。

「天命」にもいろいろな意味があり、戦前は、天命を「自然の理」と考える人は、陰に隠れていた。花岡事件が誤った天命の末の悲劇であったとすれば、九四年三月の花岡鉱山の閉山は、「自然の理」の方の天命であったと、私は考える。

規模の大小はともかく、鉱山のある所には、鉱毒問題、自然破壊が生じる。汚染・破壊のていどは、鉱物の産出高と関連する。昌益の生きた江戸中期における秋田藩の鉱業生産量は日本一である。秋田の鉱毒問題は、江戸の昔、いやそれ以前から深刻であったことだろう。飯島伸子編著『公害・労災・職業病年表』（一九七七年九月、公害対策技術同友会刊）から、一七－一九世紀までの、東北地方における鉱害の事例を拾い出してみる。

・一六四二年（寛永一九） 東北南部地方（現岩手県）の野田通小倉金山、川を濁し田地に被害を発生させたことが理由で、経営禁止となる
・一六六六年（寛文六） 南部領内田名部通の砂鉄精錬に関し、鉱山師ら南部藩に精錬許可を願い出る。その文書の中に「田畑に被害を与えぬところで精錬する」旨あり
・一七三〇年（享保一五）頃 南部藩東磐井松川村地方で大洪水、二年にわたり発生。村人ら、上流の大原村地方における砂鉄生産に伴う濫伐や川底上昇などが原因と指摘
・一七五〇年（寛延三） 岩代の国（現福島県）吾妻山、農民の田畑への鉱毒をおそれた反対により、採鉱開始を一時停止
・一八〇三年（享和三） この頃、東北諸山の金掘工は、「烟病」により短命のため、三二歳になると祝う風習あり
・一八一一年（文化八） 羽後の国（現秋田県）大葛金山の山主、金掘坑夫の金掘病（烟毒）の症状を江戸へ書き送り、石粉の吸入が原因と示唆
・一八二六年（文政九） 佐竹藩大葛金山「よろけ」患者の金掘師に藩医を付き添わせ江戸で受診さす。同金山では予防のため覆面や水の携帯などを考慮と記録

二〇世紀に入ってからも、秋田県内では大きな鉱山事故が相次いで起こった。一九〇六年（明治三九年）一月の「院内銀山坑内火災」、一九〇七年（明治四〇年）九月の「小坂鉱山大貯水池堤防決壊」、一九三六年（昭和一一年）一一月の「尾去沢鉱山鉱滓ダム決壊」。この三つの事故が際立っている。尾去沢の大事故について、秋田魁新報社刊『秋田大百科事典』は、次のように記述している。

《十一月二〇日午前三時五五分ごろと同四時ころの二回、尾去沢鉱山鉱滓ダムの堰堤が決壊、沢なりに軒を並べる中沢、笹小屋、爪畑、春木沢、新山、蟹沢、西道口などの一般住宅、鉱山住宅三二〇戸を一瞬のうちに押し流した。深い眠りに陥っていた住民は逃げる暇もなく、当時の警察調べでは、死者三三六人、重軽傷一〇七人、行方不明四四人に上った。当時、現地の惨状を取材した秋田魁新報の落合喜久郎記者は「私は地獄を見た」と報じ、秋田県ではかつてない大惨事となった。行方不明者の中にはいまだに発見されていない人も何人かいる。》

一九一七年（大正六年）生まれで、大館市川口出身の私の父親は、「米代川の岸に、銀色に光った鉱滓が長い間へばり付いていた」と、何度となく私に話したことがある。わが国

鉱山災害史の中でも特筆されるこの大事故について、『秋田県警察史・下巻』（一九七一年、秋田県警察本部刊）は、「鉱山技術陣の過信と甘さによる事故」と断定している。

江戸から昭和まで、繰り返して起きた鉱山事故や鉱毒問題、環境破壊を調べて思い起こすのは、昌益の『統道真伝』の「糾聖失」にある「今の世の天の気と海の気や、土のありさま、川や海の状態、人間の気がこのような危険な状態になってしまったのは、すべて聖人の罪である」という一文である。昌益のいう「聖人」は、権力者・搾取者・欺瞞者・性差別者・物欲の権化などもさす。環境破壊をもたらすものは、「ひとりする」自然に逆らって開発をすすめるひとにぎりの横領者階級だ、と昌益は言いたかったのである

昌益の人災論に近づく現世の姿

3・11以後、人災の代名詞のように語られるのが、忌まわしい福島原発事故である。『福島原発事故独立検証委員会 調査・検証報告書』（同委員会二〇一二年三月刊）によると、東京電力は、「今般の津波は当社の想定を大きく超えるもの」だったと主張している。しかし、三陸一帯を襲った「貞観津浪」（八六九年）の研究が進み、その意味合いが注目を集めている。津波の高さは「想定外」ではなかったと見られ始めた。東海第二原発では津波の想定される高さを上げ、海水ポンプの津波対策を強化していたと指摘した。東北電力女川原発では建設当初より高い津波を想定し、敷地高に余裕を持たせていた。驚いたことに、東京電力の原子力技術・品質安全部は、福島原発が「想定」した以上の高さの津波の来る可能性を示すシミュレーション結果を二〇〇六年に発表していたが、これは東電原子力部門上層部から「アカデミック」との理由で却下されていた、というのである。

津波の襲来は「想定外」ではなかった。多くの研究がそれを「想定」していたのに、東京電力は聞く耳を持たなかった。つまり、東京電力の「想定が間違っていた」ということである。これこそ、災害を想定した対策を怠った人災なのである。

廣井脩氏は、東大社会情報研究所所長をしていたころ、こう述べたことがある。

「災害を天災と考えると、二度と同じような悲劇を繰り返さないという熱意が薄れてしまい、しっかりした防災対策ができません。ですから、天災という意識は、防災対策を考えるときに、かなりマイナス要因として働くのではないかと思っ

ています」（『予防時報』二〇九号　二〇〇二年発行）

日本は昔から災害の多い国である。伝統的社会感覚の中で、「天災と思ってあきらめる」「失われたものにくよくよせず、さっぱりした気持ちで再建にとりかかる」。この二つの心がまえで暮らしてきた面がある。日本人には、地震によって国が滅びるようなことはない、という意識が古くからある。しかし、二〇一一年三月一一日に起きた東日本大震災と東京電力福島第一原発の事故は、日本人の災害観を根底から覆した。このまま手をこまねいていたのでは、地震、津波などに起因する原発事故による放射能汚染で、「日本がつぶれる」事態があり得ることは、もはや隠せなくなったのである。

物理学者で随筆家の寺田寅彦は、八〇年前に、「文明がすすめばすすむほど天然の暴威による災害がその激烈の度を増す」と述べている。文明は人工、人工は人災に結びつく。天災における人災性は、文明の発達に比例する、とする考え方であろう。

文明が発達し、都市がますます巨大化している現在、日本人の災害に対するこれまでの智恵は、いまや通用しない。現代の天災は人災の要素を多く含み、昌益の天災イコール人災というこれまでラジカルだった人災論が、ますます現実に近づいてきた感がある。個人の災害への備え、政府・自治体・企業・教育施設などの防災対策、危機管理の強化など、多くの困難な課題がある。これらを実行するうえでわれわれは、江戸から届く安藤昌益のメッセージにいまや真摯に耳を傾けなくてはならない。

Ⅲ　実践の中の安藤昌益

貪と貧そして安

――核発電批判とＳＥＬＭ（超エコ生活モード）実践

小林孝信

一　昌益とＳＥＬＭ（超エコ生活モード）

ある思想体系（信仰も含めて）と接するには当然のことながら様々な関わり方がありうる。私の場合は自分の生き方と結びつかない思想とつきあう気にはなれない。また、「生き方と結びつける」にしても大きく二つのアプローチがあると思われる。ひとつは訓詁学的なものも含めて文献で残された思想の解釈からヒントを得るものであり、もうひとつは思想を形成した人物の生き方を自らの実践へとつなげるものである。いいかえれば、その生き方が自分の日常の試行錯誤を力づけ補強してくれること、あるいはなにかの普遍性を見いだす手掛かりを期待するのである。私の場合は昌益思想においても、後者の方により関心が高いのである。

さて現在、この日本列島においては最大で喫緊の課題は核発電（原発）問題であろう。これに挑むうえで昌益の生き方・思想から深く学べることが多いと思う。それを探る前に現在の私の生活を簡単に紹介したい。この問題についても私が長らく実践してきた次の三点が昌益とも関連すると思われるからである。

実践一　化石資源（特に、生み出される電気）をできるだけ使わない生活。

実践二　平和・反戦、脱原発・反核、人権擁護・反差別などの社会的運動への参加。

実践三　生活の中で食と農、エコロ（環境）とココロ（心）への関心。

二、三は昌益との関連を想像されやすいだろうから一について少々ご紹介したい。

電気の利用は人間に便宜さと幸福感を与えてきた。たとえば電気洗濯機は女性を過酷な労働から救ったし、電気冷蔵庫は食品腐敗の恐怖から人を遠ざけてくれた。私もこの二つにはお世話になっている。ただ、一九九六年に友人が引っ越す時にやや強引に贈ってくれた電気洗濯機を使うまでは、長年、運動もかねて風呂場でわが手を使い洗濯をしていた。冷蔵庫はホテルにあるのよりかなり小さい五〇cm立方サイズのものをずいぶん以前に友人からもらい、今も使い続けている（三〇年ほど前の製品のようである）。近年、最新の「節電式」の普及が薦められているが容量が非常に大きく結局、電力消費が増えてしまう。テレビについても同様であり、ここに電力消費を増やそうとする電力会社のトリックがある。

わが家を見渡してほかの電気製品としては照明具、ラジオ兼用のステレオ、パソコン関連のセット、留守録付電話・ファックス装置くらいであろうか。ご飯は土鍋で炊くし、調理はガス利用、また冷房はなし、暖房もガスで湯を沸かした湯たんぽだけである。ＣＤもなくて一九七〇年代から今までアナログのレコードを楽しんでいる。

テレビは一九六七年四月以来、所有していない。二〇〇八年に会員であるＮＰＯで知り合ったホテルの女性オーナーが同じようなライフスタイルをしていて意気投合し、二〇〇九年五月に「テレビさようならクラブ」を立ち上げた。

節電ライフは家の中だけではない。外での飲料自動販売機はもともと殆ど利用していなかったが、一九九七年の一二月から完全にやめて常に水筒を持参している。またクルマはこれまで一度も所有したことがない。必要なときはレンタカーを借りれば充分である。ケータイももちろん使用していない。

この結果、毎月の電力消費量は四〇～五〇ＫＷＨで電気代はほぼ一〇〇〇円～一二〇〇円程度である。消費量は東京の一般家庭の約十分の一である。このような生活をかってにＳＥＬＭ（超エコ生活モード）と呼んでいる。

さて上記のこの二、三点を含めて、安藤昌益先生が今の世に蘇ってご覧になったら私の生活を何とおっしゃるであろうか。かの先生の生き方や書物の中に何らかの手掛かりはあるのだろうか。

実は、私はこのような生活を高校卒業後に上京した一九六七年から続けている。日本に原発が本格的に作られ始める前で、スリーマイル事故の一二年前、チェルノブイリ事故の一九年前のことである。それからご想像いただけるように、私のＳＥＬＭは、原発反対を第一目的として始めたものではなくて、ある意味で原発反対は当然の前提でもあり帰結でもあった。

ＳＥＬＭ開始の動機の基本は「未来と世界のために資源とエネルギーを無駄使いしないこと」、「その使用は世界中の人が均等に使うべきであること」という点にあった。だから、一九七三年にオイルショックが起こったときには、「そら見ろ、言わんこっちゃない」という思いが強かった。だが、熱さものど元を過ぎてからは、大量生産・消費・廃棄と経済成長優先主義は元の黙阿弥であった。

そして、四四年目に「3・11」が襲ってきた。緊急事態が一段落した三月末に地元の松戸市と東京で友、知人たちと一緒に被災地支援と脱原発・再生可能エネルギー社会に向けた三つのネットワークの立ち上げに参加し今も活動している。

さて、以下、この史上最悪の原発事故を前にして昌益の考え方と生き方から学ぶべきこと、特にまた昌益のいう「自然世」の実現にむけて、僭越ながら自分自身のＳＥＬＭ実践を含めて、私たちが近づける可能性について考えてみたい。

二　核発電(原発)事故から昌益の考え方に近づく

実は告白すれば、私は昌益に関する解説書を読んだり講習会にはそれなりに参加してきたのだが、原典をきっちりと読みこなしてはいない。その自然哲学にも、ある種の弁証法的唯物論にも魅力を感じるし、自らが鍼灸師の勉強をしてきた関係で彼の医学体系にも大いに関心がある。

だがもっとも大きな関心は、現在の社会においても彼の指摘するような状況、即ち、支配層が様々な形で人々を搾取・差別している構造は変わっていない、これをどうするか、というところにある。確かに庶民が生みだしたにもかかわらず、その多くを支配層に巻き上げられる糧の分け前は江戸時代に比べると今は少々増えたような気はする。多くの人は「税が高い、不公平だ」「社内留保ばかり増えて労働者の取り分が増えない」などと不平不満を口にしつつも、そう思ってきたことだろう。

ところが、二〇一一年の原発事故でその化けの皮がかなりはげてしまった。おそらく水俣病被害者の方々や米軍に苦しめられている沖縄の人々、またリストラなどで社会の「底辺」に追いやられた貯金ゼロ世帯(今や三〇%以上)の人々はとっくに気づいていたことだろう。即ち「殆どを支配層に巻き上げられている」ことの再発見である。

搾取と大量生産による廃棄のしわ寄せは過疎化した地方や声を上げにくい階層に差別的に分散されてきたということだ。やや多めの分け前を与えられた人々は「ニューリッチ」とか「一億総中流」といった耳障りのいい言葉に目をくらまされて、それがそうした犠牲の上に生み出されてきたことに気づかなく過ごしてきた。それはまた一方で途上国からの資源の収奪やそこでの児童労働や過酷で危険な低賃金労働も背景としていたのであった。

東電福島第一原発の事故とは「政官財」に「労学報司」(労組・学界・報道・司法)をも加えた支配層のトップが彼らに近い中間層と立地自治体関係者を多額の金と便益で籠絡し、「原発安全神話」という史上まれにみる大嘘をでっち上げ、まさにオウムのサリン事件さえかすむような危険な凶悪犯罪を発生させた事件といっていい。事故からの避難途上で過労・冷温などで死亡した人だけでも何百人にも及ぶようである。また、原発事故処理ために現場で仕務を続け、基準以上の放射線を浴び解雇され、その後所在も生死さえも不明な人も少なくない。そしてこれから、子供たちを中心に放射能被害の影響が出現し始めるのである。

そしてこの「原発マフィア」（「ムラ」というのは村人に失礼であろう。より実態に近い表現がいい）を支える政官財などを囲っているのが、彼らが人々をだましつつ張り巡らせている法制度である。まさに昌益のいう「私法盗乱の世」「法世」であろう。おそらく、一九六〇年代の高度成長期、一九八〇年代後半のバブル期の日本では昌益思想の普遍性や現代における応用可能性はきわめて見えにくく、一部の慧眼者や研究者に限られていたであろう。前述のように搾取と差別が途上国や日本の周辺地区（沖縄や過疎地など）に引き寄せられ「一億総中流」「世界第二の経済大国」に踊らされていたからである。

そして核発電という虚構もその象徴的な事例であった。

三　核発電（原子力発電）の虚構
——反昌益思想の典型として

核発電というのは様々な意味で昌益思想の対極にあるといえよう。それは近代日本の大企業利益優先（戦前は軍事と軍需も）とそれと癒着した政官財構造を徹底して事業という形にしたものが核発電であったからに他ならない。また、核兵器を作る上での、いわば余り物の技術が「核の平和利用」であったことが今日明らかになっている。まさにこの現在の政官財構造こそが昌益にいわせれば「私法盗乱」の下手人たちなのである。

具体的にこの構造の特色をいくつか例示して、昌益の考え方と対比してみよう。

1　差別構造・男女不平等

原発を支えてきた労働と管理の実態は、3・11事故以来、白日にさらされたように、極端なピラミッド構造をなしている。経済産業省と財界・電力会社を頂点に下請け・孫請け・ひ孫請け……と五次六次に業務が委託され、それにつれて支払いもピンはねされて最も危険な作業を担当する底辺の現場労働者の取り分は非常に低くなってしまう。

一方、昌益が強調するのは「無上無下、無尊無賤」であり、自然界のみならず、社会や人間関係に一切の差別や支配・被支配などの上下関係を認めない。原発労働においてはしっかりと組織された「御用」ではない労働組合を背景に、現場労働者が経済産業省や財界・電力会社と対等に交渉して安全な労働条件やゆとりをもって生活できる賃金を決めるのが「無上無下、無尊無賤」の関係といえようが、それから遙かに遠いのが現実である。

一方で原発はきわめて男女不平等的な代物である。

原発事故以降の状況を見聞きされた人はそこに「女性」が微妙な形で現れ、あるいは現れないことに気づかされたことであろう。ひとつは「妊婦と乳幼児はできるだけ避難してください」といったたぐいの表現である。もう一点は逆に、事故現場での女性労働者の不存在である。

これは勿論、放射線が男より女に、特に妊婦への影響が大きいことから生じているのだが、そもそも女性をそれほど遠ざけねばならない労働環境の存在が男性に全く影響しないと考える方が不自然である。極端な男女不平等状態を生み出す構造は何かその中に根源的な問題を含んでいると考えていいだろう。

昌益は「男女」を一字にして「ひと」と呼ばせたほどの男女平等主義者である。ただ、男女の平等についても機械的に見るのではなくて肉体的性差を認めて、自然界と接する場合に「男は耕し、女は織る」とするのである。しかし、両性間の労働差が限りなく小さい現代において、人間が作った核発電がこれほど「女」を避けるのはやはりそれが女だけではなく人間存在にとって、本質的にあいいれない代物であることを暗示しているといえよう。この観点だけからでも、昌益は原発の反人間性と反倫理性を直感したと思われる。

2　環境破壊・自然軽視

核利用が兵器としてはもちろん核発電として、仮に事故が今後全く発生しないという夢想に近い予測をたてても、何十万年もかかる廃棄物処理・管理からいって究極の環境破壊であること論を俟たない。昌益はこう記す。「山ありて木を生じて人のためにす。（中略）海ありて諸魚を浜辺に生ずる、人のためにす」山や海があるのは、人々に自然の恵みをもたらすためなのである。だが、私たちにとっての恵みの源泉であるその山と海を破壊的に汚染し、今も汚染し続けているのが原発（事故）なのである。この点はあまりにも歴然としているので多言を要しまい。

3　反民主的・中央集権的

核発電の管理運営は反民主的・中央集権的に行われてきた。そのように表現するのがむしろ控えめのようで、その実態は、嘘と偽り、秘密主義と非公開、「札ビラで頬をひっぱたき」時には暴力さえ使われてきた。

ただこれはひとり原発関連組織や機構のみに関する問題ではない。現在の世界の多くの国での経済システムと政治・法制度が、そしてとくに日本社会が内包している問題点が核発電においてより極端なかたちでその正体を出現させたにすぎない。

その意味で核発電は現代社会、とくに日本社会の極めて象徴的存在であるともいえよう。日本社会だけに特徴的ではないということは、世界で五〇〇基近くある原発を持つ多くの国で日本と似たり寄ったりの状況にあることからもいえる。いずれの国においても、より多くの金を生み出すことが価値の最高位置におかれているからである。そしてそのために政官財の利権複合体が社会を支配しているからに他ならない。それ故、いまだに完成から程遠い廃炉技術を普及していくことと社会変革を並行してすすめることなしに脱原発も到達しえないだろう。

昌益は「邑政（ゆうせい）」という表現でいわば、民主的で分権的社会へのヒントを与えてくれる。即ち自給自足とエネルギーを含めた地産地消を基本としつつ相互扶助と互恵平等の交易も推奨する。今のような大量生産に向けた大量エネルギー浪費社会とその背景にある巨大権力機構は必要ないのである。

四　安藤昌益の生き方（貪と貧そして安）

以上、核発電を例として、昌益の考え方もごく大まかに見てきた。次に彼の生き方から現代社会のあり方を概観してみたい。近年、昌益の生涯も徐々に明らかにされつつあるようだ。もちろん不明な点も多々あるが、いくつかの資料でそのライフスタイルのおおよそはつかめる。最初の項で私は昌益の考え方よりも生き方・行動に関心があると記したが、そういった意味でも自分にとって昌益像が明らかにされるのは楽しみでもある。ＳＥＬＭとの遠近を計ってみたいからであるである。

昌益の人柄についてはその高弟・神山仙確の叙述がよく

知られている。仙確は「貴びず、賤しめず、諂わず、貪らず。家営は貧ず、富ず、借りず、貸さず」と記す。「上におもねず、下をさげすまず、へつらわず、貪欲なこともしない。家計は貧乏でもないが、裕福でもなく、借金もしなければ、貸す金もない」ということだろう（稿本『自然真営道』大序巻）。

ひとことでいえば、彼は「貪でもなければ貧でもなかった」ということになろうか。これは私が日常生活で目指している道でもある。私はごく基本的欲望以外の欲望を絶てるほど高潔な人間ではない。ガンジーやマザーテレサに近づけないことは自分がよくわかっている。

その点、昌益は私のような人間でも許容してくれそうで現実的である。日常生活での激しい禁欲生活や寒修行や断食のような苦行を要求はしない。そもそも「聖人」なる存在に批判的な昌益にとってそれは当然の帰結ともいえよう。

その思想が根源的で革命的、そして反権力的で人民主権的であっただけに日常生活は目立たない風を装っている風すら感じられる。おそらく彼の思想が時の権力、徳川幕府に漏れ伝わったなら、彼と同時代人であるルソーが受けた追放・無視・非難といった迫害より遙かに厳しい弾圧を受けただろうことは想像に難くない。

昌益はまた「朝夕の飯と汁以外には間食もせず、酒も飲まなかった」ようである。経済的には貧乏ではなくても、精神的、日常的にはむしろ清貧というに近いかもしれない。ただ、人にも断酒を進めるほど野暮でもない。

「少しく飲むときは、気の不足を助け人のために功あり」としつつ、過度の飲酒は「酒は酒を飲むなり」と注意している。週に何度か付き合いでビールを一本ほどだしなむ自分としてはここで何とか救われるのである。

昌益先生と比較するのも畏れ多いが、私程度の「エコ生活」でも、心ある友人たちすら「やっていることの意味と意図はわかるけれど、実践は自分にはちょっと…」という人が殆どである。私の思いに反してかれらはある種「清貧さ」をイメージするのであろうか。だが私は、「こんな生活その気になれば誰でもできますよ」と返す。別に謙遜していっているわけではない。

時を少々移してみればすぐそのことは理解できよう。ほんの五〇－六〇年前までは、今の私の生活ですら夢物語であった。私は富山市の富山駅から歩いて一五分ほどの地で生まれた。典型的な地方の中心市街地といっていい。そんな小都会でも、小学校低学年くらいまでは釣瓶を使って井戸から水を汲み、かまどにまきをくべて炊飯をした。また、電気製品といえば二－三の裸電球とラジオくらいだった。テレビが我が家に鎮座されたのは確か一九六一年のことだった。

他方で、今の私の生活は途上国の半分近くの人々にとっては未だ夢物語である。毎日の水や食料でさえ入手に苦労している人が世界中に一〇億人以上もいることはよく知られている。テレビ放送を視聴できぬ人も約三〇億人ともいわれる。おそらく昌益が今出現すれば、まずそのことを指摘するであろう。昌益に関わる時はこの視点を忘れないでおきたいと常々思っている。

彼は著書で東北地方の飢饉の詳細を記述していないようだ。だが、思想形成の背景にはその悲惨な状況が強く影響しているといわれる。彼の思想の原点だったかもしれない。医者であり思想家である彼が近くで発生する飢饉に心が向かなかったはずがない。あえて触れないことで怒りを込めたか、あるいはどこかに克明に触れた記録があって故意か過失で私たちの目にいまだ触れていないのではなかろうか。

今回、東日本大震災と原発事故で東北の被災者は飢饉に近い状態に追いやられ、難民にならざるを得なかった。確かに今も昔も天災や悪天候がきっかけではあった。だが、防波堤強化や高台移転をはじめ防災への準備は充分にされていたのであろうか。また大災害の後に、被害の拡大防止などに充分な処置がされたのであろうか。昌益は飢饉を基本的に人災とした。同様に、再処理施設も含め核発電関連に浪費した数十兆円の費用を津波防災に使っておればおそらく津波被害は数分の一程度に収まったのではなかろうか。その意味で東日本大震災と原発事故は二重の人災であった。

二〇一一年三月一一日以前、多くの日本人にとっては「難民」とはパレスチナ、アフガニスタンなどの「気の毒な」人のことだった。だが「3・11」は自分たちが彼らと紙一重の場所にいることに気づかせてくれた。のみならず、これから襲ってくる大地震と原発事故によっては日本全土や世界の半分以上の人々が、昌益が彼の時代にみた飢餓民のような立場に追いやられる可能性に気付いたのだった。

ところで昌益は現在世界を席巻している新自由主義をなんと評するであろうか。

おそらく「地球規模での不耕貪食の盗賊徒による庶民を食いあさるための浅知恵」とでもいうのであろうか。それによって経済的・社会的格差と貧富の差は世界で広がっている。また、日本でも生活保護対象者が記録的に増えているし、毎年の自殺者数は一〇年近くも三万人以上が続いている。

おそらくこれこそが、昌益のいう「法世」の典型例でなくてなんであろうか。

「法世物語巻」で昌益は法世を「大が小を食う、人が人を食う世の中」と記している。まさに金融資本が実体経済の何百倍という仮想の金を空中浮遊させ、ごく少数の不労所得階層があとの大多数を食い物にしている今の世界を彼は見事に記述し予言しているのである。

昌益が生活スタイルとその思想をどう関連づけたかの整理は、私の勉強不足からできずにいる。だが、その生活スタイルは彼の目指す「自然世」においてあるべき姿を意識して実践されていたであろうことは想像に難くない。

私はSELMをほかの人に強制するつもりは全くないし、仮にしたとしても無視されるか極端な反発を受けるだけであろう。ただ、それが「貪」を求めず、「貧」をいとわず、またごく普通の「安食・安衣」をもとめる昌益ともつながっている部分があるとすればSELMに自信を与えられそうな気がする。

五　まとめ：SELMとABCDモデル

最後にまとめを兼ねて、昌益思想の核心中の核心である「自然世」について記したい。少なくとも、最も非人間的である核兵器も核発電も存在しないであろう「自然世」をユートピア論や空想的社会主義としてひと括りにするのは誤りであろう。これを観念論と切り捨てる人には、先に紹介した『自然真営道』「大序巻」での高弟・神山仙確が紹介している昌益の言葉をかみしめるべきである。

「どれほどの歳月を要したとしても、私はこの世を自然のままなる平和で平等な世の中にして見せる」と昌益は弟子たちに断言する。元より人の命には限界がある。だが、「この書を読み、それに沿い生きる人が現れればそれは作者の再来である」とも記されている。これは未来へのメッセージなのである。「『自然世』的社会が既に実現しているのであれば、それはそれでいい。しかし、今の社会を見よ。どうなのか。まだどっぷり『法世』ではないか。それならばなんとか行動せよ！」という変革主体への呼びかけなのである。

さて、日常ＳＥＬＭで暮らしている私にとって、社会への働き掛けはどうなのか。

脱原発については先にもあげたように多少の活動はしているが、社会全体の変革についてはお粗末な限りだ。ただ、「邑政」とも関係しようが、地域の市民自治に向けての活動は友人たちと地域誌を毎月発行したり、介護支援、憲法を活かす会などいくつかの活動ネットワークで多少動いている。

そのなかで近頃、方向を失っている「法世」の日本社会にとってのいくつかのモデルを検討してみる必要を痛感している。それは「自然世」への現代における手掛かりになるかもしれない。検討する国・文化圏の頭文字をとって、それを「ＡＢＣＤモデル」とこれまた勝手に名づけている。

まずは、ＡＢＣＤを逆順にＤからみてみよう。

ここで登場するのは、Ｄ：Denmark. Dutch. Deutschlandである。ちょっと広げて北欧モデルと考えていただいてもいいかもしれない。デンマークは再生可能エネルギーだけで輸出できるほどの発電をしている。また、オランダは原発をやめ、ドイツは「３・11」直後に原発をやめる決断をした。

デンマークやオランダを歩いていて整備された自転車専用道には目を見張る。寒い冬の日の早朝、多くの若者が列をなして白い息を吐きながら自転車通勤してくる情景は感動的である。両国とも昌益が嫌う「王国」（いわゆる「立憲君主国」）ではあるが、経済格差の少なさ、環境低負荷社会、民族・男女差別の少なさなどから「自然世」に至らずとも「准自然世」に近いかもしれない。ただ、オランダでは景気の停滞などで排外的傾向の発生とか注視すべき状況も見落とせない。また、国内的な生活充実や「准自然世」が国際的視野からは途上国からの搾取や金融操作による不労所得を背景にしているのはスイスなどに限らず少なくないことも銘記しておくべきであろう。

ご存じのように、昌益はオランダに大いに関心を持ち、弟子などを通じてその情報を集め「万国巻」など多くの記述をしている。情報入手上の制約から全て正確とはいえないまでもその慧眼には今更ながら驚かざるを得ない。

続くのはC：Cubaである。ここは「准自然世」的であろうか？

都市部の農園化で近年の有機食材増産、また長年のアフリカ各国などへの多数の医師派遣でかなり注目されている。ある種の独裁体制ではあったが、指導者の圧倒的な人気に支えられまた支配層の腐敗は少ないといわれる。「絶対的な権力は絶対的に腐敗する」のが政治世界の公理だが、「絶対性」を希釈する制度と国民性がうまく働いているのかもしれない。経済の停滞やアメリカ文化の影響などから国内に不安定要素を抱えるが「准自然世」候補生としてもいいのではないか。

昌益が評価する極めて少ない政治家のうちに中国古代の黄帝の曾孫の高辛がいる。「魯鈍」であるが「耕しに志すゆえに」真の賢人としている。キューバの政治家の実情はわかりにくいが、指導層・支配層が現場労働・感覚を失わないような手を打っているのかもしれない。数年前に革命第二世代の五－六〇代の中心グループが権力を禅譲されず一斉に左遷されたことがあった。真相は不明だが彼らにはある種の官僚主義的傾向が強かったといわれる。であれば彼らはキューバを「法世」へ誘う危険を有していたのかもしれない。

続くのはB：Bhutanである。

前国王によるGNH（国民総幸福指数）の提案、現国王の来日、また物質的には恵まれていないが「国民の九〇％近くが現在の生活を幸福と感じている」ということで世界的に脚光を浴びつつある。ただ、日本ではあまり紹介されていないが、前国王時代に首相と側近らで開国・開発派と反対派が抗争し、数万人がネパールに政治亡命した。一九九六年に彼らの難民キャンプを訪問したが望郷の思いを淡々と語るとともに、一方で中心的活動家は簡単に妥協できないという強い姿勢を示していた。ブータンにとっての大国であるネパールとネパール系ブータン人、また超大国ともいうべきインドの思惑も絡んで、一筋縄ではいかない複雑な状況も存在する。

とはいえ、彼らの幸福感は近代文明批判的で、昌益視点からも魅力的ではなかろうか。おそらく自然が豊かで荒廃していないこと、農民の割合が大きいことが、「直耕」的世界を作っているのであろう。支配層との経済格差の小ささも「准自然世」的状況をうみだすだろう。農民以外の職業や支配層であっても、日本で近年試みられている「半農半X」的な状況が多いのかもしれない。むしろ今後、周辺の「法世」国家群からの政治的・文化的な侵入にどう対抗するかが課題であろう。

さて最後がAである。A：Americaといえば、「えっつ」という反応が返ってこよう。勿論、NYやLA、シカゴやテキサスを構成するアメリカ（合衆国―原意は「合州国」）ではない。Aboriginal（Native American）な人々の本来のアメリカであり、またアメリカで電気も自動車も使わない集団として著名なAmishなどの人々である。昌益的にいえばこれらの集団では支配者と被支配者との区別も明瞭でなかろう。ABCDのなかでは一番「自然世」的だろう。ただ規模が小さすぎる。日本ではこうした集団が徳川幕藩体制より前は小さな形で残されていたかもしれないが昌益の時代には既に存在の余地を奪われたと思われる。唯一の例外はアイヌ民族で昌益は全面評価を保留しつつも「人々直耕・直織して」と「自然世」的とみなしているようである。

さて私たちはこうした「自然世」「准自然世」を今の世界の中でどう広げるかという課題を抱えているといえよう。これらの国々や地域、文化集団はいわゆる大国に比して人口や面積で規模が小さい。それをもって多くの論者は「自然世」のモデルにするにふさわしくない、とする。しかし、地球市民時代はIT技術などの進歩と相まって小さな単位の共同体をつなぐことで大国支配と大量生産・消費・廃棄に代わりうるシステムの構築も可能なはずである。無駄だらけのモノやサービスはSELMでスリムにして、ABCDモデルを掘り下げるところから過渡的な「准自然世」を世界各地でいろいろと試行して「自然世」への努力を重ねることが私たちに課せられた任務であろう。そこは核発電と核兵器に脅かされた「法世」社会から最も遠い社会のはずである。（了）

付記：一般に使われる「原子力発電（所）」（原発）とともにここでは「核発電」という言葉も使ってみた。というのも「原子力」がまだ一部「原子力の平和利用」というマインドコントロール下に置かれているからである。アレルギーのある「核」を「原子」にすり替えた、政治権力と電力会社の意図がここに隠されている。「核発電」という表現はそれが「核兵器」の裏の顔であることをより明瞭にすると思われる。ただ、「反・脱原発」「原発反対」などという言葉は運動の広がりとともに力を持ちだしているし「原発＝核」の正体が格納容器と圧力容器という鎧の陰から暴かれつつあるのでそのまま使った。

主要参考文献

『安藤昌益の世界』（石渡博明著、草思社、二〇〇七）
『先駆　安藤昌益』（寺尾五郎著、徳間書店、一九七六）
『超エコ生活モード（ＳＥＬＭ）』（拙著、コモンズ、二〇一一）ほか

〝弁当の日〟という名の直耕

竹下和男

はじめに（自己紹介もかねて）

一九四九年生まれ。香川大学教育学部中等課程（社会科・歴史研究室）を一九七二年に卒業した。卒論は「昌益の著作から考える・その書誌学的考察」。この論文の主題は、昌益が書をあらわすうえで、思想の過激な内容は秘匿し、温厚な内容は刊行したという「二面性」を、時代背景を考慮した「使い分け」として解釈した研究（論文）の流れへの問題提起だった。つまり、昌益の農本思想や宇宙観に見られるこの「二面性」は「変化（円熟）」によって生じたこと。そしてその変容過程を著書における語句（法世、直耕、活真、互生など）の使用頻度の状態から推察してみたのである。

「二面性」をどうとらえるかで昌益の思想の位置づけや人物評価のありようが変わる。その意味でこの視点は「新発見」であった。大学で歴史研究者として生きることに憧れていた自分には貴重な「新発見」だ。しかし経済的理由からの緊急避難的に就いた小学校教員の仕事は日々、楽しく充実感があった。私は「新発見」を秘匿するのをやめ、八戸図書館に卒論の要約文を送り、その「名声」は未熟な文章を完成度の高い論文に仕上げてくれた方に譲ることにした。

そして今は、三八年間の教員生活を経て定年退職し、講演・執筆活動で超多忙な日々を送っている。講演は小学校長時代からの通算で一〇〇〇回を超え、著書は一〇冊近くになった。講演や著書のテーマは「子どもが作る〝弁当の日〟」

で、親は手伝わないで、と訴えている。今年、〝弁当の日〟の実践校は全国で一〇〇〇校を突破した。この〝弁当の日〟が、私にとっては直耕なのだ。そのことを以下に記す。

昌益との出会い

大学二年生のときに『日本の歴史・一六・町人の実力』（中央公論社・奈良本辰也）の中に安藤昌益の記述があった。早くから『忘れられた思想家』（岩波新書・E・H・ノーマン）により、江戸中期の革命的な農本思想家として高い評価を受けた人物ではあったが、私は高校の日本史の教科書で得た単なる受験知識のみだった。奈良本氏の文章に大きく心を動かされた私は卒論のテーマに決めた。ちょうど七〇年安保のころで、社会をよくするために学び行動することは学生の使命だと思っていた時代だった。

『日本古典文学大系』（岩波書店）、『統道真伝』（岩波文庫）とそれまでの論文をしらみつぶしに読み進んだ。恩師（城福勇教授）の指導を仰ぎながら、論文とともに昌益の思想の背景となる儒学・易学や時代についても調べた。実質、二年間あったから自分なりの気づきの確認作業もでき納得のいく期間だった。それまでの昌益に関する論文も、図書館を通じてほぼすべて読むことができた。

この過程で目標に描いていた結論は、昌益の思想の新しい評価（位置づけ）だった。そろそろ原稿書きに入るころに『日本政治思想史研究』（東京大学出版会・丸山真男）に出会って夢は潰えた。総集編的な「昌益研究史」しか書けない、と減退する意欲に鞭打って、卒論提出締切一週間前に完成した。四〇〇字詰め原稿用紙一一〇枚を超える『大作』だった。

新発見！

恩師は厳格な研究者で、卒論執筆中も「原稿は一週間ねかせなさい」「新聞記者のような文章は書くな」「人の説を盗むな」の三つは何度も念を押されてきた。何一つ「新発見」のない「大作」を読み返すのも悔しいと思いながら昌益の著書を読み返しているうちに、ふと疑問がわいた。

これまでの研究では昌益の著書の刊本（『統道真伝』『自然真営道』）に「法世」「活真」「互性」が書かれていないことを、時代背景を考えるとあまりにも過激なので秘したと解釈していたが、それなら徹底して秘したはずの稿本（『自然真営道』）

にこの三つの語句が煩雑に使用される巻と全く使用されていない巻が混在しているのはおかしい。秘したのではない。変化（発展・円熟）したのだ。それなら稿本に上から紙を貼り修正した箇所があることも納得がいく。

ひらめいただけで、「新発見」を間違いなく証明できることや、それが昌益研究史に与えるであろう影響の大きさが想像でき、私は狂喜した。ただし、そのことを論理的に実証するためには現存する（活字化されていない箇所・著書も含めて）すべてに直接あたる必要があった。また、使用頻度が多様に変化する語句、しない語句を数え上げることも欠かせない。

活字化されているものだけの分析でも一週間はかかる、と踏んだ私は恩師の自宅を訪ねた。「新発見をしました。全く違う卒論になります。締め切りを一週間待ってください」恩師の答えは簡単明瞭だった。「締め切りは守りなさい」。

二日徹夜して三日で仕上げた。もとの卒論の使えるところは残し、「新発見」の内容を無理やり押し込んだ。必然的に構成に無理が生じて極めて完成度の低い卒論だったが提出した。数日後、指導教官とは違う先生たちによる口頭試問があった。

「サブタイトルを〝書誌学的考察〟としているが、君は原本にあたったのか」

「いいえ」

「不必要な章が多い。この内容なら原稿用紙五〇枚に絞れるだろう」

「いいえ、三〇枚に絞れます」

今思い出しても冷や汗が出るほど、大学の先生を前に大変不遜な態度をとったものである。しかし自分の卒論の価値は「新発見」の箇所にしかないと思っていたから、実際三〇枚あれば十分だったろう。

小学校教員に

我が家の家計は家業である菜種搾油業が、福岡県の「米ぬか油症事件」（一九六八年）の影響を受け営業中止命令がでたため、継続できなくなっていた。授業のレポートや卒論の内容から「大学教授を目指しなさい」と声をかけてくださった先生もいたが、「そのためには一浪して第二外国語をマスターしなさい」というご助言で諦めた。とにかく、早く給料を貰わないと日々の生活に困るからだ。

香川県教員採用試験では小・中学校の両方の合格通知を

貰っていたが、一九七二年四月から小豆島の小学校に赴任することになった。五年生の学級担任をしながら、地元の古文書を読む会に夜や休日に参加したり、卒論を歴史の学会誌(月刊誌)に投稿できる程度に仕上げるために思想史の勉強をしたりしていた。のんびりしていては「新発見」の内容が誰かに先に書かれてしまうと名声をのがしてしまうと焦っていた。新しい学会誌が出るたびに本屋でひやひやしながら目次を確認していた。

貯金して、夏休みや冬休みには東京都や青森県に行き、昌益の原本にあたり、論文を完成させ、全国的評価を得よう。さらに研鑽して論文を次々発表しながら中学、高校の教師に異動していきたかった。そして最後は大学での研究者を夢見ていた。しかし、新採教員の私には一日の夏休みもなかった。二年目で一日だけ休めた。東京に滞在して研究するなんて不可能だった。

昌益は喜ばない

まだ誰も「新発見」に気付いていない。ということはまだ、価値があるということ。その名声は自分が……と思い続けている自分をふりかえって「そんなお前を昌益は喜ばない」という思いが頭の中で日々、膨らんできた。その想いは「昌益研究史上の宝をお前の狭い料簡で埋もれさせるつもりか」とさらに私に迫ってきた。

前年のクラスを持ちあがって六年担任だった私は、その名声を捨てることにした。その名声を超えるに値する歓びが手の中にあった。担任していた子どもたちだった。

決心がつくと早かった。「昌益の著作における主要語句の使用頻度数」の表を中心に著書の成立過程を推定する卒論の要約文を書いた。原稿用紙一七枚だった。送り先は八戸図書館にした。

「この内容は価値あると思っているが、完成させる時間も力もない。権利は一切主張しない。使いたい人が自由に使って自分の論文として発表してくださって結構です」と手紙を添えた。

「新発見」ではなかった

八戸図書館をおとずれた千葉県在住の泉博幸さんが、私の卒論の要約文に目を止め、九州大学の西尾陽太郎教授の論文と一緒に『季刊昌益研究』という創刊誌にそのまま掲載したいと連絡してきた。西尾陽太郎さんの着想の正しさを、あなたが語句の使用頻度の分析で証明した形になるのですという説明だった。

「手紙に書いた通りです。泉さんがその原稿を論文に仕上げて、あなたの名前で発表してください。それと、私はこれまでの全部の昌益関連の論文を読んでいるはず。その中に、同じことを書いている人はいなかったはずなのだが…」

後生大事に「新発見」というこだわりを持っていた自分が情けなかった。私の恩師は九州大学出身で、当時としては手に入りにくいその論文「自然真営道〝三巻本〟と〝百巻本〟の関連について」をわざわざ取り寄せてくださっていたのだ。私はそのタイトルから内容を斜め読みして「昌益の思想の新しい価値づけ」に生かせるものではないと判断して、記憶のすみに追いやってしまっていたのだ。

卒論を提出後、いまだに私は自分の卒論と再会していない。お金も時間もなかったからコピーもとっていない。押し入れの奥に仕舞い込んであった箱に卒論の草稿の一部が見つかり、参考論文として西尾氏の論文のタイトルを見たときはつらかった。恩師の「人の説を盗むな」の教えを破っていたからだ。それは『季刊昌益研究』発刊の一年後くらいのことだった。

今は、「新発見」という思い込みがあったからこういう行動に出た、と考えることにしている。

昌益が私を放さない?

泉さんの『季刊昌益研究』(一九七四年一〇月)のおかげで自分が書いた原稿が活字になり本になり、多くの人に読まれることとなった。先輩や後輩で昌益の研究をする人から相談を受けるようになった。

そして、また泉さんからの電話に驚いた。『日本思想体系・四五』(一九七七年・岩波書店)に私の論文が紹介されることになりました、ということだった。その数年後に恩師を訪ねた折、「編集者の尾藤正英(東大教授)さんから〝この学生に論文を書かせたのはあなたでしょう〟と声をかけられました。あなたのおかげで私は鼻が高かったですよ」と聞かされて、私は胸をなで下ろした。「西尾さんの説を盗んだだろう」と叱られる覚悟をしていたからだ。

『日本アンソロジー安藤昌益』(二〇〇二年・光芒社)に「昌益の著作から考える」が再掲されること、東京の出版記念会での講演依頼の話を聞いた私は、受話器を置いて泣いた。一番に報告したい恩師はすでに他界されていたからだ。心の中で「この栄誉は先生のお蔭です」と繰り返していた。

講演前夜にホテルから抜け出した私は居酒屋でゆっくりと晩酌を重ねながら「私をここに連れてきたのは誰だろう」と考えていた。昌益、恩師、子どもたち、友人、家族…。

講演会では恩師の教えや卒論を書いていたころの思い出、そして昌益と袂を分かつ決心をさせた素晴らしい教え子のことを話した。会場には小豆島で初めて学級担任したときの子どもがひとり足を運んでくれていた。東京に在住している女の子だった。

話の最後はこんな内容だった。

「私はいま、香川県の滝宮小学校で校長をしています。献立・買い出し・調理・弁当箱づめ・片づけのすべてを子どもだけにやらせる〝弁当の日〟を実施しています。これは私にとって〝直耕〟なのです」

香川への帰路の機内で〝弁当の日〟を本にまとめて出版することを決めた。自分の仕事が活字になり、本になることの快感を滝宮小学校の職員に味合わせたいと思ったからだ。その『〝弁当の日〟がやってきた』（二〇〇三年・自然食通信社）にあらわした〝弁当の日〟の実践は農林水産大臣賞を受賞し、授賞式後の二〇分の講演を聞いた人から少しずつ講演依頼が来るようになった。

全国の新聞社、JA、コープ、学校、PTA等からの要請を受けているうちに、某県の講演会後の懇親会で知事の隣席になったことがある。二人の話題は終始、昌益だった。知事は昌益の研究者だった。農業を何とかしたいという熱い思いが伝わってきた。

定年退職の年（二〇一〇年）、秋田県での講演を終えて空港に向かおうとする私を車に乗せて小さな墓地に案内してくださったJAの職員がいた。着いたのは昌益の墓の前だった。私は大館市と聞いてもピンと来ていなかったのに、主催者の一人が私の著書から墓への案内を決めたらしい。

墓前で合掌している私の脳裏に浮かんだ言葉がある。

「あなたが今の私を動かしている」

私自身のこれまでの人生を振り返ると、我欲を捨てて行動に出るたびに好転しているように思える。誰かが後押しをしてくれている気がしてならない。昌益はその一人である。

農繁休業日と直耕

一九五〇年代、学童期の私は農繁休業日を経験している。それは田植えや稲刈りの農繁期、農作業を手伝わせるために学校が休日になることだ。その実態を詳細に記した書物を目にしてはいないが、体験を思い出して、勤労精神を国民に育成するのにたいへん大きな影響力を持っていたと考える。

農家の児童生徒はもちろん、非農家の児童生徒までが親類の農作業を手伝うか、自宅の家事労働に励むことを条件に学校が休日になったのだ。英語や数学の授業より苗代の苗をとり、運び、田植えをしなさいと教えられたのである。現代も文部科学省の指導で職場体験学習が特に中学校で行われているが、似て非なるものだ。農繁休業日は家計を支える実労働であったが、職場体験は「ままごと」にしかならない。

一年のうちで数日間とはいえ、義務教育をストップしてというか、義務教育の中に組み込んで農作業という肉体労働を学童期の全員にさせることができたのは、「猫の手も借りたい農繁期に、勉強よりも家事労働をさせたい、してほしい」という保護者側の強い要望があったからだ。直接農作業をしなくても、家族の農作業を援護する食事の準備や洗濯、掃除、子守といった家事がまさに家計を支える労働だった。児童生徒の七～八割が農家だったこと、地域ぐるみで田植えの時期がそろっていたこと、まだまだ田植えの機械化は進んでおらず人海戦術だったことなどが農繁休業日を現実のものにした。

直耕は昌益独自の概念で、農作業を中心に労働一般や生産活動を広く意味している。さらに人間が額に汗して肉体労働することを天地（転定）の生成活動と同義にとらえている。だから昌益なら、現代社会は高度な科学技術に支えられ、物質的に豊かになったがために「不耕貪食」の国民を育成する教育現場になっていることを痛感し嘆息するに違いない。

〝弁当の日〟と直耕

私が中学二年生になるころ農繁休業日はなくなった。高校進学率は上昇の一途をたどっており、高校教育義務教育化の運動が始まったころだ。それは家事労働より勉学を優先しなさいという時代の転換期で、私たちが最後の農繁休業日世代ということになる。

学童期の労働体験が勤労精神だけでなく人格形成上、いかによい効果をもたらすかを私は長い教師経験を通して体感してきた。現代の子どもたちは幼いころからの生産活動を体験する機会が奪われていくことによって退化傾向にあると私は思っている。

「なぜ歴史を学ぶのか」の問いに、今の私は即座に答えられる。「今よりもいい社会を次世代に残すため」なのだ。そして教職にあった、最後の農繁休業日世代の私が昌益から学んだことを活かす方法が〝弁当の日〟だった。

〝弁当の日〟は香川県の滝宮小学校で二〇〇一年にスタートし、実践校は四七都道府県で一〇〇〇校を超えて広がった。〝弁当の日〟とは「親は手伝わないで」と訴えて、弁当作りの献立、買い出し、料理、もりつけ、後片付けまでのすべてを子どもだけにさせる日のことだ。〝弁当の日〟の実践の詳細は紙面の都合上、下記の著書等に譲ることにする。

〝弁当の日〟をスタートさせて二年目が終了した時の卒業生たちに贈った「弁当を作る」という詩を紹介して稿を閉じることにする。昌益が目指した世界につながる内容を含ませている。食材や料理の向こう側を感謝の気持ちをもって洞察し、体験から学んだことを活かした人生を送り始める国民を増やしたいのだ。

私は〝弁当の日〟をスタートさせた時から「一〇〇年後の日本を変える」と訴えてきた。

昌益没後二五〇年。「私にとって〝弁当の日〟は〝直耕〟」と言いつつ、今よりもいい社会を作ろうと講演・執筆活動をしている私の中で、昌益は生きている。

弁当を作る（平成一四年度　滝宮小学校の卒業生に贈ったことば・卒業文集への寄稿）

あなたたちは、「弁当の日」を二年間経験した最初の卒業生です。
だから一一回、「弁当の日」の弁当づくりを経験しました。
「親は決して手伝わないでください」で始めた「弁当の日」でしたが、どうでしたか。

食事を作ることの大変さが分かり、家族を有り難く思った人は優しい人です。
手順良くできた人は、給料を貰える仕事についたときにも、仕事の段取りのいい人です。
食材が揃わなかったり、調理を失敗したりしたときに献立

の変更ができた人は、工夫できる人です。

友だちや家族の調理のようすを見て、技を一つでも盗めた人は、自ら学ぶ人です。

微かな味の違いに調味料や隠し味を見抜いた人は、自分の感性を磨ける人です。

旬の野菜や魚の、色彩・香り・触感・味わいを楽しめた人は、心豊かな人です。

一粒の米・一個の白菜・一本の大根の中にも「命」を感じた人は、思いやりのある人です。

スーパーの棚に並んだ食材の値段や賞味期限や原材料や産地を確認できた人は、賢い人です。

食材が弁当箱に納まるまでの道のりに、たくさんの働く人を思い描けた人は、想像力のある人です。

自分の弁当を「美味しい」と感じ「嬉しい」と思った人は、幸せな人生が送れる人です。

シャケの切り身に、生きていた姿を想像して「ごめん」が言えた人は、情け深い人です。

登下校の道すがら、稲や野菜が育っていくのを嬉しく感じた人は、慈しむ心のある人です。

「あるもので作る」「できたものを食べる」ことができた人は、たくましい人です。

「弁当の日」で仲間がふえた人、友だちを見直した人は、人と共に生きていける人です。

調理をしながら、トレイやパックのゴミの多さに驚いた人は、社会を良くしていける人です。

中国野菜の値段の安さを不思議に思った人は、世界を良くしていける人です。

自分が作った料理を喜んで食べる家族を見るのが好きな人

は、人に好かれる人です。

家族が手伝ってくれそうになるのを断れた人は、独り立ちしていく力のある人です。

「いただきます」「ごちそうさま」が言えた人は、感謝の気持ちを忘れない人です。

家族が揃って食事をすることを楽しいと感じた人は、家族の愛に包まれた人です。

滝宮小学校の先生たちは、こんな人たちに成長してほしくって二年間取り組んできました。

おめでとう。これであなたたちは、「弁当の日」をりっぱに卒業できました。

著書等

『日本アンソロジー・安藤昌益』（光芒社・共著）二〇〇二年
『〝弁当の日〟がやってきた』（自然食通信社・共著）二〇〇三年
『台所に立つ子どもたち』（自然食通信社・共著）二〇〇六年
『始めませんか　子どもがつくる〝弁当の日〟』（自然食通信社・共著）二〇〇九年
『ひとりでお弁当を作ろう』（共同通信社・監修）二〇〇九年
『泣きみそ校長と弁当の日』（西日本新聞社・共著）二〇一〇年
『エダモンおすすめ　ひとりでお弁当を作ろう』（共同通信社・監修）二〇一一年
『できる！を伸ばす弁当の日』（共同通信社　編著）二〇一一年
『ごちそうさま　もらったのは命のバトン』（自然食通信社・共著）二〇一二年
『一年生からひとりでお弁当を作ろう』（共同通信社・監修）二〇一二年
『弁当づくりで身につく力』（講談社）二〇一二年

ひろがれ〝弁当の日〟ブログ
http://d.hatena.ne.jp/bentounohi/

中学総合学習で安藤昌益をとりあげて

上之園幸子

安藤昌益という名を知ったのはいつ頃だったろうか。たぶん高校受験の時、参考書か何かで〝日本のマルクス〟とあったことから、気になって以来……。

その安藤昌益が、ある偶然から私に近づいてきた。

今の社会に起きている出来事を互いに勉強し合い、啓発しあっていくために、私は「版の会」というグループに関わっている。そこで、ジャーナリストの岩垂弘さんが、最近読んだおもしろい本ということで、『安藤昌益――人と思想と千住宿』（安藤昌益と千住宿の関係を調べる会）を紹介された。そして、ただ読むだけでなく、その著者にフィールドワークをしていただこうと提案されたのだ。

会の仲間も賛同し、実現したのが三年前、一一月の末日のことだった。そのフィールドワークで安藤昌益と、彼に縁のある千住と私との距離が縮んだ。よく覚えているのは、その日が私の誕生日で、偶然にも昌益を知る最良の日となったからだ。

その翌年、私は、勤務校での中学総合学習の中で「安藤昌益」をとりあげることとなった。その年の総合学習の年間テーマは「地球にやさしいくらし――地球循環型社会とわたしたちの生活」というものであった。ここ数年、地球にやさしいシリーズを続けていたのだが、三学期は、これまで進めてきたリサイクル問題、ゴミ問題の授業に即し、その応用・発展としてのプレゼン発表をすることになっていた。そこでふと「版の会」でのフィールドワーク千住、安藤昌益のことが思い出されたのである。私はその時、石渡氏の案内で、千住がリサイクルの街であったことを知った。

生徒の一部は江戸時代のリサイクルに関心をもっていた。相談の結果、三学期のプレゼンは「安藤昌益と千住宿――循環型社会を目指した先人と江戸のリサイクル」というテーマで発表することになった。

次ページに、発表に先立って行った千住フィールドワークの保護者通知を掲載する。二〇一〇年二月一二日、雪のちらつく寒い日だったが、不登校気味の一名もしっかり参加し、参加者六名が一日よく歩き、中三最後の思い出づくり、卒業遠足となった。千住市場近くのプチテラスにある芭蕉像とともに写した写真は、その年の卒業アルバムの最後を飾っている。

以下に、三月某日行った生徒の発表を再現する。実は当日、六人中三人が体調を崩し、〝休む〟というハプニングがあり、出席した三人が休んだ三人のレポートを紹介しつつ、四苦八苦の発表となったのである。

まず千住宿とはどういうところだったか。この発表者は日頃不登校気味の生徒だったが、当日休んでしまったので、別の生徒が彼女の原稿を読み上げた。

千住宿は江戸の四宿の中で一番大きく栄えていたそうです。日光街道や奥州街道が通っていて、近くに千住市場があり、米や野菜、魚といった物流の中心地でもあったからです。現在は魚だけをあつかっている鮮魚専門の市場になりました。

千住大橋は東北地方への玄関口として一五九四年荒川（現隅田川）に大橋をかけました。奥の細道で有名な俳人松尾芭蕉は一六八九年弟子の曽良と一緒にここから奥の細道へとたび立ちました。また伊能忠敬も日本地図作成のためここから旅を始めています。

千住のお寺豆知識として、源長寺、慈眼寺、金蔵寺を、石渡氏がツアー当日くださった資料からまとめ、プリントで紹介。さらに石渡氏のプリントから千住宿がリサイクルの街といわれる由来をつづっている。二月一二日のフィールドワークで立ち寄って、外から眺めた横山家住宅についても、以下

2010年2月8日（金）

中3保護者各位

担任　上之園　幸　子

中3総合学習フィールドワークのお知らせ

立春とはいえ、まだまだ寒さの厳しいこの頃ですが、みなさまには御清祥のことと存じます。第3学期総合学習は各学年独自のテーマということで、〈安藤昌益と千住宿—循環型社会を目指した先人と江戸のリサイクル〉を学習しております。安藤昌益は今からほぼ300年前、江戸の三大改革の一つ享保の改革、元禄時代に生きた人ですが、最近になってあきらかになってきたのはテーマに掲げたように、既に社会を循環型社会ととらえ、実践的に生きた人であり、江戸の社会も、今見直しが行われてきていますが、けっこう循環型社会であったことです。この度は「安藤昌益の世界」（草思社）「安藤昌益と千住宿」（安藤昌益と千住宿の関係を調べる会）などの著書をお出しになっている安藤昌益研究家でいらっしゃる石渡博明先生に同行していただき、"千住"のフィールドワークを下記のように行いたいと思います。

記

・日　時　　2月12日（金）
　集合：都営新宿線「曙橋」改札前　　午前8時50分
　解散：　同　　上　　改札中　　午後3時50分

・場　所　　千住

・費　用　　交通費(710円)、昼食代（1,000円）は各自負担

・持ち物　　飲み物、筆記用具、メモ帳、雨具
　上記交通費と昼食代

・服装　　私服、リュックかショルダー、歩きやすいスニーカー

・引率　　教員　上之園幸子　、案内人　石渡博明氏

以上

※・当日止むをえず欠席の場合は上之園の携帯に午前8:00までに連絡すること。

・解散は午3：50頃の予定ですが当日の交通事情などで前後する場合があります。

日　程

8:50	都営新宿線曙橋集合
9:11～9:21	曙橋～小川町　都営新宿線大島行き（9分4駅）
9:21～9:27	小川町～新御茶ノ水　（徒歩4分）
9:27～9:38	新御茶ノ水～町屋
9:38～9:41	町屋（千代田線）～町屋（京成本線）（徒歩2分）
9:41～9:43	町屋～千住大橋　京成本線　京成臼井行き　（2分1駅） 千住大橋駅で石渡先生と合流—石渡先生より説明
10:00～11:45	千住大橋駅～千住大橋～千住市場～芭蕉像（プラチナテラス）～尾崎豊遭難の地～千住河原町（旧やっちゃ場）～建長寺（寺子屋師匠の碑、石出掃部守の墓、東京大空襲の傷跡）～千住仲町（安藤昌益著書「自然真営道」発見の地、橋本律蔵旧家跡《「自然真営道」所有者》内田銀蔵生家《橋本律蔵死後「自然真営道」を古書店より買取り秘蔵》、若田薬局）
11:45～12:30	昼食（喫茶「テアトロ」でランチ780円か820円、飲み物代は別）
12:30～15:10	一里塚、高札場跡、貫目改所跡～慈眼寺（橋本律蔵墓所、B29兵士供養碑、東京大空襲の爪跡）～旧日光街道（惣菜かざま、金八先生ロケ地）～河合栄次郎生家跡～森鴎外旧家、文学碑～金蔵寺（飢餓供養碑、飯盛り女供養碑）～丸井10階（千住宿模型）～横山家住宅（紙漉き問屋、浅草紙＝再生紙）～吉田家（絵馬問屋）～名倉医院（元祖骨接ぎ）～水戸街道分岐点～北千住駅
15:15～15:30	北千住～新御茶ノ水　東京メトロ千代田線代々木上原行（14分6駅）
15:30～15:34	新御茶ノ水～小川町　（徒歩4分）
15:37～15:45	小川町～曙橋 曙橋改札中で解散

中3総合学習フィールドワークのお知らせ

のようにまとめている。

千住宿は、奥州街道、日光街道の初宿にあたるため、芭蕉のように北へ旅立つ人々にとっては別れの盃の場、北から江戸へのぼる人々にとっては長旅の疲れを休め、あらためて身づくろいするお化粧直しの場だった。そのため、長旅で汚れた衣服を売り払い、衣服を新調する人々も多くあり、古着を買い取ってリサイクルする古着屋さんが多くあった（今も千住の商店街にそうしたお店がある）。また当時高価だった紙をリサイクルして漉きなおす、漉き返し紙屋（再生紙屋）も多くあり、千住近辺の農村にはそうした紙漉きを専業にする農家も多くあった。私たちが寄った横山家もそうした漉き返し紙の問屋のひとつで、江戸時代後期の商家の造りを残しており、明治維新の際、北へと落ち延びた新撰組の一部が残した刀傷が今でも残っているそうです。再生した紙は何に使われたかというと、きせる用たばこの葉を包んだり、習字の練習用などいろいろ使われたようです。

安藤昌益については二人が発表。

安藤昌益について——一七〇三年生まれ、比内鶏で有名な秋田比内二井田村（現在の大館市）の農家の次男に生まれた。一七六二年一一月二九日没・江戸時代中期の医者・思想家。利発だった少年昌益は京に上り、禅宗系のお寺で修行し、悟りを開き、一人前の僧侶の証である印可を授けられた。その後、仏門での経験にあらわれた倒錯性、仏教の教えに見られる虚妄性の数々が、仏門からの離脱を促した。仏門を離脱した昌益は、新たな人生を医学に求めるようになった。京都の味岡三伯（一六八六～一七三八）の門を叩いた。その後結婚し、一男一女をもうける。一七四四年青森県八戸に住み、町医者をして暮らす。せき、こえ、のどの浅田飴の浅田宗伯にも昌益の処方が認められている。『自然真営道』と称する自然哲学を生み出すが、伝統的な医学や宗教、仏教といったものへ、批判的な見方をするようになる。なぜ僧侶から医者になったかはどの資料にもないが、想像の域は出ないが、あれこれ考えるだけではなく直接人を助けるすべを身につけたかったからではないかと思う。派手な元禄時代に生まれ、『享保の改革の質素な時代を過ごした。

このレポートを一所懸命読み発表した生徒は、入学してから一一月末まで、クラスではほとんどしゃべらない「場面緘黙」と診断された生徒だった。高校進学のため、養護教諭と担任の私と、放課後に『長くつ下のピッピ』や『スプーン叔母さん』などの音読を特訓し、この日は訥々とではあるが、皆の前でレポートを読むことができた。卒業式には、私が名前を呼ぶと「はい」と返事をして卒業していった。

もう一人、安藤昌益を担当した生徒は、リハーサルでは発表できたが、本番では人一倍緊張するようで、当日思いもかけぬ欠席。だが、親御さんが手伝ってか、原稿はファックスで送られてきたので、出席者の一人が代読し、急場をしのいだ。発表内容は次の通りである。

安藤昌益の考え方は著書『自然真営道』によく表されています。ところが『自然真営道』は東京帝国大学に収蔵されていましたが、関東大震災で大半が焼けてしまいました。『自然真営道』の一〇一巻全てが灰になってしまったと思われていたが、『自然真営道』の一部、大序巻や二十五巻といった昌益思想の真髄を伝える重要な巻を含む一二冊が、歴史家・三上参次の元に借り出されていて、危うく難を免れていました。

東京帝大に収蔵される前、昔千住宿に住んでいた橋本律蔵が持っていましたが、彼が亡くなった後古本屋に売られていました。それを夏目漱石の友達である『我輩は猫である』の中の苦沙弥先生のモデル狩野亨吉が買い取り持っていました。やがて狩野の周辺では『自然真営道』の存在が知られるようになり、世界で一部しかない貴重な本が個人の所蔵では何かあった場合、保管が確保し切れない、公的な場所に移して安全を図るべきという意見や、今と違ってコピー等ない時代だから、是非とも写しを作っておくべきだとの意見が出され、民本主義で知られる吉野作造博士の強い要請もあって一九二三（大正一二）年三月、『自然真営道』一〇一巻の原稿は東京帝大図書館に買い取られ、同図書館に収蔵されました。

私達は二月一二日（金）千住宿を歩き、橋本律蔵の屋敷跡を歩きました。

ここには以前、千住御殿と呼ばれた大きな屋敷があったそうです。主人は橋本律蔵（一八二四～八二年）といい、穀物問屋を営み、明治維新の混乱で生活に困った人々を助けるためや千寿小学校を建設するために多数の寄附をしたり、千住仲組の代表をするなど、地元でも有数の名士で医師もかねていたようです。また読書家で蔵書家でもあり、安藤昌益の原稿本『自然真営道』一〇一巻を所蔵していたことで知られています。

彼は、男女の平等、人類の平等、差別反対、環境との調和、農業重視、戦争反対、軍隊の廃止などを基本に全国の弟子たちと一緒になってマニフェストを作成し、未来の私達に向って理想社会の建設を訴えています。

男女（ひと）――安藤昌益は人間男女について独特の文字使いをし、「男女」と書いて「ひと」と読ませていますが、これは「男を去りて女無く、女去りて男なく」男女で一体の人間という意味で、ここには徹底的な男女平等、男女対等の考えがこめられています。そして、男と女は「男内に女備わり、女内に男備わり、男の性は女、女の性は男」といった形で相互に本性を規定しあう相互依存、相互扶助の関係にあり、年頃になれば「男が女を思い、女が男を思う」のは当然のこととされます。

そして性愛＝セックスによって子を産み、次の世代へと引き継いでいくことで人間社会は存在し続けることができ、天地宇宙と同じように悠久の生命の流れの中で位置づくことができるとして、性愛は、仏教で煩悩の元として排撃され、儒教道徳で恥ずべきものとして秘匿されるのとは違って、「無上の楽しみ」として全面的に肯定されます。

また一夫一婦制と家族を機軸にした人間関係の輪こそが、自然にかなった社会の姿であるとして考えられるのです。そこには昌益の生きた江戸時代中期、生産力の中心的な担い手であった本百姓の面目、君臣、父子…といった封建道徳とは違って、社会は自分たち農民こそが作り出し、支えているのだという熱い想いが躍如としています。

エコロジーの先駆者――こうした昌益の言い分は、現代の病気観や気象学に照らしてみると強引に映るかもしれませんが、視点をちょっとずらして見るだけで、意外な真実が見えてきます。例えば、人間の邪まな心によって汚染されてしまった気を、人間の邪まな技術開発によってもたらされた放射能や、有機水銀、フロン等々といった様々な廃棄物に置き換えてみてください。人間が吐き出した邪気によって大気が汚染され、気候の変調が引き起こされ、その結果、人々に災いをもたらすという昌益の主張は、自然界の変調がもたらされその結果、人々の生活や生命を脅かすものとして人々に返って来る、襲いかかって来るという、現代の科学技術の皮肉な有り様、公害問題とぴったり重なって見えてきます。昌益がエコロジーの先駆者と言われる所以です。

このように昌益は、本来健康であるべき心身が、妊娠時の母体の変調や出産時の難産によって損なわれ、脅かされることについて警告を発すると共に、日々、人々を襲い人々を悩ませる病気についても、きわめて特異な考察を行います。つまり病気は、暴飲暴食、房事過多、遊興三昧といった不健全かつ自然に背いた生活によって心身のバランスが崩れ、気が変調をきたした場合ばかりでなく、年貢の取り立てや打ち続く戦乱、飢饉といったように社会が歪み、社会が病んでいることによっても引き起こされるのだと。

こうして安藤昌益の考え方を見てみると、昨年3・11のあとの現代社会批判でもあると言えるほど洞察力の鋭い人であったことがわかる。いま高校三年になっているかつて私が担任した中三生、六名の心に、安藤昌益はどのように残っているであろうか。

三年前三月二三日卒業式の日には、壇上で六名の名前を入れた石渡氏からの卒業祝い電報が読み上げられた。あのサプライズの感動をいま高三になった六人はどう心に残しているだろうか。

プレゼンの最後は安藤昌益も生きた時代、江戸時代のリサイクルについて。レポートは、当時の職業の図版も用意し、休んだ生徒の分までリーダー格の生徒ががんばって発表した。

江戸時代の生活は、いまでいうリサイクル社会でした。ゴミを減らすためにはリサイクルをするのではなく、「物を大切に最後まで使いつくす」という考え方が、自然にリサイクル社会をうみだしていったのです。

江戸時代には修理の専門業者がたくさんいました。その中からいくつか紹介します。

（1）鋳かけ屋　金属製品の修理専門業者のことです。古い鍋や釜などの底に穴があいて使えなくなったり、蜀台が折れたりしたときには〝鋳かけ屋〟が来るのを待って修理してもらっていました。今では見かけませんが昭和三〇年代頃までは東京の住宅地でも巡回していました。

（2）たがや　現在はなんでもプラスチック製になって

いますが、三、四〇年前までは木製の桶や樽は板を竹の箍（たが）で円筒形に締め直してくれました。これも材料と道具を持った職人がいて巡回していて頼めばその場で手際よく修理していました。

（3）下駄の歯入れ屋　下駄の歯の部分は特に減るのが早く、磨り減った歯だけを交換できるようにした下駄がありました。ふつうの下駄より歯が薄く長めにできていて、磨り減れば、歯だけを抜いて新しいのに差し替えられました。専門の職人がいて、巡回して来るのを待って注文すればその場で入れ直してくれたものでした。

（4）紙屑拾い　同じ古紙を集める専門業者でも、こちらは買い入れるだけの資金を持っていないので、仕方がないから、町中をせっせと歩き廻って落ちている紙を拾い、それを古紙問屋へ持っていって、わずかな日銭をかせいでいました。こういう人でも何とか最低限の生活ができたほど、昔はものが貴重だったのです。

（5）古着屋　古着の売買も大きな商売だった。江戸時代までの日本では、布はすべて手織りだから、生産力が低く非常な貴重品でした。古着商の数は、享保八年の記録によれば、仲間つまり同業組合のメンバーだけで、一一八二軒という当時としては膨大な数だった。組合員以外にもかなりの業者がいたはずだから、主要産業といってもいいすぎではないでしょう。古着の店は固定店舗が多かったが、行商も発達していました。竹製の天秤にやはり竹製の独特の台をつけた竹馬という道具を女性の住民の多い長屋の近くなどに立てて、商品が良く見えるように掛けて売っていました。昔の絵を見ると、仕立てている古着だけではなく、解いた古布、端切れなども売っていたようです。

伝統的な着物は、一反の布を同じ比率で無駄なく直線裁ちしてあるから、古着でも古布でもすべて規格品でした。この点が、分解してしまえばほとんど商品の価値がなくなる洋服とはまったく異質で、根本的にリサイクル構造になっていたのです。

江戸のリサイクルの結果――植物資源の最後の形である灰。江戸ではこの灰でさえ専門の灰集めがいてリサイクル利用として肥料にしていたのですから驚きです。江戸ではゴミやゴミを燃やした後の灰や排泄物を肥料に使うのだからゴミはほとんど無かったでしょう。

排泄物は江戸時代のもっとも重要な肥料でした。特別な設備もエネルギーも不要、ただ集めるだけでチッソやリンを豊富に含んだ有機肥料を入手できたのです。江戸の住人たちによる排泄物生産量は、一人平均一年間に一〇荷でした。

次に江戸のゴミ処理について説明します。江戸時代といっても二五〇年も続いたので、最初からリサイクル社会が成立していたわけではありません。一五〇〇年代の末期、江戸時代の初期の頃は、まだ都市としての機能が十分につくられていませんでした。ゴミなどもどう処理していいのかわからず、お堀などに捨ててしまって、船の運行にも支障があったようです。都市としての体裁がようやく整ってきたのは、一六五〇年ごろからで、ちょうど時代は元禄年間にさしかかって、いわば高度成長期に入っていく時期でした。

元禄時代の特徴は、人々の生活がぜいたくになったことです。たとえば、「初物ブーム」などもこの時期に到来しています。「初物を食べると七五日長生きする」などといって江戸っ子は競って初物を食べました。これに目をつけた農家は、一日も早く野菜や果物を生産しようと、生ゴミを肥料に使うことを考えつきました。生ゴミを地面に埋め、発酵させて温度を上げ、その地面を油紙で覆って熱を逃さないようにしました。今のハウス栽培と同じ考え方です。

房総半島からは、江戸に来るときには薪を運んできて、帰りには肥料として使う生ゴミを積んで帰る船もありました。このほか、幕府は生ゴミを使って埋め立てるなど、一七〇〇年代の初めには、ゴミの循環システムも整っていたようです。江戸人は、環境問題を意識していたわけではないのに、今から見ると非常に環境について配慮した生活を送っていたといえます。

安藤昌益もそういう時代に生まれ育ち、自然と循環型社会の考えを身につけたところもあるかもしれない。いよいよ最後のまとめ。

さて私たちは千住宿、安藤昌益、『自然真営道』（安藤昌益の考え方）そして江戸時代のリサイクルについて調べました。私たちは千住宿に行きいろいろ学びました。雪も降る寒い日でしたが、みんなでがんばりました。安藤昌益研究者で、「安藤昌益と千住宿の関係を調べる会」のメンバーである石渡さんの説明がわかりやすいのでわからないことがわかり、初めて知ることもありました。中学最後の総合学習なので、楽しく勉強ができてよかったです。また機会があったら、みんなで千住宿に行きたいです。

この勉強をして安藤昌益は今から三〇〇年以上前に循環型社会を考えていた人であることがわかりました。千住をはじめ江戸の社会がリサイクル社会である事がわかりました。ノーベル賞をもらった南アフリカのマータイさんではないけれど、「もったいない」と物を大切に使っていたことがわかりました。私たちも日頃から先人の知恵を生かしていきたいと思います。これで発表を終わります。御静聴ありがとうございました。

三学年の教師、そのほかの教師、十数名の保護者の拍手のうちに、発表は終わった。先日このまとめをした生徒に当時のまとめプリントをわたした。彼女の中にはこれからも、このテーマが息づいていくだろうなと想像する。

3・11福島原発以後、一九八六年チェルノブイリ事故以上に福島原発から放射能がばらまかれた。今も！　昨日の東京新聞には、ドイツの環境団体エテコンから「東電は、世界の悪企業ブランドの称号を貰うことになった」とある。汚名である。

生徒たちが昌益に取り組んだ頃は、今は懐疑論もでている二酸化炭素による地球温暖化問題が盛んに取りざたされていた。二酸化炭素ならまだ解決の道があったが、3・11以後の放射能拡散は、もう元に戻すことはできないのである。高木仁三郎氏が亡くなる半年前に出した著書『原子力神話からの解放』にもあるように、自然の循環からはずれた放射能拡大で、パンドラの箱は開けられてしまったのだ。高木仁三郎のみならず、二五〇年前没した昌益は草場の陰で今の世界をどう見ているだろうか。

安藤昌益が乗り移ったような石渡博明氏に出会い、氏の著作『安藤昌益の世界』（草思社）に触れ、千住の二度にわたるフィールドワークで、わずかに安藤昌益像に近づけた。生徒とともに学んだ昌益が、私の誕生日の翌日亡くなっていたことも、偶然で済ませないなにかの導きを感じる。これからも昌益を彷彿とさせる石渡氏やほかの方々の著書や講義に学びながら、自分の中にあるものと安藤昌益の思想を関わらせながら学んでいきたい。安藤昌益はまさに今を照らす光である。

ウーマンリブのいのちの思想と安藤昌益

池村美奈子

安藤昌益との出会い

退職後、何気なく入会した地元の団体「安藤昌益と千住宿の関係を調べる会」で、安藤昌益を勉強することになった。旧千住宿の穀物問屋に百一巻もの稿本が秘匿されていたという江戸時代の思想家安藤昌益の「自然真営道」は、慣れない漢文と独特の言葉遣いが難解で、最初はとても理解できそうにないと思えた。

しかし、「調べる会」の長年の研究者たちが昌益の思想を自然科学、社会、平和、医学など多面的に分かりやすく解説した小冊子を次々に発行し、更には原文の読み下し文で、思想の根幹をなすキーワード「直耕」「互性活真」「自然」など独特の言葉遣いの意図や概念を講義してくれた。そのおかげで昌益が独自の造語を駆使して構築した独創的な思想の内容をおぼろげながらも理解できるようになった。また「自然真営道」の言葉や思想が独創的であるが故に、研究者たちの間で様々な読み方や解釈がなされていることなども分かってきた。

当時にあって近代的な唯物論者であった安藤昌益の説によれば、天体は丸く、上部の「転（天）」と下部の「定（海）」の間を昇降する気と、転定の間にある「央土（陸）」で通横逆に循環する気が、四行の法則に従って常に規則正しい動きを繰り返し、その気の働きが央土で全ての生命を生成し、季節を作っている。この始まりも終わりも無い自律する気の循環運動を「活真（土活真）」といい、全ての動植物の活動は等しくこの気の働きの秩序に従っているという。

命を維持する為に植物は根から栄養を、動物は動植物を食らい、直立する人として生まれた人間は土を耕し米を生産して食べる。これを「直耕」という。「直耕」は狭義には農業活動を指すが、広義には紡いだり、加工したりする生活必需品の生産活動、さらには男女の交合と出産など「いのち」の再生産活動全般を指すとされる。ここには平等な「いのち」があるだけで、上下や貴賤の別は無い。この法則と秩序に従って全ての人が等しく直耕して暮らす世の中を「自然世」という。

昔人の世は「自然世」であったがいつの頃からか武力で人の上に立ち、税と称して農民の生産物を掠め取る不耕貪食の輩が現れ、権力者として勝手な私法を作る「法世」になった。さらに自分も不耕貪食たらんと権力者におもねり、人に上下貴賤の別があるかのような珍説を捻り出して言葉や書物で人を誑かす聖人や宗教者が現れた。こうした誑かしによって人が生きるための食を作る農民が搾取され苦しめられる世の中になったと、昌益は法世の維持を企てる者を厳しい言葉で非難している。そして法世を自然世に戻す世直しの必要を説き、「私法盗乱の世に在りながら自然活真の世に契う論」で武力に拠らない革命論を説いている。

江戸時代の封建体制下にあって安藤昌益は、「いのち」の成り立ちを根源的に解き明かすことで人間社会の在るべき姿を示し、世直しを説いた。同時代の開明的といわれる思想も結局は封建的身分制を容認したのに対して、妥協なく支配階級を批判し、人間の絶対平等を主張した昌益の思想はラディカルで独創的な革命思想である。

安藤昌益は「ひと」の字を「男女」と造語し、一対の存在として男女の絶対平等を説き、女を劣ったものと貶める儒教や穢れたものとする仏教を、人を誑かす邪説として厳しく批判している。理不尽な差別に抗する女たちの力強い理論的支柱としても昌益の思想がある。

「いのち」を感じる

子供時代、家の外には原っぱがあった。草が生えているだけの空地で子供たちは駆けたり、寝転んだり、取っ組み合ったりして一日中遊んでいた。原っぱの土と草は柔らかく、むせるような匂いに満ちていた。草の中のバッタや毛虫、空を飛ぶ蝶やトンボは遊び相手だった。

季節が巡り冬が終ると、春の山々や畑は緑を滴らせ、花はそれぞれの花弁を開く。動物は交尾して子供を産む。夏に枝葉を広げる樹木の幹に耳を当てると、水を吸い上げるかすかな音が聞こえる。秋の落葉は土と地下茎を肥やし、冬を耐えて萌え出るいのちが春を待つ。

土に生きる農民を始め、命ある生物として人間もこのサイクルに従って生活を営み、子を産み育て老いて死ぬ。この世にある生きとし生けるものは全てこの循環の中にあって固有の価値と役割をもっている。こうして繰り返される生命の循環を不思議とも思わずに受け入れていた。

無始無終に循環する気が生命を生成しているとする、昌益の「気一元論によるいのちの思想」は、子供時代の感性に通底する。

ウーマンリブのいのちの思想

初めて女の人生や生き方について考えたのは中学生時代だった。まだ日本全体が貧しかった昭和三十年代に、相次ぐ母子心中が社会問題になったことがあった。母親が子供を殺して自殺するという行為に衝撃を受けた。女の経済力の無さが母子心中の原因と考え、夫と離死別すると生活できない女の生き方を否定し、「私は大人になったら必ず自分で食べてゆこう」と、決意したことを覚えている。

しかし女は社会に出るとすぐに性差別と向き合うことになる。当時の職場では限られた補助業務と差別賃金、働き続けても責任ある地位にはつけず、「お茶汲み」をする「女の子」の終着駅は結婚退職だった。職場に女の将来はなく、社会では男女平等は絵に描いた餅だった。

七〇年代のベトナム反戦運動や人間解放を目指す運動の中に存在する女への差別を告発する運動が起ったのは必然だった。ウーマンリブの運動は女の性と生殖の問題に真正面から向き合い、性差別と階級社会を糾弾した。

企業の結婚退職制度に見られるように、女の幸福は、企業戦士としての男が社会で活躍できるようにしっかりと家庭を守り子を育てる結婚生活にこそあると、女の身体と人生を親や夫や子に束縛させようとする社会意思があった。これは家族制度を維持し、労働力としての子育てが終った女を再び安い労働力として使おうとする、企業にとって都合が良い制度であった。

「私の身体は私のもの、私の生き方は私が決める」と女の身体の自己管理と主体性を強調したリブの主張は、国家や男が女の身体を、性と生殖の道具に貶める生き方を強要しているることが性差別の根幹だと喝破したラディカルで新しい運動だった。

リブは、女が幼い頃から「可愛く素直」な「お嫁さん」意識を育てられる結果、男社会を支えてしまう女自身の意識の改革をも問題にしたのだった。

七二年の「優生保護法改悪阻止」は、女たちが胎児を抹殺する中絶という行為に向き合う中で、産む性として「いのち」への重い思索を迫られた闘争だった。

現在の母体保護法の前身である「優生保護法」とは、胎児に優劣をつけ「不良な子孫」が生まれることを防止するためと、母体の健康を守るためには中絶してよいとする一九四八年に施行された法律である。刑法に残る堕胎罪をクリアする根拠になっていた経済的理由による中絶を、生活水準の向上と風紀の乱れを口実に禁止しようとしたのは、女の身体を子産み機械として利用し、人口政策の調節弁として中絶を法管理してきた国家が、高度成長を担う労働力を確保しようとしたからに他ならない。

「合法的」な中絶を禁止して女に産むことを強要する法律の改悪に反対して、女たちは、「産む産まないは女が決める」とスローガンを掲げたが、これは障害者抹殺を正当化するものだと優生思想に反対する障害者団体から弾劾された。胎児の段階で障害の有無を判断する羊水検査は、産まれる前に殺されるかもしれない障害者の「いのち」に係わる問題であった。胎内に孕んだ「いのち」を抹殺する中絶は女の心と身体を深く傷つける。それにも拘わらず女が中絶の規制に反対するのは、それが女の生き方を規制するものだからだ。女は産む性であるが故に経済的理由であろうと優生思想に係わる理由であろうと、極めて社会的でシリアスな問題を、「産むか産まないか」の個人的な問題として選択を迫られる。まさに「いのち」とは?「生きる」とは?と、産む性としての自分の命と、他者としての胎児の「いのち」について深く考えを巡らさざるを得ない。正しく「私的なことは政治的なこと」である。

国が、産業界が「いのち」を軽視し、女の身体を管理の対象に貶めるのに対して、「いのち」を孕む女の運動は、存在をかけたアイデンティティとして「私の身体は誰のものでもない私のもの」と、性と生殖の自己管理を主張した。男も女も生き方の選択は社会状況に規定される。どんな「いのち」も「産みたい時に産める」社会は、生命を産む女の性が尊ばれる社会である。

医者としての安藤昌益は生命尊重の観点から、当時の常識に反して医科の最初に婦人科を、次に小児科を立てたという。女の身体を通して「いのち」に向き合い、自己を主張したリブの運動は、現在の生命倫理の考え方につながる「いのち」の思索であり、昌益のいのちの思想にもつながるものだと思う。

共生

「産める社会産みたい社会」は産まれた命が健やかに生きることの出来る社会である。しかし現代社会では限りなく「いのち」が脅かされ続けている。

構造不況の中で職に就けない若者、過酷な労働と低賃金、働き盛りの労災や失業、過労死や自殺など貧困と格差が広がっている。世界に共通するこの状況はアメリカの進める経済のグローバル化の結果であるのに、日本は大企業の利潤追求のための更なる「自由化」を進め、農業を破壊し食の安全まで脅かしている。

子殺しや虐待など産まれた命が疎まれる今の世の中は、昔の貧困の中での「間引き」とは異なる側面をもつ。リブが自己の尊厳を込めて女の身体の決定権を主張したのとは似て非なる、「私の身体を自分で売って何が悪い」と言わしめるほどに性の商品化と拝金主義が少女たちの意識を蝕んでいる。

更に昨年三月の原発事故。凄まじい規模で放射性物質を撒き散らした人災によるこの事故は日本のみならず世界を恐怖に陥れた。天や地、水や動植物を汚染し、何十年何百年に亘って細胞や遺伝子を蝕む放射能はまさに命への冒涜である。

昌益は、人が人道に反する行いをすると正常な気が邪悪化し徘徊するとした。現在放射能という邪気が天地を汚染し、地球規模で自然の生態系を破壊し、食の安全と「いのち」を脅かしている。

しかしあの日以降、多くのボランティアが被災地に駆けつけ、地域や学園でも救援物資や義捐金などの支援をした。地域では老人の孤立や不自由を支え、子育てを支援するグループがある。農業と食の安全を守るために農家と直接手をつなぐ活動がある。人の命に寄り添う多くの気持が世の中を支えている。

「人という字の形は人と人が支えあう姿」と教えたのは母だった。人は一人で生きているのではない、沢山の人に支えられていると、互いに助け合う暮らしを訓えた。夕餉のおかずを近所で分けあった子供時代の暮らしは、貧しくとも心豊かであった。

未来の希望である「いのち」を産むことを、女たちが躊躇わずに選択できる共生の世を目指すことは、昌益の言う「自然世」の実現に少しでも近づく道であろう。

今こそ必要な思想

地球規模で広がる環境破壊や農と食の荒廃、「いのち」を弄び遺伝子までも操作しようとする医学など広範囲に進行する「いのち」への冒涜の進む現代社会の危機は、昌益の指摘した「法世」の歪みに他ならない。昌益の先見性に富んだ警告は、その思想がいかに普遍的で時代を超えたものであるかを示している。

深く壮大な思索から「一人にして万万人、万万人にして一人」と個人の尊重と、人と社会の在るべき姿を「自然真営道」に残した昌益のラディカルな思想は、その絶対平和主義と共に日本が誇るべき独創的な思想である。

人が等しく直耕し、全ての「いのち」が共生することを「真に営むべき道」と説いた昌益のメッセージは農民のみならず、働く人、闘う人々へのエールであり、揺ぎない指針となる。

しかし近年研究が進んできているとはいえ、安藤昌益の人となりや生涯については未解明の部分が多く、残念ながら昌益思想が広く世に知られているとは言い難い。

昌益が後世に託した熱い思いと革命思想を、多くの人と共有したいと思う。

Ⅳ　安藤昌益と農

万人による直耕は可能か

――ある二一世紀の未来社会論の試み

佐々木鴻

はじめに

私が千葉で土地を耕し始めてから、二五年余りになる。当初、都会の人からは好奇の目で見られ、周辺の農家の人からは何を始めるつもりかと警戒された。しかし、今では新鮮な畑の作物を都会の人々が心待ちにしている。その間、時代や社会の価値観も変化し、多くの人が、自然と共存する道こそ人間が持続して生存できる条件なのだとうすうす気づきだしたように思う。

「安藤昌益の会」と出会い、直耕の思想とかかわって二〇年になる。「日本有機農業研究会」に名ばかりの籍を置き、手さぐりの農耕に四苦八苦の毎日である。この文章を書いた動機は、現代において、エコノミーとエコロジーの接点に昌益の直耕を据えたら、どんな社会像が浮かび上がるのかという関心があったからだ。もちろん、直耕の思想を基盤にした社会の実現には長い時間と、なによりも人々の意識の変革なくしてはありえないことだと思っているが、せめて、上記の意図だけでも発信できたらと思う。

二〇一一年三月五日の新聞報道によると、「農協、大規模営農へ転換」とある。JAグループを束ねる全中（全国農業協同組合中央会）の路線転換である。従来、日本の実態を踏まえ、小規模な兼業農家を金融や肥料販売の面でバックアップしていたが、国際競争力をつけるためにも、農地を集約し、一体経営に切り替える必要に迫られた結果だと説明している（ちなみに現在の米農家の平均耕作面積は二・二ヘクタール。それを二〇〜三〇ヘクタールに拡大しようという方針）。また、一方で、増え続ける耕作放棄地をなくすねらいもあるという。そして、一集落に「担い手経営体」をつくって効率の良い営農形態にするのだという。

ところが、こうした営農ビジョンに、次のような発想が含まれているのを知って唖然とせざるを得なかった。つまり、「兼業農家や定年になって帰農した人たちには、排水路や農道の維持、管理等、担い手の経営体を支える側に回ってもらう」という発想である。

一体、農地を誰が支配しようとしているのだろうか。封建時代ならいざしらず、現代にあって、農地を生産手段とし、そこで生計を営んでいる人々を、まるで将棋の駒を動かすが如く排除しようとする発想はどこからくるのだろうか。

私は、この記事を目にした時、たまたま一冊の本を読んでいて、その実現性についてあれこれ思案していたが、この記事の内容とあまりに対極的なのに驚いた。その本は小貫雅男の『二一世紀未来社会論――森と海を結ぶ菜園家族』である。

以下、この本のポイントをまとめながら、現代の日本の農業が抱えている根源的な問題を探ってみたい。なお小貫が昌益の直耕にも関連づけて論じているので、その角度からも私なりに考察してみたいと思う。

（1）『二一世紀未来社会論』の意図しているもの

この論と出会ったきっかけは、『ユートピアの文学世界』（柴田陽弘著）の中で、安藤昌益と武者小路実篤が描いた理想社会を踏まえて、二一世紀の未来社会論として取り上げていたことによる。もともとは、この本に先立って出版した『三世代〈菜園家族〉酔夢譚』『菜園家族レボリューション』を土台にして、それを発展させ、未来社会論としてまとめたと小貫はことわっている。略歴によると、小貫は主にモンゴル近現代史、遊牧地域の研究を専門としており、モンゴルの生活の視点から現代日本の社会を照射した著作が多いとのこと。同じく、モンゴル研究者の伊藤恵子との共著というかたちをとっている。

まず、この本の冒頭で小貫はこの論を展開するにあたっての自らの立脚点を明示しているので、要点を簡略に三点にまとめておきたい。

ア　今、私たちに求められているのは、一九世紀に人類が到達した未来社会論に代わる、二一世紀の私たち自身の新たな未来社会論の構築が必要であること。
イ　人間が大地から引き離され、市場経済至上主義の中で失われている人間の尊厳を復活する道筋を提起すること。
ウ　その人間復権の切り札は、人類自身を生み出し、育んできた大地と循環して生きることそのものであり、そのような生き方こそ生物学的な合理性に裏づけられた人間の本源的な営みであること。

こうした立脚点に立とうとすれば、必然的に一九世紀が描いてきた未来社会論の再検討を要請されるのは避けられないとして、小貫は、その再検討に多くのページを割いている。

イギリスの産業革命がもたらしたものから始まり、ロバート・オウエンの実験、マルクス、エンゲルスの思想とその理論の到達点、とりわけマルクスの経済学の分析に多くの紙数を使っている。そして、それらの分析を踏まえ、労働主体である人間が、生産手段から分離され、自らの生産用具を失い、根無し草同然の賃金労働者に陥っている現代社会の労働の現状を直視する。さらに、そうした現状が経済の分野にとどまらず、根無し草の労働者のあらゆる精神生活に浸透し、文化、芸術はもちろん思想、倫理、教育の分野まで貫徹していると分析する。

ここまでたどってきて、現代社会への深い憂慮と同時に危機意識の上に、この未来社会論が書かれているのだと確認できる。小貫は、そうした偏った現代社会を、〈虚構の世界〉と見なしている。それは、「人間を育んできた大地に背を向けた世界である。それはまた、情報の氾濫によって刺激され、際限なく拡大してゆく欲望と消費と生産の悪循環の世界である。そうした中であくせくと働き、心身ともにずたずたにされている現代人は、さながら、足が地に着いていない、〈虚構の世界〉を生きている」と。

(2)　ＣＦＰ　複合社会の構想

小貫の目指す未来社会は、以下のように構想された社会である。

まず、三つのセクターの頭文字をとってＣＦＰと名付けている。それぞれ、CAPITALISM、FAMILY、PUBLIC（つまり、資本主義セクター、家族小経営セクター、公共的セクターと小貫が名付けているものである）。

資本主義セクターの役割は、簡略していえば、生活用具や生産用具といった用具の製造と、自国で不足する資源や物の輸入のため、輸出品の製造が考えられる。ただし、市場原理に任せるのではなく、規制や調整された役割の範囲の中での活動に限られる。

つぎに、家族小経営セクターの役割は、三世代を念頭に置いた、自営農を中心とした活動の総体で、小貫はそれを「菜園家族」と名付けている。CFPの三つのセクターの基調に据えられており、その活動の割合は、週のうち五日を充てる。この「菜園家族」の最も重要なポイントは、四季の変化に応じた生産と生活の循環の持続にあり、市場原理に振り回されることのない、生産者の強みを持っている点にある。

公共的セクターは、公共性の高い事業機関、つまり、国や地方の行政機関や、教育、医療、社会福祉といった分野等で働くことを役割としている。

つまり、週の残りの二日を、資本主義セクターか公共的セクターで働くことで、生活基盤を安定させ、菜園家族の自給自足度を側面から支えるはたらきをするという構想である。

こうした構想の根底となっている時代認識について、筆者はいくつか指摘しているが、中でも、次の視点は押さえておく必要があろう。

ア　日本は戦後、高度経済成長期をきっかけに、生産第一に、ひたすら拡大路線を走ってきた。その過程で、一貫して国内の農業を犠牲にし、工業優先を押し進めてきた経緯があるが、その結果として、人口が農業から工業に誘導されてしまったが、そうした現状を正常化する必要性。

イ　そうした人口の偏りの是正によって、その土地の風土に根ざした人と自然の循環性が回復され、再生可能な資源を活用した持続可能な生き方が可能になる。

ウ　自然と人間と労働に新たな調和をつくっていくことが、科学技術に支えられた、経済至上主義の思想を克服していく根本的かつ実践的方法である。

中でも、ウに関しては、すでにフランス、オランダ等の西欧諸国が、ゆとりあるライフスタイルへの緩やかな移行を模索し、労働時間短縮によるワークシェアリングの試みも実行されつつあることを傍証としてあげている。

それにしても、農業を切り捨て、工業製品を世界中に売りつけ、自国の利益追求に没頭してきた間に、大地と切り離され、生産の喜びも労働の充実感も失った大量の賃金労働者を生み出してしまった日本の現状を打開するために、どんな対策が必要だというのだろうか。

そこで、小貫が選択した処方箋がＣＦＰ複合社会ということになろう。

もちろん、その実現化にあたっては、それまでの経済活動が一時期停滞や混乱を招くことは十分予想できる。外国からの圧力や摩擦も避けられないことだろう。しかし、小貫は、農を基本に据えた、農と工の持続可能な再生産システムの機能は、必ずや安定した社会をつくっていくに違いないと強調する。

ここで、この三つのセクター間の関連性を再確認しておきたい。説明では、こうである。

「菜園家族の人々は、週のうち五日は菜園またはその他の自営業に励み、残り二日は近隣の中小都市で従来型の職場に勤務することになります。つまり、かなり徹底したワークシェアリングによって、人々は現代版奴隷の拘束から解放され、個人の自由な時間が獲得されて、人間本来の創造性豊かな活動が保障されるのです」。

思うに、ここで述べられている近隣の中小都市が「菜園家族」と密接な依存関係をもちつつ、森から海へと続く地域一体型の共同体を意味しているのであれば、私には取り立てて目新しい構想とも思えない。従来の自然発生的な村落共同体の多くがそうした生活圏を形作っていたといえるからである。問題は、この構想が、真に自立した経済基盤として定着し、永続性のあるものになるかにかかっているといえる。制度の面から、そして、なによりも、人々の意識の変革が求められることになろう。

しかし、意識の変革と一口にいっても、容易なことではないに違いない。たとえば、ウイリアム・モリスの『ユートピアだより』では、変革された人々の意識が、過去を思い出すこともできない世界を描いているが、人々の意識の変革には、実に世紀にまたがるほどの長い困難を伴うかもしれない。また、この『ユートピアだより』には興味深いことが描かれている。それは、意識の変革の初期に起った変化に関して、都市から農村への大量の人口移動だったと記録されている場面がそれである。その急激な変化の原動力となったのが、土地のもつ環境の影響力であったという。そして、田園人が都会人より多くなるにつれて、むしろ、田園人が都会人に影響を与える流れになっていったとある。

いうなれば、経済の論理に振り回されて、人々が住む家や働く場所を転々と変えている現代社会とは逆に、自分の生活を他に委ねるのではなく、自らが生活の資を生み出す主人公になる生き方への意識の変革といってていいだろう。

菜園家族では、三世代の自給をまかなうには、三反歩ほどの土地で足りると小貫は言う。「それだけの土地を家族で活用することで、食の自給は確保できる。食の自給があって、はじめて、その上に余分に生産されたものを、不足のものを購入するために売るといった流通が考えられる。そのように、食の自給こそ、自分の生活を自分で確立するための絶対条件と言えるのではないか」。

そして、次の段階では、そうした自立した家族が集まることで、多くのエリアが構成され、一種の共同体をつくり、そこに多くの種類の、非農業基盤の匠商家族も含まれてゆく。つまり、協同組合的性格で繋がってゆくことになる。こうした協同の思想に関しては、菜園家族の性格を理解する上で重要に思われる。

すでに、内橋克人が『共生の大地』でとりあげて論じている「ロッジデール綱領」の発想に通ずると思われるので、この綱領について内橋が解説しているところを参考にしたい。

この綱領は、イギリスにおいて結成された、生活協同組合の、しかも世界最初の綱領ということで、そこに明記された原則の中には以下の内容が含まれているという。

それは、「組合が自ら製品をつくり、雇用機会のない組合員のために供給するとか、土地を購入したり賃借したりして、失業した組合員が耕すことにするとか、組合自身が、生産、流通、教育、統治の権限を装備し、共同の利益をもった自立的な国内植民地を建設し」云々。

内橋はこうした発想に関連して次のように述べている。

「つまり、国や行政、企業に依存するのでなく、必要とあらば、自らの手で働く機会をつくりだす。必要とあらば、大地を耕し、自らの手で食料も安定確保しよう。それがまた人々に働く場を提供する道につながるだろう。そのようにして、人間生存にとって不可欠の〈職と食〉のアウタルキー（自給自足圏）形成に向かうことも辞さない、と宣言しているのである。共同の利益をもつ自立的な国内植民地とは、すなわち、職と食の確保において自立を達成した経済ブロックの意であろう」(『共生の大地』)。

ここには、先に述べた菜園家族が発展的に構成するところのエリア、つまり共同体に通ずるものがあるといえよう。では、昌益の直耕の思想に自立的な共同体につながるような発想が含まれているのだろうか。たしかに、昌益には、「法世」から「自然世」への過程として描いたと思われる自治共同体としての「邑政」が想定されているが、はたして、どこまで自立的な共同体として意識されていたのであろうか。

(3) 自給自足圏(アウタルキー)と直耕

わたしがここでアウタルキーを前面に据える意図は二つある。一つは、人々が生存の根幹において、つまり、衣食住とそれを支えるべき労働のしかたにおいて自由であろうとする欲求は、人間の本源的な欲求と考えるからである。もう一つは、時の政治や経済の力の支配を排除しようとする強い意思は、真に民主的な社会を築いていくために重要な条件だと思われるからである。

昌益は、直耕、とりわけ、社会のどの階層の人間もすべて直耕すべきという、いわゆる万人直耕を論じているが、そうした論拠に〈職と食〉のアウタルキーを据えなければ、昌益の思い描く世直しなど覚束ないと言わざるを得ないのではないか。

そうした、人間の生存の根幹に結びつけて万人直耕の含んでいる実践的側面をたどっていけば、必然的に、現代における政治学、経済学、経済社会学等々が担うべき主要なテーマになることは明らかである。

それは、地域自給経済であり、地域協働経済である。また、誰かが喩えたように、コモンズという小宇宙こそが人間の永住の地(約束の地)とするような、コモンズの経済学のテーマでもある。視点を変えれば、自然のリズムに合わせた生き方を基本に据える、生命系の経済学でもあろう。まさに天人一和の直耕を思い描く昌益の世界と重なってくると言えよう。

そうした日本の風土を基盤にした自給自足は、当然のことながら、山や里や海といった一連の経済生活を意味し、さまざまな生活物資の交易をもって、互いに不足分を補い合う連携の精神が働いていることは明らかである。ここでとりあげた未来社会論の題名の中に、「森と海を結ぶ菜園家族」と明記しているねらいもそこにあるといえる。

しかしながら、理念はそうであっても、日本の風土それ自体への人々の認識一つとっても心もとないと言わざるを得ない。たとえば、『水土の経済学』の中で、室田武は日本の風土への人々の認識の浅さを悲観的にこう述べている。

「日本を〈資源小国〉と規定した上で設定された〈技術立国〉路線は、人間の豊かな暮らしにとって、地下資源よりも遥かに決定的に重要な水土の喪失に向かわざるを得ないがゆえに、とりかえしのつかない破綻を予想させる」と。この文の冒頭で述べた、現代日本の農政の破綻も、まさに水土の何たるかを日本人が喪失しつつある姿と言わざるを得ない。

水の循環こそ地球を開放定常系に保って来た理想的な熱機関であることは周知のことで、世界有数の森林被覆率を誇る日本は、さしずめ資源大国と呼ばれてしかるべきであろう。槌田敦も資源物理学の立場から、「人間にとって、水と土こそが資源であり、廃棄と再生の保証のない、つまり、土と水に棄てることの出来ないものは資源と呼ぶに値しない」と主張している(『資源物理学入門』)。

さらに、室田武は、そうした認識の浅さと表裏一体となっている近代化の陥穽をこのように指摘する。「ハーバート・ノーマンに指摘されるまでは、直耕を説いた安藤昌益の諸著作の価値がよくわからないといったところが知の平均水準だったのではないのか」と。

ここで指摘されている、近代化を推進した知のあり方への不信は、ふりかえってみれば、ごくごく現代的な課題を彷彿させるに十分である。原発しかり、温暖化、地球環境問題、食品公害、遺伝子組み換え問題等々においても露骨に表面化している。

一方、農の抱える問題を危機感を持って発信した人として柳田国男をあげておきたい。

彼は、時代と農政、都市と農村といった視点から、昭和の初期に顕在化しつつあった都市化の中の市場の拡大によって、農が圧迫されてゆく姿に心を痛めていた。

「近代化の世の中に入っていく際に、若し予め農に衣食する者をして、少しでも自分の持つ力を覚らしめる道があったら、事態は必ずしも此の形を持って発展しなかったと私は思う」と述べている。その上で、この段階においてもなお、田舎人の、都市住民にはない、かすかな希望としてつぎの三点をあげている。

① 勤労を快楽に化する術。

② 知慮ある消費の改善を以て、尚生存を安定にする道を持っていること。
③ 土地、その他の天然の恩沢を、人間の幸福と結びつける方法を持っていること。
（『定本柳田国男集 第一六巻』）

これらは、昌益が描いた農民像とも重なってくる。「直耕は人の具足する天道なることを知りて、耕して道を天と与に為る安食を楽しむ」。（稿本『自然真営道』私法儒書巻）果たして、現代の段階で、柳田国男のかすかな希望は息をしているのだろうか。

（4）直耕が現代に突きつけているもの

ふりかえって、現代の農業の現場を見るとき、各農家がさまざまな生産にかかわる技術的、自然的、市場的条件のもとで、独立した生産単位として、大規模な企業と競争を強いられているのが現状である。はたしてそこにどんな希望が残されているというのだろうか。

そもそも農業基本法の性格が、生産性をたかめ、利潤を追求し、工場部門と競争しうる条件を追求しようとしていたことは明らかで、その精神は新基本法である「食料・農業・農村基本法」に引き継がれた後も変わっていないと専門家は指摘している。つまり、「方向性として、市場原理の徹底、WTO体制の堅持、農地を投機の対象にするなど、食料自給率向上の文言はあるものの、農地とともに生きる農民の自立を支援していこうというスタンスではない。言うなれば、土地の生産物だけに注目し、それのもつ商品価値への偏重姿勢に貫かれていると言っていい」と（梶井功『新基本法と日本農業』）。

このように、農の問題を産業という観点からながめるのではなく、ひろく農の営みが、人間本来の生存のあり方に深く関わるものとして考えなければならない。その上で、そうした経済的利益を追求する手段と化してしまった農の現場から、自然と人間が生産の主体者として立ち戻らなくてはならないだろう。

行政主体の補助金つき農業振興事業にみられるような他力依存は、人間と大地の持続的な生産関係をいずれは衰退させるにちがいない。そうしたカムフラージュされた、利益誘導型の施策によって、営々として築いてきた自給の生活が破綻していった事例は多く報告されている。いま、真に求められているのは、こうした流れをせき止める、自立的な思想ではないだろうか。

昌益は、自然と人間の営みこそ、自立的な相互のはたらきによって、持続性を獲得していると見ていた。一例を挙げると、稿本『自然真営道』大序巻の中に、仙確と思われる弟子と、昌益との間に次のような問答が交わされている場面がある。「転定、穀・万物を生ず。人、之を取りて食用するは、転、之を人に与ふるか。人、是れを転に貫ふか。……転、是を生ぜざる則は、転道たるべからず。然る則は、転、之を与ふるか、生じ棄てたるか。人、之を貫ふか、之を盗むか」。

食の問題をこのように掘り起こそうとする人が身近にいたら、戸惑うに違いない。

とにかく現代は、品種改良を含む植物のバイオテクノロジーが、すでに遺伝子組み換え作物の無制限な拡大を招いている時代である。そもそもわれわれの食料が、転定（自然）といかなる関係において、人のものになるのかなどという設問が陳腐に思われるであろう。

この質問に昌益は次のように答えている。

「転、万物を生ずる、是れを人に与ふるに非ず。亦生じ棄つるに非ず。只、直耕・生生のみ。人之れを取りて用食を為すは、之を貫ふに非ず。之れを盗むに非ず。只、直耕・食衣のみ。故に転と人と一直耕・一和して、活真・無甫・無畢の自行なり」。

昌益は、自然と人間の営みの関係について、与えるとか貫うとか盗むといったレベルの問題ではなく、単刀直入に「活真の自行」と断定する。この「自行」ということばは、単純に自己運動と置き換えただけでは収まりきらない、もっと根源的な機能を内包したダイナミズムと解釈すべきではあるまいか。そうした解釈をすることで、直耕を人間がこの自然の中で存在していく唯一の実践的手段ととることができよう。

かつて、鈴木正が、西山千明の『第四の選択（PART2）――二一世紀社会を創る思想』をとりあげ、そこで論じられている直耕の精神に注目したが、現代は新しいパラダイムを内包している自行を求められていると言えよう。

西山千明は直耕の精神なるものを次のように解説している。「すべての人間は、それぞれ自分の生活は自分でまかない、自分自身の汗を流し、自分自身の足で大地をしっかり踏まえた、自主独立の一生をおくれという、きわめて積極的な教えだ。こんにち、人々が自由民主社会において急速に失ってきたのが、まさしく、この直耕の精神だ」。

　直耕の精神をそのようにとらえるとき、万人直耕の思想を、支配、被支配の法世を変革するための梃としようとした昌益の、なんと現代的色彩を帯びてくることか。

　昌益の直耕概念は広い。転定（天地）の運行と、そこで営まれている多様な機能から、この大地に生きるすべての動植物の生命の営みまでを包み込んだ概念だからである。当然、人間の農耕も鳥獣虫魚の生存のための営みも含まれる。

　しかし、広いと言っても、それは網羅的だと言う意味においてではない。そこには、その概念を貫く共通項が厳然としてある。それを、昌益の言葉で表現すれば、〈自行〉や〈自然〉〈ヒトリスル〉であろう。

　前にも触れたが、〈自行〉は自ら運動因を内包した、エネルギーの流れ（導入から廃棄）、もしくは循環の意味にとるべきであろう。そうとらえることで、転定（天地）とともに、もろもろの生物が直耕しているという昌益の地平が見えてくるのではないか。そうした地平から、あらためて西山千明の直耕の精神を考えると、人間が依って立つ場所が、自らを生かしているエネルギーの大きな循環の中に組み込まれていることに気づき、その中で生きることを決断し、実践すべきだというメッセージとも受け取れる。

　しかしながら、現実はどうか。政治や経済や文化が一体となって人間の欲望をあおり、資源の深刻さを前にしても、大量生産、大量消費、大量廃棄の流れは止まらない。中でも、原発からの放射性廃棄物にいたっては、その有害性を人類の歴史をこえる年数をかけてもこの地球上から除去できないといわれる。こうした社会に迷い込んでしまった現代の人間に、一体どんな処方箋が用意されるべきであろうか。

（5）「二一世紀の未来社会論」の試みがもつ現代的意義

　どのような未来社会論であれ、現代の抱えている諸問題を克服するための道筋を抜きにしては、論そのものが成り立たない。しかも、それらの問題が、人間存在の根源に触れていれば、なおさら、克服の方法や実現性は厳密に問われるべきであろう。

　そうした視点に立てば、職と食という根源的な課題を、有機的な関連性としてとらえている点は重要である。

　すくなくとも、生きていくための食料の、たとえ何割かでも自給するということは、それに費やされる労働の商品化を免れることも意味する。のみならず、それは、必然的に人が自然の循環性に合わせて労働することを意味する。

昌益は、そのことを次のように表現している。

「私欲の法を頼んで、活真は只食の一道なるを知らず。外に求めて自具の直耕を知らず」（人は私欲にとらわれ、活きて真なる道が、人間らしく食うという一道であることが分からない。人間らしい生き方を外部に探し求めて、自分に本来的に具わっている活真としての生産労働の価値に気づかない）（稿本『自然真営道』人相巻）。

この未来社会論で、菜園家族のセクターを三つのセクターの中心に据えた意図はそこにあるといえよう。言ってみれば、生活の拠点となる場所での労働は、一般的な雇用の労働とは違い、生活の中に含まれてしまうような労働といえる。現代社会の労働は、生活を規制し、そこに生きる人間を機能性の側面から商品化することばかりにやっきとなっている。

そうした背景にはさまざまな要素が考えられるが、『生命系の経済学』（ポール・エキンズ編著）では、そうした商品化を克服するためには、土地の生産要素に注目すべきだと言う。つまり、個人の自立と地域の自立をリンクしたニューエコノミックスを提唱する。

「食料自給よりも広い意味での自立においては、さらに多くの民衆が土地に生産的にかかわることが必要であり、また、コミュニティーが土地管理に乗り出すことが不可欠である」。

土地と労働こそが、食を基盤で支えているとする構造こそ、昌益の主張してやまない直耕の構造と精神ではあるまいか。

有機農業から見た安藤昌益

佐藤喜作

安藤昌益との出会い

今を遡ること二五年位前であろうか、寺尾五郎氏の『安藤昌益の闘い』を手にして息を呑んでしまった。二五〇年前に秋田県出身でこんな型破りの凄い人がおり、これを発掘した狩野亨吉（一八六五〜一九四二）も秋田県出身とあるだけに、極めて親近感を覚えてしまった。

私の心に最も衝撃を与えたのは、人間の悪事に対しての刑罰のあり方で、直耕をせず遊芸に現《うつつ》を抜かす者には家族又は一族が食を断つ。飢苦を与えて改心させる。つまり、教育刑である。すべての悪事をなすものへの懲罰は、家族が、ついで一族が、そして邑村（集落）が与える事とし、最悪死刑は家族、そして一族に「殺さしめ」とあるが、これを額面通り受け取るのはどうか。過ちや間違いの無い人間などいる筈がない。そんな人間を他人が見つけたとして罪にし、罰を与えることの矛盾を避けて、肉親が罰することで、地域を加えた連帯で悪事を「予防」する体制を考えたに違いない。人を裁くこと罰することの至難さを思う時、凄い思想だと引き込まれた。

話は異なるが、私はよく祖父から子供の頃「喜作の家名（屋号）を汚す事をしてはならない」と諭《さと》された。明治以前、我が家は戸主になると「喜作」を襲名していて、私は四代目ぶりに家名を貰っている。悪事をなせば、お前だけではなく家族や一族に迷惑をかけるのだから、と言われた。何か先の昌益の刑罰思想に通じるものがあるように思えてならない。

しかしあの厳しい封建時代、過ちや間違いの無い人間などいる筈がないとする、折角の昌益の人間平等の思想も地下に眠らざるを得なかった残念さがある。とは言え、残された昌益の著作によれば、昌益は搾取、抑圧や人間の不平等を最大の社会悪としたのではないかと思われる。社会悪の元を追求し人間の平等を求めるならば、自ずと大自然の摂理を探索することで結論が導きだせると言っているように思う。

人間の本質は生産労働（製造ではない、製造工業も生産に入れたのは過ち）という営みだと捉えて「直耕」を説き、「不耕貧食」する者を盗人と弾劾する。なぜならば、直耕する自然は数え切れない生き物の有機的結合で成り立っているからで、無限の循環という生命観が学べるからである。

当時は、今日のような化学資材や機械も無い時代で、今のようにわざわざ化学的公害について学修するような心配もなく、あるものは天変地異だけであり、天災こそが農や生存についての最大のリスクであり、次は高い年貢＝搾取で、直耕している身でありながら飢えに苦しむことであった。そして士農工商の階層制とは社会の分業、役割分担であると言いながら、農民階層は、実際は被支配者の立場に置かれている。

農民階層の疲弊を解決するには、権力者・支配者による法制（法律）社会「法世」を「自然の世」に革命する必要があると力説する。歴史的に見て、原始は自然世であった。それが分業社会に発展（？）し、階層分化が始まった。だから人間はまず直耕から再出発すべきだと説いている。

その舞台は、「土活真」である。生きとし生けるものの始源が生きて真なる土であると喝破し、総てが互性・互生のハーモニーで成り立っている事を学べと説く。

本来、自然（昌益はひとりすると読む）は自活している。自然そのものが直耕している。その姿は人間自身にもあり、如何なる人といえども、自己の体内を意思で操作することなど不可能であり、人間の生命活動は自然に作動しているのである。土活真の内容も、数えきれない微生物や生き物が土中に充満し生存しているからこそ、十の生産力が保障されるのであって、土こそ活真の名に相応しいものだという意味であろう。だからこそ、土は有機農業の根源になるのである。

戦場化する農業

戦後の社会は農業と農民も、経済のとりこになり、農産物は市場原理に占領された。農も農民も集落も近代資材で営まれ、自分たちが求めるもの（商品になるもの）以外＝市場原理に合わない動物や植物、昆虫や細菌はすべて敵と見なして、総てを殺戮する戦場としてきたから、農そのものが存続のピンチを迎えてしまったのである。本来の農は「土活真」であるから平和なのである。そこに住む生き物達は争うことなく共生している。原始の人間集団も平和で互いに生かし生かされた浄土であった。そして農耕が始まると、農民は結《ゆい》を始めとして互助体制は強固なものであった。

　戦争農業はいずれ終末が目前である。しかし、昌益は『自然真営道』において「土活真」は「無始であり無終である」と説く。昌益はまた「人は米の精に生ず」「米なければ人なし」とまで、米を礼賛している。この狭い島国で生存するために、米＝穀類の多収性や安定性、栄養力の完備性を認識してのことであろう。そして米の「親」である稲藁《いなわら》や籾殻《もみがら》などが、衣類や住居、生活用具、燃料に使われるなど、多彩な応用力を持ち合わせていることの認識も与《あずか》っていたはずである。米の右に出るような作物は皆無である。米（稲）無かりせば、今日の日本、そして日本文化が存在したであろうか。だからこそ、こうした表現で人々を啓蒙したのだと思う。

　そして昌益の著作には、一般に尾籠《びろう》と思われる人間の糞までが取り上げられ、真面目な論調に……と顰蹙をかわぬでもないが、農民にすればこれは当然のことで、都市的生活では糞尿は最低の廃棄物であろうが、農の世界では貴重な肥料だからである。にもかかわらず現代では、米食が減少し、「米」の「異」なった「糞」を排泄せずに便になり、人々の健康も狂ってきた。なぜならば、そもそも、人間や生き物の健康保持で最重要な項目は、採食よりも排泄だからである。「トイレなきマンション」に譬《たと》えられる原発は、そのことが決定的に欠けている。

　昌益は医師であるだけに、病気即ち異常を診断する前に、常に正常態の探求を怠らなかった。症状箇所や病状のみの診断ではなく、全身を、環境を、暮らしぶり等を観察し、そこから治療方針をたてたはずである。やがて眼前の社会の不平等な有り様を社会の病《やま》いと捉え、その治療法として「直耕」を基軸とする『自然真営道』が出来上がったものだと、思われる。

日本有機農業研究会の四〇年

日本有機農業研究会（日有研）の創設者、一楽《いちらく》照雄の思想も昌益と同じで、有機農業は単なる農の技法ではなく、人としての生き方を含めた社会の在り方を問う研究会である。

日有研は今から四〇年前、一九七一年に発足した。戦後になると、戦時中は武器であった諸資材が平和利用と称して日常生活に浸透してきた。農業の場でも農薬は戦時には殺人剤であり、肥料は爆弾剤であった。これ等の化学資材が環境や生物の健康を破壊することへの対策として、こうしたものに頼らない農法の確立は、社会構造とも一体不離な生きることの思想、哲学であった。

魔法の如く便利な上に増収を見せ付けるこうした化学資材を拒否することがいかほど困難であったか。しかも、行政や学会が推奨することに反旗を掲げる運動でもあった。しかし、製造過程や製品（食品）を口にして被害を受けた人たち、それを証明する医師や学者達の強固な信念により研究が実践が積み重ねられ、それとともに生産者と消費者の「提携」により、日有研の組織と運動は存続してきたものである。今では欧米でも「テイケイ」は国際語になり、燎原の火の如く普及されつつある。

筆者は若き時代に獣医師としての臨床経験もあり、いささかの薬剤知識はもっていた。そのため、農業の自営を始めるにあたっては有機or有畜農業を柱とした。その結果、意識しなくとも化学肥料は減少した。作物は健全になり、農薬も不要となり、一般に行なわれている現代農法よりも増収し、冷害や塩害等、障害のある年ほど減収率が少ない成績を収めることができた。例えば、水稲の最高反収は七〇〇kgで、普通栽培では六一〇kg、最低反収は四八四kgで、普通栽培では三一八kgといった按配である。

また、稔りの無い「競争」から抜け出し、協同運動の大切さを感じ、地元農協組合長に在任して二〇年余になる。仁賀保町農業協同組合は「自主、自立、互助、創造、奉仕」を旗印に掲げ、公害を学修すれば自ずと安全農産物の自給が基本になると、一九七〇年から減反政策での現金収入減を機に、農家の食品買い喰いを自家生産にすると市場価格で農畜産物二〇～五〇万円に相当するとして、自給運動を展開した。農家の自給無くして、地域の自給は不可能、ましてや国の自給はあり得ない。

今思えばこれは、昌益の直耕に通じるものでもあった。そして目標はまず自分が食する農産物は安全第一だから、自動的に有機農業にならなければならないことになる。日有研でも私は、二〇〇二年より理事長に就任し、今日を迎えている。

協同の基本　夫婦

昌益の思想は生きる根本の基点を夫婦においている。まず男女と書いて「ひと」と読ませているし、男女は一対一の愛情で結ばれる。だから独身は認めなかった。そして男女は勿論、人間が平等であることを前提にして、その生き方にメスを入れていく。差別や搾取、抑圧、階級の無い平等な社会を描く。自由という言葉は、昌益の著作では、生き方についてはあまり見当たらないが、認識・思考の「自由」としてはいくつか見出せる。また、今日で流行の民主主義的表現も、そのままでは見られない。昌益の表現では農民以外を聖人（不耕貪食の徒）とし、その対極に衆人（直耕する人）を置いて、聖人が社会を狂わしていると激しく攻撃しているので、昌益流では「衆人主義」ともいえる思想である。

今、民主主義も綻びはじめてきた。民主主義の意思決定は一般に多数決である。「赤信号、みんなで渡れば怖くない」というわけだが、本当にこれが正義、公平、平等の未来に繋がるものであろうか。自由主義を掲げ、我田引水を展開したら、少数者は常に抑圧、搾取の対象になるのである。今では地方、農村、農民、漁民がこれに該当し、消滅の危機に瀕しているとさえ言える。それなのにＴＰＰに参加しようと言う大臣まで出てくる始末である。

平等という言葉は昌益の論述にはあまり見られないが、夫婦を基準にしているのは、生命の継承の重要さを説いているからだと思う。両親、先祖から受けた生命は子孫に継承するのが重要で、義務でさえあるとしている。近代の自由思想では否婚思想も認知され、先進国ほど少子化で、何とも頭の痛いところである。農の面でもこの摂理に代わることはない。雌雄が結ばれてこそ、その結実が自然界に耐える生命体になるのである。この夫婦道こそ協同の原型であり、昌益の求めた「衆人主義」である。過去に対する無知と無視では、未来も無しである。

思想と実践

人間社会にとって燦然と輝く思想を持って、昌益は晩年、八戸から生地である二井田の安藤家に帰り死を迎えている。筆者の想像では、直耕から離れていた昌益は、聖人ではなく衆人、即ち百姓の直耕道に入ったのではあるまいか。集落の農民を説得し、農を護り農民の幸福を図る大革命を実践することわずか五年の歳月でしかない、何とも短い期間である。どんな改革を実践したのであろうか。

見ず知らずの人間が農村に来て、保守的で頑迷な農民を簡単に説得などできないし、石橋を叩いて渡る農民は実行もしないと思われる。二井田の安藤孫左衛門家の生まれであればこそ、村人も信頼したものであろう。その改革も農法を改良し、改善する技術を持っていたとは考えにくい。当時、一八世紀の初期にかけて新田開発が盛んに進められていたことを思えば、水路や道路の整備など、企画管理に関するものであったのだろうか。

思想としては無宗教で、社会から蔑まれ己も農奴的な感覚の農民に、天下の主人公（民こそ至尊の天使）としての気構えや、労働（直耕）の尊厳、自然の摂理を学修自覚せしめたのであろうか。それとも開田による水呑み百姓から本百姓への格上げ、あるいは新規就農、そして年貢の適正化や神社、仏閣負担の問題など、いくつもの改革をあの厳しい封建時代に実現させたものであるまいか。

想像は拡がるが、それを可能にしたのは、中央から遠く離れ鄙びた片田舎であったからであろうか。しかし、その活動は長くはなく僅か五年だった。この改革を敵視していたのは支配・権力者階級で、特に神職や僧侶であったようだ。生存中には面と向かって昌益論を撃破する力はなく、昌益の死（宝暦一二年、一七六二年）後、農民達だけで感謝の石碑「守農太神」を建立したのだが、彼らの命令で粉砕される。

昌益の論稿は約一五〇年もの長い眠りに入ってしまった。全国に点在する門弟はいたものの、また『自然真営道』は継承されつつも日の目を見ることなく、明治三二年（一八九九）狩野亨吉により開封されるまで、日本の歴史に登場することがなかった。もちろん一般大衆の目に触れることはなく、太平洋戦争敗戦後の一九五〇年代にハーバート・ノーマンの著書によりようやく関心を持たれるようになったのである。狩野亨吉の発見から約半世紀も経過したのである。

有機農業革命の歩み

思えば、日本の有機農業の歴史も長い苦難の道のりであった。先に日有研の四〇年で簡単に見てきたが、再度、その歴史を振り返って見たい。

近代日本農業の歴史を見ると、まず明治維新に伴い、第一の農業革命が九州福岡から始まった。それまでの自然区画の水田を長方形に整理し、用排水路を整え、湿田を人力で耕す方法から、乾田として牛馬耕で深耕し、種子を塩水選にし、堆肥を施肥することで、それまでに比べ、四〇～五〇％の増収を上げることができるようになった。

終戦を迎え、戦後の第二革命では先に見たように、軍需品が農用品となり、戦車などが農業機械に、爆薬が化学肥料に、殺人剤が殺虫剤・殺菌剤に、枯葉剤が除草剤等の農薬になった。石油化学資材活用の近代農業となり、労力は激減したのに、収量は四〇～五〇％も上昇した。しかし戦後も二〇年を経ると、これらによって農民に傷病者や死者が出たり、生産物に残留する危険物で消費者にも病者が出るようになってきた。

心ある医師が着目し、その原因が化学農薬であることをつきとめ、医師や学者等の呼びかけで、化学物質に頼らない有機農業への転換が必要とされ、一九七一年には研究会が創立された。したがって会員の多くは、こうした被害を受けた生産者や消費者が主となり、医師や学者・識者等の男女で構成されていた。

しかし、被害に遭わなかったり、被害を感じない農民は、夢のような魔法の資材（農薬）を使用しないことは昔の苦労に逆戻りになる、と猛烈な反対をした。また、有機農法が病害虫の発生源になると、諍《いさか》いが多発した。また肥料や養分の不足で減収になるからと、容易に取り組まなかった。中には、有機農家が村八分にされるような葛藤もあり、訴訟問題になったものまであった。しかし、その後、付加価値がついて高く売れるようになると、取り組む者も出てきた。いずれにせよ、汚染による公害は農作物や人間だけに止まる問題ではなく、土、水、山、里、海といった環境汚染であることも明白になった。

近代農業は自然を征服し自然力を略奪し、生産力を衰退させることであった。その結果は、土中の微生物を含め多くの生き物がその犠牲となり、絶滅したものは数えきれない。地球上では毎日一〇〇種の生物が絶滅し続けているという。地球上の生物の約一七三万種には学名が付いているようだが、学名の付かぬ多くの生物も存在し、これらが共生して自然界は成り立っている。にもかかわらず、毎日一〇〇種もの生物が滅亡して行くのであれば、今後、順調な環境維持は不可能で、これを人間が科学力で回復し、再生していくことなど、絶対に不可能であることは明白である。

さて、有機農業は労力がかかり、地力が付くまでは収量は低下するし、獲れた物の外見は見劣りする。耕土が安定してくると本来の美味《うまみ》が鮮明になるが、そうなるまでの期間は経営上だけから見ると一見落第である。しかし、化学農業で被害を受け、傷病になった農家は生命の問題として敢然と有機農業に取り組み、また被害を受けた消費者もそれを求め、これを商取り引きではなく、生産と消費が両立する「提携」方式（生産者は消費者の健康を思って生産し、消費者は生産者が安心して農業ができるように支え）により、今日を迎えた。正に昌益の互性・互生の実践である。この方式が欧米に「テイケイ」として急速に普及されている。しかし日本では、停滞の状況が続いている。

世界に広がる「テイケイ」

今、世界的に、環境破壊と生物消滅・人間の健康破壊などといった危機的状況から食の内容が吟味され、農法の問題からも有機農業が身直されてきている。それを支える唯一の方法が日本で生まれた「テイケイ」で、米加ではＣＳＡ（Community Supported Agriculture、地域に支えられた農業）、欧州ではＡＭＡＰ（Associations pour le maintien d'une agriculture paysane、家族農業を維持するための会）と言う形で推進されている。平成二二年、これらを糾合した第四回のウージャンシー（ＵＲＧＥＮＣＩ、An Urban - Rural Network: Generating new forms of Exchange between Citizens）世界大会が神戸で開催され、各国からは「テイケイ」の本家である日本に大きな期待を持って関係者が来日した。

が、欧米での「テイケイ」の発展に比べ、日本の衰退傾向に大きな疑問と失望が投げかけられた。これは不思議ではなく当然で、かつて日本がパン食に飛びついたように、欧米では日本人の長寿、無肥満などは日本型食生活の野菜食にありと飛びつき、ダイエットに夢中だからである。「ジョージ・オーサワ」と呼ばれ、世界の偉人の一人として海外で知られる桜沢如一《さくらざわゆきかず》（一八九三〜一九六六）氏のマクロビオテック「玄米生食運動」は、特にフランスを始めとして欧米に浸透している。

そのため、近年は欧州でも栽培作物が大きく変わり、麦や薯、根菜や牧草に野菜栽培も加わり、注目され取り組むようになってきている。しかしこれが日本にとっては、食を昔に戻す感覚になるようで、三つ子の魂百までと言われる如く、特に学校給食経験者は、容易に日本型の食事に戻らない。

こうして見ると、こんな時代だからこそ、土活真、互性、直耕といった昌益の思想が、有機農業の思想に直結しているように思えてならない。

未来を約束　希望は農、そして有機農業

時あたかも地球規模の、いや宇宙規模の限界が示された。日本社会は、人類は、人造物質で人間の欲望は簡単に手にすることが可能だと有頂天になっていた。その最先端をいくものとして、輝いていたかに見えた原子力発電所の爆発事故は、自然神によって示されたとどめに近い警告だと言えよう。放射能汚染のみか、産業経済は軒並み窮地に陥り、失業者が溢れた。だからといって、この対策に新規の工業製品を誕生させうる可能性は絶無に等しい。むしろ、現有物の中にさえも整理、放棄しなければならない物が多くあるくらいだから。

既に製造業の限界は来ているのだ。先進国の歩んだ誤まった道を発展途上国に二度と踏ませてはならない。帰りなん、いざ。いのち生まれ、いのち満ち溢れる、故郷へ。衆人生存の根源を撃つ直耕世界へ、自然世へ。所詮、人間も自然の一部、自然の中でこそ生存持続も可能だからである。直耕による有機農業のみが持続可能なのである。平和の農を展開しよう。昌益思想を、農にも社会にも蘇えらせよう。

入会権と安藤昌益
——私的な覚え書きから

菊地文代

一　昭和の時代と菊地周と

私が生まれた昭和五年は世界大恐怖の影響を受け不景気に苦しんでいる時代でした。五人目の私の誕生は両親の重荷を更に大きくしたのかも知れません。姉の話しでは私が四歳になっても喋り出さないので随分心配をかけた様です。この頃の事を余り憶えていないので幸いですが、祖母の葬式の後、火葬のショックで引きこもりが続いた六歳の時の記憶は、今も忘れていないので、いずれ安藤昌益の医学書を読み自己診断をしたいと思っています。

病人の多い家族の中で思春期を過ごし医者をめざした事もありますが能力も経済力もともわないことを悟り、肉体労働の好きな私にふさわしいと思えた映画の裏方になろうと決めたのですが、学歴の低い私の就職には随分苦労しました。

一九四八年におきた東宝撮影所の争議の後に映画界の就職はとても難かしくなっていたのです。「来なかったのは軍艦だけ」と言われた砧撮影所に送りこまれた武装警官二〇〇〇人、アメリカ騎兵師団の兵士五〇名が戦車四台でのりこみ、その指揮官は飛行機で空から指令を出したと云われています。この現場にオルグで立ち会った今は亡き夫・菊地周は組合運動をマークされGHQ指令のレッドパージで映画会社を解雇されます。

ドキュメンタリー映画作家の亀井文夫さんは争議の指揮をとった一人でした。

一九五一年、レッドパージされた菊地周は生活のためにDP屋をはじめるかたわら、亀井文夫さんをはじめ社会派ドキュメンタリー映画のスタッフと関係を深め、「血のメーデー」「基地の子たち」の作品に参加、「世界は恐怖する」「鳩ははばたく」「ヒロシマの声」等、亀井文夫監督作品の撮影を担当しています。

一九五二年、私も幸い短編劇映画のスクリプターになり地方ロケが多いお蔭で、九州山中の農家や炭住の生活、雪深い東北の暮し等、都会では知る事の出来ない知識や経験を得ることが出来ました。

一九五八年製作開始の亀井文夫監督作品「人間みな兄弟」には企画段階から部落問題研究会の学習会に揃って参加し、差別構造の根深さに気づかされ、これまでの歴史観、世界観にきしみを感じはじめます。明治の女流作家樋口一葉が、それぞれの運命を引きうけて生きている庶民の姿を描いた「たけくらべ」の舞台、遊郭吉原界隈に生まれ、山谷の人々のくらしを身近かに思春期を過ごした私にとって人間平等への思いはごく自然の感情でしたから。

「人間みな兄弟」の撮影中に、ウスリー川の中州にある領有権をめぐる中国と当時のソ連の社会主義国同士が火花を散らす事件があり、それに衝撃をうけた亀井文夫さんは、この作品を最後に社会派としての作家活動を止めることになるのですが、この真摯な姿勢に私達は大きな影響を受け、映画「小繋」の撮影を決めました。

二　小繋事件と映画「こつなぎ」

一九五九年の結婚記念に買った一六m／m撮影機を手に、周一人が一九六〇年一月、初めて小繋にむかいました。真白い雪に覆われた小繋は、前年二月の雑誌『世界』で読んだルポタージュ「東北にある『魔の山』」の半世紀にわたる入会権をめぐる争議を想像する事の出来ない静けさだった、と云っていました。

最初にカメラにおさめたのは小繋事件の中心人物の一人山本ヨシノさんです。争議で忙しい夫清三郎さんにかわって雪山に登り、薪用の太い樹をノコギリ一本で切り出し背中にしょって山をすべりおりる姿でした。この映像に誰もが圧倒されました。子供と会社のために現地に行けない自分に私は歯ぎしりする思いでした。

周囲を山にかこまれた岩手県北部山間地の小繋は耕地が少

ないために、集落の発生と同時に地域の山に入り会っていたと考えられています。

「入会」とは、一定地域の住民が、慣習的な権利によって特定の山林・原野・漁場で建築用木材・薪材・秣・木の実や木の子（茸）・山菜・魚介等を採取することを目的に共同で使用することとです。入会の言葉は古く天文五年（一五三六）の「伊達家恩成敗式」に見られると、岩手大学の故・森嘉兵衛教授が小繋事件の早い時期に述べていたと、先のルポタージュに書かれています。

入会の慣習が広く日本各地で行われ、豊かな自然が守られて来たのではないでしょうか。太閤検地でも江戸の検地でも実測される事がなかった日本の約八割の山林は、山間地に住む人々の命綱だったでしょう。南部利直侯が山守りを申付けたいきさつは不明なのですが、この地域が名馬の産地として知られているため、幕府から南部藩に対し馬の進上を命じていたために馬の貢進は半ば恒例化しているので「牧」として守らせたのではないかと私は考えています。

後に小繋事件のひきがねになる陸軍の軍馬育成地拡張計画のために買収の申入れがあった用地こそ、この山なのです。標高三〜四百米なのと寒冷地のために、冷害による凶作・飢饉に見舞われ乍らも広大な森のくらしは、「山さいけばなんでもある」と四季を通じて山の木々や秣刈りし、木の実、山菜などを自由に採り、いろりの薪は絶やすことなく、体を暖め煮炊きし、語らい笑う日日を送っていたと思います。「飢饉がおきたら山に入れ」の言葉通り、山には凶荒に耐えて生き残った多くの植物が自生しているのです。

時代が明治に移り明治四年（一八七一）に行った地租改正にともなう山林原野官民所有権区別で、小繋地域は民有地になります。明治一〇年に地券が交付されるのですが、その際の名義に地域の人々の名前を列記せず、地頭のT氏の個人名義で発行されたのです。このことが後の小繋を苦しめます。

山に評価額がつき、軍部からの用地買収の動きと重なり山が次第に投機の対象になって行きます。地頭T氏は地券を担保に借金をしますが事業に失敗して地券は人手に渡り、後に県外の事業家T氏に買取られてしまうのです。明治四〇年小繋は入会山を失ったのです。

この経緯に気づかずに従来通りに山に入る人々を地主は暫らくの間見逃していましたが、大正四年（一九一五）の小繋の大火以後、地主K氏は山に入る事を禁じます。警官や山廻りの男を雇って時には暴力もふるう様になり、ついに住民側が「入会権確認並妨害排除請求」の裁判をおこします。

大正六年（一九一七）第一次民事訴訟です。

昭和一四年（一九三九）大審院にて敗訴。

昭和二一年第二次民事訴訟。

昭和二六年盛岡地裁にて敗訴。

昭和二八年（一九五三）、控訴を受けた仙台高裁は職権によって調停に持ちこみますが、住民側は手続きの不備と「山林一〇〇町歩（元々の入会地は二〇〇〇町歩）と現金二〇〇萬円と引換えに入会権の主張を一切しない」と云う地主側T氏の提案を受け入れず、調停は失敗しました。


入会権を生存権とする反地主派の山への入会はつづき、昭和三〇年一〇月一七日早朝、警察官一五〇人が集落を襲い森林法違反で一一人が逮捕されました。刑事事件に発展してからのくらしは裁判費用のために換金出来る米も味噌用の豆も食べず、囲炉裏の薪にも不自由する有様でした。この運動をリードして来た山本清三郎さんの家の中には冬になれば雪が降りツララも出来てしまうのですが、これを修理する木材が無いのです。目の前に大きな森が拡がっているのにです。

こうした人々の苦しみをよそに最高裁判所は昭和四一年（一九六六）一月二八日、人々の訴えをしりぞけ、全員に「有罪」の判決を下しました。長靴姿の山本清三郎さんは、最高裁に負けても山には入ると宣言し、小繋に帰ると地主賛成派とも組んで共同農業を始めます。耕す人の力強さにふれた私達も巻きこまれずにはいられませんでした。

尚、映画「こつなぎ――山を巡る百年物語」は、周亡きあとの二〇〇三年に制作を再開、小繋事件を音で記録した篠崎五六さん、写真で記録した川島浩さんのお仕事も組み入れて、監督を若手の中村一夫さんにお願いし、二〇〇九年に完成しました。そして一〇年三月の全電通会館での一般上映を皮切りに、現在、上映実行委員会を組織して、全国を巡回しています。

幸い映画「こつなぎ」は、山形国際ドキュメンタリー映画祭二〇〇九の特別招待作品として上映されたり、『キネマ旬報』第八三回ベストテンの文化記録映画部門の第二位に選ばれたり、二〇一〇年度文化庁映画賞の優秀賞を受賞したりと、周を始めとした三人のジャーナリストの思い、小繋の闘いを担い支えた人々の思いに、少しは報えたのではないかと安堵しています。

三　農のある暮らしへ

私たちの農のあるくらしへの転換がはじまります。

一九八〇年（昭和五五）、土壌微生物がつくる土の世界を描いた「根ノ国」製作。上映運動の開始。一九八三年、土と生き物達がつくる農の世界を描いた「みんな生きなければならない」を二〇年間の沈黙を破った亀井文夫さんと共同制作。

上映運動でつながった有機農家の力に支えられ乍らの畑地探し。

一九八七年二月二八日、亀井文夫さんが最後の作品「生物みなトモダチ、トリ・ムシ・サカナの子守唄」の完成と同時に逝去されました。一緒に田舎に入ろう、と云っていた亀井文夫さんを失った失意の中、一九八七年七月、三〇年以上続けて来た映像の会社を後輩の社員達に渡し『日本農書全集』と『安藤昌益全集』を抱えて伊豆の山への転居です。

山の開墾には小繋の農民、外谷長一郎さんに参加して頂きました。外谷さんとは中学生頃からのつき合いです。山育ちの農民が蓄えた技術は目をみはるばかりでした。「いりあい村」の名称で開いた農場には、農業塾やフリースクール、自然エネルギー研究グループ等が集いました。

ところが開設と同時期に国会では中曽根構想の「総合保養地域整備法」通称リゾート法が成立し、日本全国に二〇〇〇件のリゾート開発が猛威をふるい「いりあい村」周辺に三ヶ所の計画がある事がわかりました。開発の対象が全国に残っている山林入会地である事がわかれば反対せざるを得ません。晴耕雨読の生活は遠のきました。

自治体交渉と六法全書との格闘の一〇年間は、安藤昌益の本を読むことはおろか畑仕事もおぼつかない毎日でした。

バブルがはじけるとリゾート企業は計画を放り出す様に引き上げて行きましたがリゾート誘致派と反対派の間にはここでも溝が残りました。又しても課題が残りました。

こうした問題を解くカギを求めて、二〇〇〇年一〇月、安藤昌益ゆかりの地を訪ねる八戸の旅に、途中参加の我儘を許して頂き初めて会の皆様にお会いする事が出来ましたが、基礎知識が皆無の私達は質問や発言もせずご迷惑をおかけするばかりでした。当時、菊地周はリンパ腫と白血病をかかえており、二〇〇二年春に他界するまでの短い間、『全集』の目次を見るのが勢一杯だったようです。

私達は一九八七年以来の山小屋生活で得た体験を通して、安藤昌益が『全集』第二巻の九九頁で述べている「自然の世の論」を理解すると「入会」の見え方も変っていることに気づき、小繋事件の映画を作る前に「自然真営道」の勉強をしておかなかったことが悔まれます。

二〇〇七、八年の頃か、と記憶しているのですが、私の姪から安藤昌益の会の添田さんがお会いしたいそうです、との連絡を受けお会いする事になりました。添田さんはいりあい村に泊った際に『全集』に気づかれ、何故昌益なのか、誰が読むのか等お聞きになりたい事があったのでしょうが、瞬間私の口から飛び出した言葉が「あれ、中身入ってないんですよ」。

その場にどんな空気が走ったのか思い出せないのですが、『全集』を持って山に入ってい乍ら唯の一度も開いていないと云う野暮な弁解等が通らないのではないかとの気持ちがありましたのと、色々と話しかけて頂いても安藤昌益についてお答も出来ない当惑が、あの様な失礼となりました。此の場をお借りしてお詫び申上げさせて頂きます。本当にごめんなさいませ。

そしてお許し下さいますなら五年程のお時間を下さい。暫らくの間「私法世物語巻」の動物達の会話に耳をかたむけてみたいと思っています。私自身の脳のゆがみ具合を確かめるためには精神病論を読む必要がある様に自覚しております。今の世の絶望をかわすための論を安藤昌益は指し示している筈ですから、探求する皆様と共にあり度いと思います。

四　安藤昌益

安藤昌益の生誕地、羽州秋田比内二井田村、今は秋田県大館市二井田贄の里（贄とは朝廷または神などに奉る土地の産物。特に食用となる鳥や魚。『三省堂新国語辞典』による）。昌益の住居近くを流れる犀川には阿仁のマタギが熊狩りをした豊かな森の水がそそぎ多くの川魚が棲んでいるのでしょう。

その二井田は、小繋から北傾斜二〇度で西に直線を引いてみると約六〇粁。瀬戸内寂聴が管長になり有名になった浄法寺、日本有数の鉱山地帯から紅葉の絶景八幡平を抜けたところにあります。昭和三〇年代から約五〇年、映画の撮影のため情報の聞きとりで走りまわっていた頃を思い出してみると二井田が知古の里の様に身近かに感じられ、どこかで昌益さんや亭吉さんとすれちがっていたのではないかと、空想がひろがります。

小繋の人の話では、「ここにも安藤昌益と云う人は来たことがあるらしいよ」、と。えっ！と。それ以上の話しを聞き出すことが出来なかったのですが……。

昌益は、『自然の世の論』で「真に転定の万物生の耕道と、人倫直耕の十穀生ずると与に行われて、無始無終に転定・人倫一和なり。転定も自り然るなり」（『全集』第二巻九九頁）と説く如く、山の人々も植物も天地の営みに調和し生き続けて来たのではないでしょうか。

大化の改新以後、租税の徴収のために行った班田収授の法、三世一身の法等により土地の私有化がすすみ農民社会に格差が出来てしまい、その後の新田開発では権力者の力を強化するばかりではなく自然破壊まですすんでしまい、これによって田畑が荒廃すると云う悪循環は現代社会そっくりです。

「聖人は不耕にして衆人の直耕・転業の穀を貪食し、口説を以て直耕・転業の転子なる衆人を誑かし、自然の転下を盗み、上に立ちて王と号す」（『全集』第八巻一〇九頁）とか、八戸で寛延の飢饉を体験した昌益の「天災は天災に非ず、人災なり」の断言は、医者として苦しむ人を看る鋭い観察する目と暖かい心が発する憤りの言葉として受取りたいと思います。

小繋の理不尽な入会事件も法の世の人災です。

宮沢賢治は昭和六年一一月三日の「雨ニモマケズ」手帳に

・・・・・・・・・・・・・・・・・・・
北ニケンカヤソショウガアレバ
ツマラナイカラヤメロトイイ
・・・・・・・・・・・・・・・・・・

の言葉を記しているのです。多分、小繋の裁判を苦にして書いた事だろうと思うのです。

判決を受けた村人は「最高裁に負けたからといって小繋山に入会うことを止めることは出来ない。入会をやめるのは農民として生きることを放棄するに等しい」と語っています。また、弁護士・戒能通孝は闘いを余儀なくされてきた人々に「失うべきでないものを失わないこと。そこに人間性の出発点がある」と述べています。

刑事裁判時代に朝日新聞盛岡支局のK記者は、聞きとりのため各家々を訪問しての印象を、「訴えられて裁判を闘っている女性たちが、みんな明るく生き生きしているのに、地主側の家では女性の存在がみえにくかった」と言うのです。たたかうなかで男女平等の関係が確立されたのではないかと考えます。

一五歳の敗戦の日、学徒動員で通っていた疎開先の工場を囲む田甫の稲穂は夏の光をうけて緑に輝いていました。天皇の玉音放送を聞いた重くるしい感情にも光がさし、その時、私の身体の奥深くに土への芽生えが始まったように思います。そして小繋事件に出会い、今、安藤昌益の「自然真営道」に学び始めています。

「何をもってか、転下、乱無く、国家、盗賊を絶たん」と再度問う仙確に対して、確信ある答を与えなかった昌益の思索の深さに学び乍ら、土活真への実践を忘れない様に、日々を生きようと思います。

　映画「こつなぎ」にもあったように、山本清三郎さんは言っています。「入り会いはやってきている。これは小繋に限ったことではなく、世界全部がそうでしょう。土が自然にできているし、山でも川でも地球の一部でしかないでしょう。これが誰のものというのが変なんですよ。我々は地球の子供なんだから。人間をどうする。生かすも殺すも、それを自由にできるのは、この自然しかないでしょう。地球があって、始めて我々が生きていけるわけだから」と。

　この言葉は、まさに安藤昌益の言葉そのままです。昨年三月一一日の災禍を受けて、私たちは今一度、この清三郎さんの言葉を噛みしめてみるべきではないでしょうか。

「資源のない国」から「自然豊かな国」へ
——安藤昌益に学ぶ

中瀬勝義

一　はじめに

二〇一一年三月一一日の東日本大震災は日本の痛みだけではなく、世界の人々に大きな教訓を与えたのではないだろうか。自然の脅威を乗り越え、豊かな生活を勝ち取ってきたと思っていた現代文明が、今回のようなあまりにも大きな自然災害には全く力不足だということを知らされた。石油や原子力、電気を活用した、便利な文明社会も根幹が揺らぎ、今までの文明を抜本的に見直さざるを得ない状況におかれている。

資源の少ない日本は明治維新後、欧米に追い付け追い越せと遮二無二走り続けてきた。特に第二次世界大戦の敗戦以降、辛い農林水産業から皆が豊かになれる生産性の高い工業・貿易立国になろうと政府がリードし、企業と国民みんなで努力してきた。それは外国の安い資源を大量に購入し、良い商品を製造し、付加価値をつけて高く販売できたために可能であった。一時はジャパン・アズ・ナンバーワンと言われ、世界一と感じられる時期もあったが、そのバブルがはじけ、その後の経済不況は二〇年以上も続いている。その間に韓国や中国、インドをはじめ世界各国の工業化が進展し、日本の工業シェアは減少し始めている。そのため、従来のビジネスモデルや企業の在り方は継続が困難で、抜本的な国の在り方の転換が不可避となっている。

これからの日本は、欧米のように自然に立ち向かうのではなく、昔から行ってきた人間と自然が共生する文化に戻る必要がある。その意味で、江戸時代中期の「いのちの思想家・安藤昌益」が希求した平和で「平等な社会」、「直耕」などが重要なキーワードである。

二　世界の一人当たりのＧＤＰと「平等な社会」

安藤昌益は「天下に人は唯一人なり。唯一人の人たるに、誰を以って上君となし、下臣と為し、然ることを為して王と為し民と為さんや。……この一人に於いて誰を治めんや。王政を為さんや」（『統道真伝』）、即ち「人間には上下の差別はなく、すべて交互性をもっていて、両者の差別はない」として、「平等な社会」を説いている。その意味で最初に、世界における一人当たりのＧＤＰを見てみたい。国際通貨基金（ＩＭＦ）の二〇一一年の統計によると、ルクセンブルクが世界一位で、カタール、ノルウェー、スイス、アラブ首長国連邦の順となっている。日本は世界第一八位で、近年急成長の中国は世界八九位、インドは一三八位である。その中身を見るとルクセンブルク九〇八万円、アメリカ三八七万円、日本三六七万円、中国四三万円、インド一一万円、一八一位のコンゴ一・七万円と大変大きな差が見られる。世界の中では日本は大変裕福な国であり、中国が中間位に近く、インドは正にこれから発展すべき国ということになる。安藤昌益の平等な社会の考えに学ぶならば、豊かな国が生産を減らすか、少ない国が生産を増やすことが望ましいと考察される（ここでは一米ドル＝八〇円として換算した）。

一方、国の幸福度を測る指標にブータン国王提唱のＧＮＨ（Gross National Happiness）がある。一般的にはお金や経済の成長と幸福度は正の相関があるとみられているが、物質的、経済的ではなく、精神的な豊かさや幸福を求めようとする考え方である。イギリスのレスター大学の社会心理学者エードリアン・ホワイト氏が、全世界約八万人の人々に聞き取り調査等を行うとともに、各種国際機関（ユネスコ、ＣＩＡ、ＷＨＯなど）の発表済みレポート（一〇〇種以上）のデータを分析して行った「ＧＮＨランキング」によると、デンマークが世界一幸福な国とされ、ブータンは八位になっている。日本は九〇位で、中国は八〇位、インドは一二五位で、ＧＤＰではブータンは世界八八位でしかないが、ＧＮＨでは世界八位ということになる。ＧＤＰ中心の評価の尺度が今後は転換していくのではないかと推察される。安藤昌益は江戸時代の封建制度の中にあって、国内の格差について根本的な批判を

単位：万円

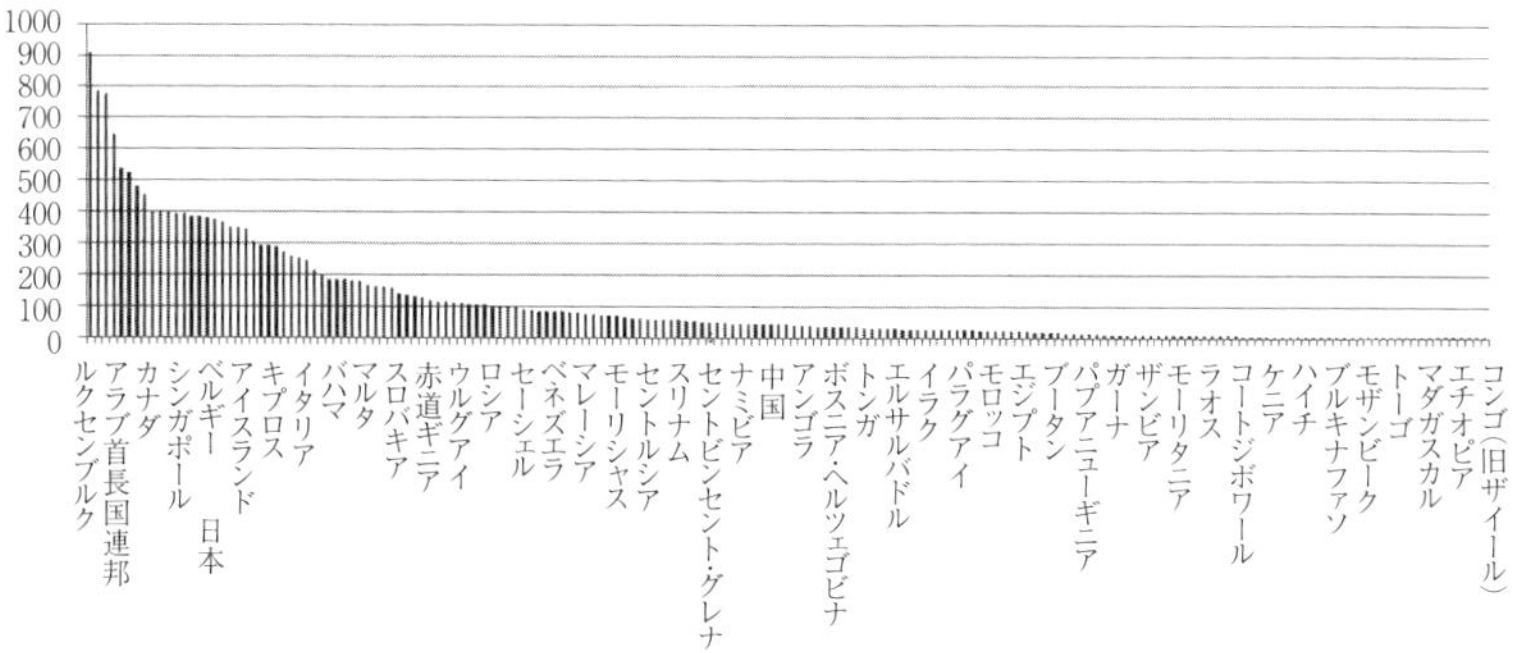

図1　一人当たりのＧＤＰの国別比較
（ＩＭＦ統計値2011年より作成）

しているが、それ以前の問題として、現在の世界的な格差について留意する必要がある。

　ところで、江戸時代の日本で、安藤昌益ほど徹底して平等な社会、男女の平等を唱えた人物がほかにはいないが、平等論者・昌益という規定は昌益の人間観にあっては一面的とのそしりを免れないと石渡博明は指摘している。昌益は、全体と個、共通と差違、普遍性と多様性は、一つのものの二側面であり、二別一真、互性活真こそが自然にかなったものとしている。すべての人が同じ体つき、同じ顔立ち、同じ心持では、すべてが同じで見分けがつかず、世界が成り立たないとまで言っている。また、男女の平等についても機械的・画一的な平等ではなく、男女の肉体的な違い、性差を認めた上での男女平等であり、「男は耕し、女は織る」は、医師・昌益が男女差を踏まえての言葉である。それは個性を認めた上で、平等な社会が大切ということである。

三　食料自給率と「直耕」

安藤昌益は著書『統道真伝』に、「耕さずして貪り食ふわ、転地（天地）の真道を盗む大罪人なり。評を下すに足らず。聖釈・学者・大賢と雖も、盗人は乃ち賊人なり」として、自らで耕さない「不耕貪食」の輩を批判し、農民を最も重視した。その根本は食料の自給である。

　一人ひとりの食料自給率も課題であるが、最初に世界の中での日本の食料自給率に注目したい。農林水産省の統計によるとカロリーベースでみると日本は先進国の中でかなり特異な状況にある。一九六一年～二〇〇六年、アメリカやフランスは一二〇～一四〇％と高いのに対し、イギリスやドイツは六〇～一〇〇％で推移している。それに引き替え、日本は一九六一年には欧米と比較的近い八〇％もあった食料自給率が徐々に減少し、一九九五年以降は約四〇％で推移している。これは明治以降、富国強兵を目指し、工業・貿易立国を国策として進め、生産性の低い農林水産業から生産性の高い工業に特化して、豊かな国民生活を求めて来たためである。

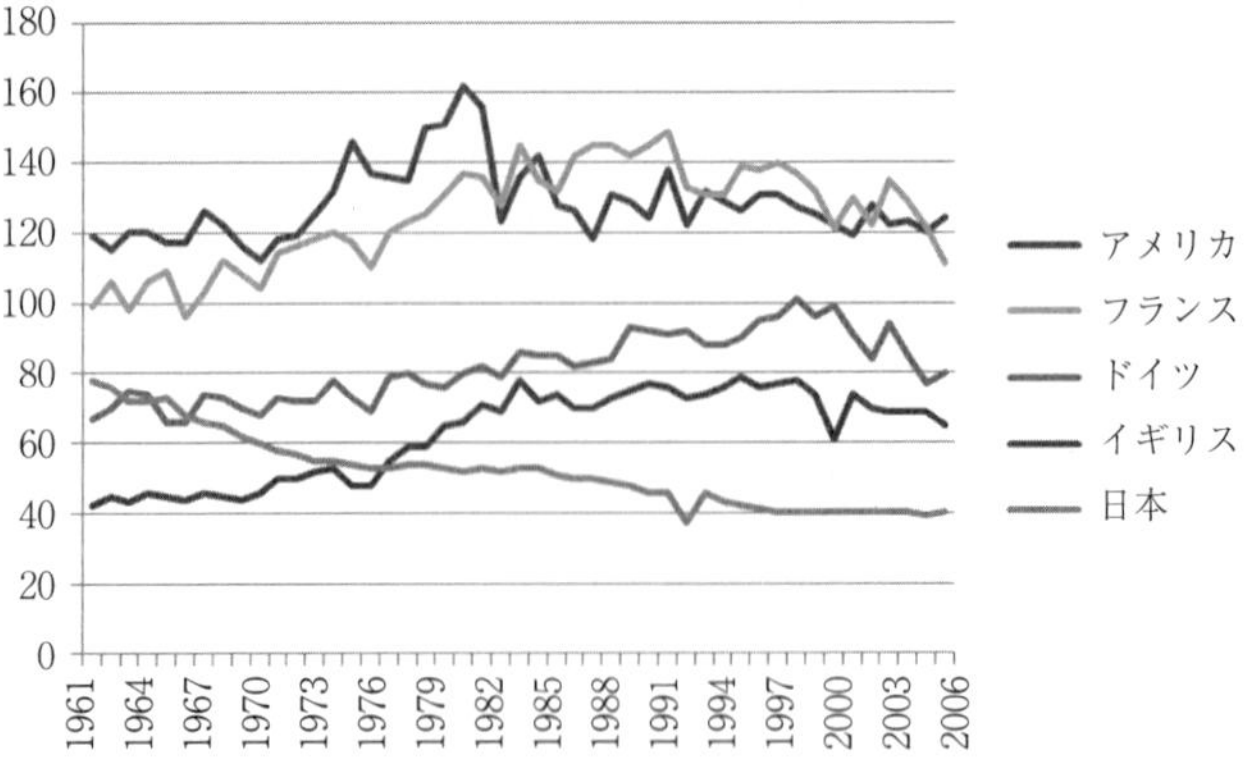

図2　主な国の食料自給率の推移
（農林水産省統計2011年より作成）

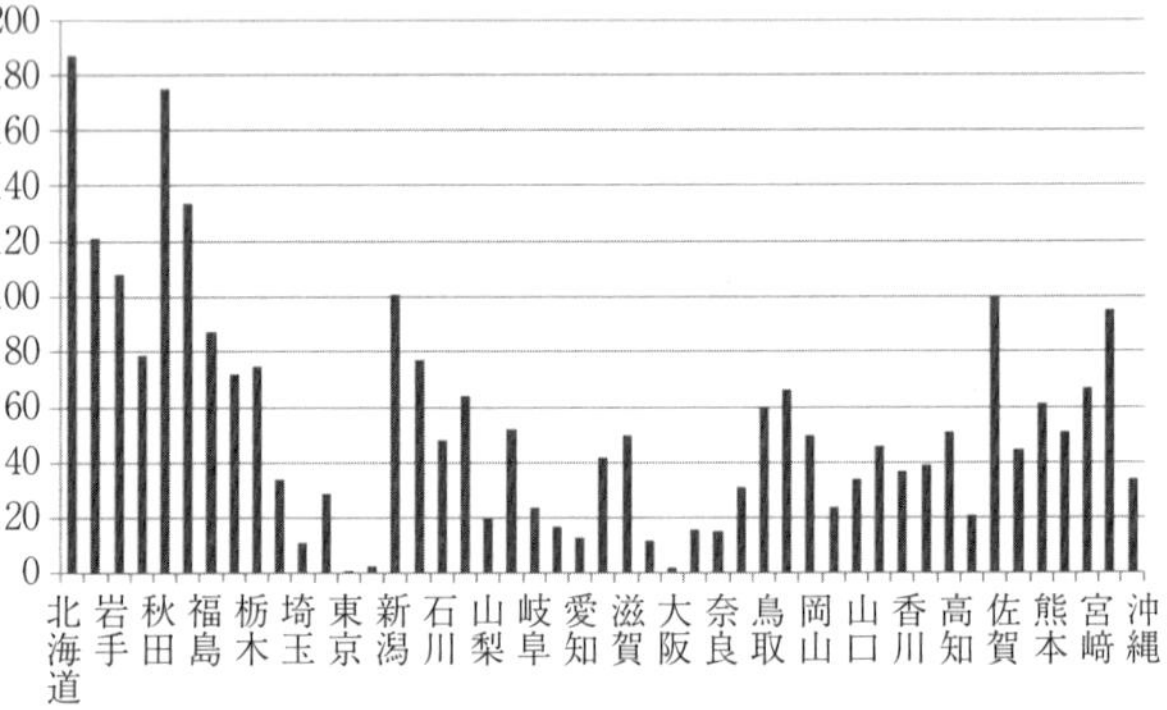

図3　都道府県別の食糧自給率
（農林水産省　平成23年度自給率レポートより）

　次に、日本の県別食糧自給率に注目すると、北海道や東北地方を除くと県別食糧自給率は驚くほど低いことが知られる。東京や大阪では一～二％でしかない。安藤昌益の視点から見ると、大都市の人々は「不耕貪食」の輩となり、日本ではわずかに北海道と東北の人々が直耕を達成しているに過ぎないことになる。

　最後に一人ひとりの食料自給率について見てみたいが、適当な資料がないので、産業別就業者数の推移で検討したい。一九五三（昭和二八）年には一番多かったのは第一次産業就

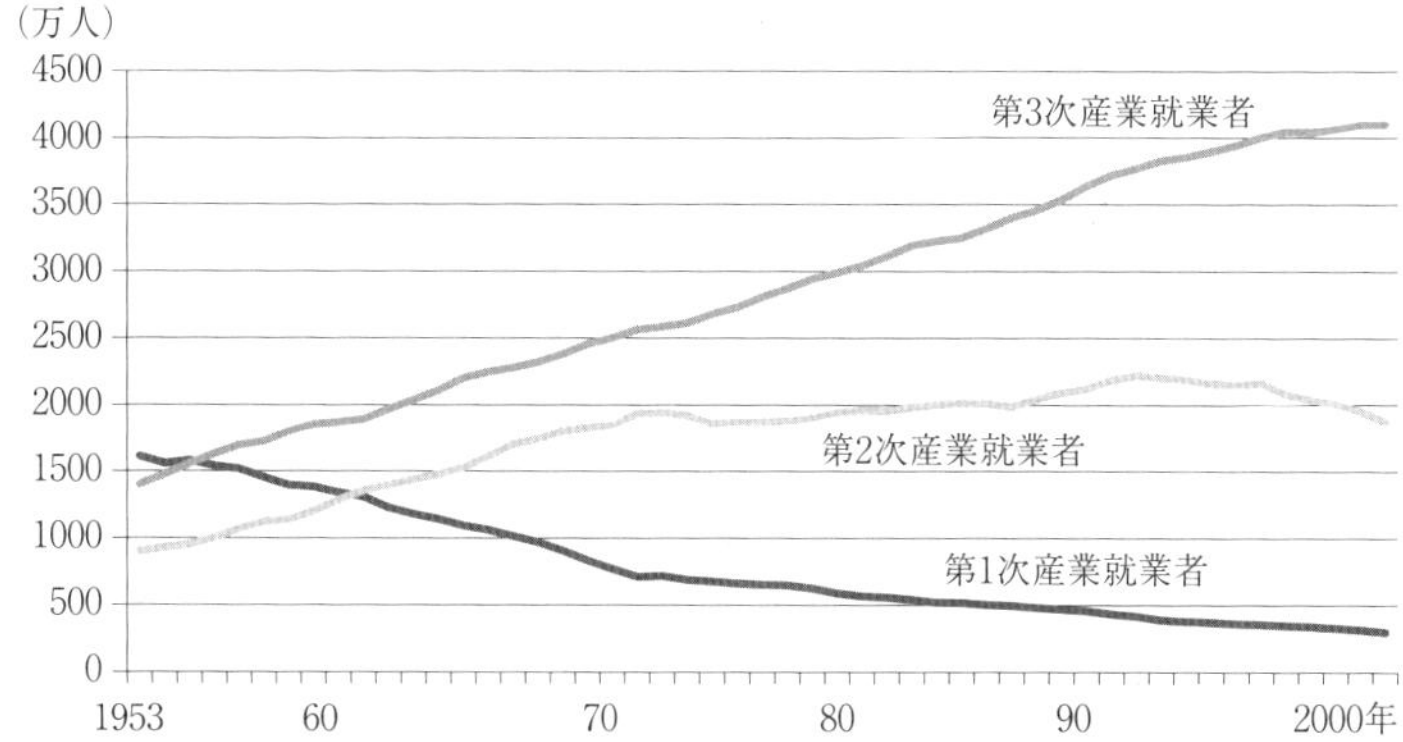

図4　産業別就業者の推移
(厚生労働省　労働調査より作成)

業者、次は第三次産業就業者、そして第二次産業就業者となっている。この関係は一九五六年には第三次産業、第一次産業、第二次産業へと変化し、一九六二年以降は第三次産業、第二次産業、第一次産業となっている。安藤昌益が最も大切に思っていた農林水産業である第一次産業就業者数は一九七五年頃までに急減し、その後は減少傾向が小さくなるものの一貫して減少を続け、今では第一次産業の就業者は国民の五%と少なくなっている。安藤昌益の「直耕」の視点からは国民の五%しか「直耕」を実践できていない現状である。

四　「資源のない国」日本では、工業を中心とした国づくりは最早不可能である

資源の少ない日本は、外国から資源を購入し、良い製品をつくり、付加価値を高めて外国に販売することで国が成り立ってきた工業貿易立国である。今までは、生産性の低い農林水産業から生産性の高い工業に労働力を集中、特化した国づくりを推進してきた。しかし、中国、インド、ブラジルをはじめ世界各国が工業化を推進している現在では、世界の産業構造が大きく変化し、日本のビジネスモデルは最早不可能になってきている。産業の基礎素材であるとともに、国力の評価尺度にもなる粗鋼の国別生産量に注目すると、表1のように二〇〇六年から二〇一〇年の五年間で中国は生産量を五割アップし、日本の六倍、世界で断トツである。その他にも途上国のインド、韓国、ブラジルが急成長しており、逆に日本やアメリカは減少傾向で、世界の工業生産状況は大きく変

表1　粗鋼生産量の推移

（百万トン）

国名	2006年	2010年
中国	422.7	626.7
日本	116.2	109.6
アメリカ	98.6	80.6
ロシア	70.8	67.0
インド	44.0	66.8
韓国	48.5	58.5
ドイツ	47.2	43.8
ウクライナ	40.9	33.6
ブラジル	30.9	32.8
トルコ	23.3	29.0

（国際鉄鋼協会の統計2011より）

化している。

　また、二〇一〇年の世界の自動車生産国別比較に注目すると中国が世界第一位、日本が二位、アメリカが三位、四位以下はドイツ、韓国、ブラジル、インドである。二〇〇八年の生産台数と比較すると中国、インド、ブラジルの成長が大きく、逆にアメリカ、日本、ドイツの後退が明らかになっている。

　自動車は人類始まって以来の最大の発明とも言われ、誰もが乗りやすく、非常に便利で、生活を豊かにし、広範な開発に有効に働いてきた。日本においても自動車産業は際立って一人勝ちの状態だったが、自動車王国だったアメリカの自動車会社GMがトヨタに追い付かれたように、今では中国が日本を追い越している。

　このことは従来日本が世界から安い資源を購入し、付加価値の高い製品をつくり、高く売れた時代の終焉を推察させるもので、工業が安い人件費の国へ移転していることを示している。さらに、途上国のGDPが上がり、人々の生活レベルが向上すると、よりよい生活を求めて自国の資源を自国で消費する傾向が高くなるとともに、世界的な資源戦争をもたら

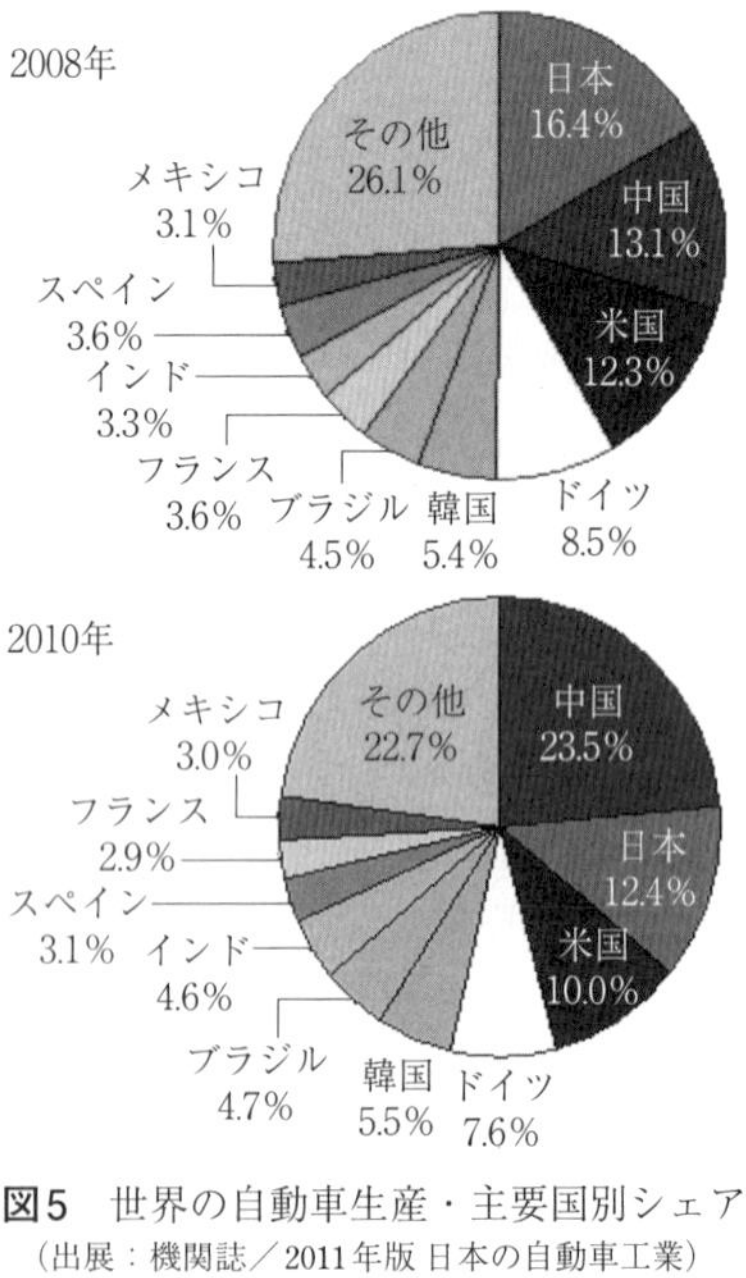

図5　世界の自動車生産・主要国別シェア
（出展：機関誌／2011年版 日本の自動車工業）

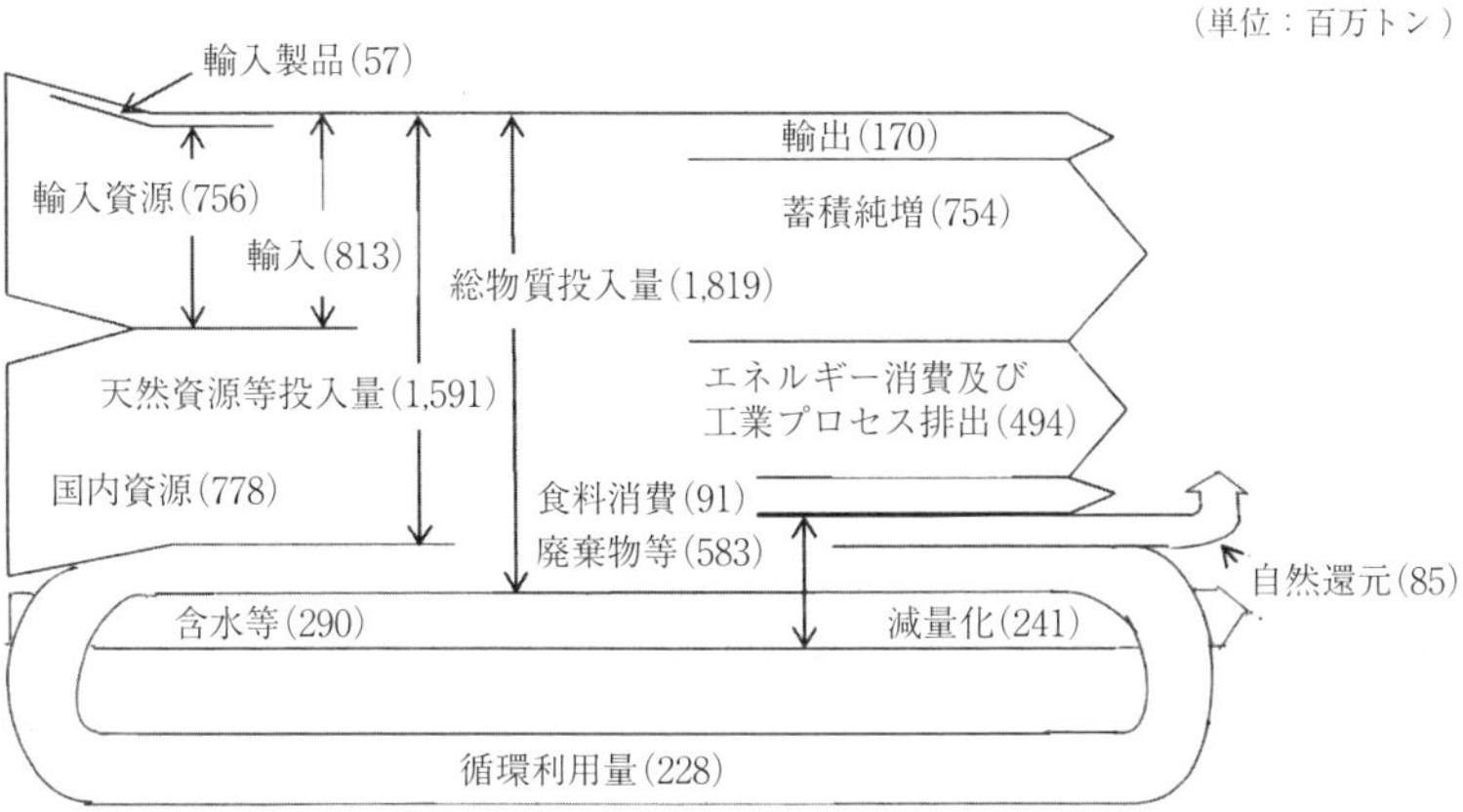

図6　我が国の物質フロー（2006年）
（環境省「環境白書」より作成）

し、資源のない日本が今後とも安い資源を国外から購入し続けることは不可能であることが推察され、抜本的な省資源・省エネルギーが不可欠である。

因みに環境省の「我が国の物質フロー」によると日本の年間利用資源は、一五・九億トンで、輸入資源が七・六億トン、国内資源が七・八億トンで、利用資源の五〇%弱は国外からの輸入に頼っていることが示されている。その資源から輸出一・七億トン、蓄積純増七・五億トン、エネルギー消費及び工業プロセス排出四・九億トン、食料消費〇・九億トン、廃棄物等五・八億トンが生まれていることになる。輸入資源が利用資源の略五〇%もあることに驚かざるを得ない。その上、エネルギー消費及び工業プロセス排出量が四・九億トン、廃棄物等が五・八億トンもあることに留意する必要がある。

表2　世界のエネルギー資源

資源	採掘寿命
石油	41年
天然ガス	67年
石炭	192年
ウラン	85年

（資源エネルギー庁統計より）

また、世界のエネルギー資源の採掘寿命は資源エネルギー庁によると、石油が四一年、天然ガスが六七年、石炭が一九二年、ウランが八五年と短いことが言われている。

そのことは、従来のような外国の資源に依存した日本の国の在り方、ライフスタイルは最早ありえないということを意味している。

東條榮喜氏によると、昌益は農耕と両立する「工」は肯定するが、鉱山開発の「鉱工業」は明確に否定し、環境汚染や人命の点から鉱山開発・鉱工業に対する批判的糾弾的態度は、極めて明確で、河川鉱害（垂れ流し）・大気汚染・人体鉱毒病その他の悪循環の拡大が指摘されている。鉱工業からの資源によって成立する工業については基本的に昌益の視点で見ると問題点の多いものであり、危険な産業である。日本のこれまでの歴史の中で、足尾銅山をはじめとした鉱毒事件、近年の四大公害事件をはじめとした各地の公害問題などは克服し、環境改善がなされてきたと言われているが、今回の福島原子力発電所の大事故によって問題が上手く解決してこなかったことを改めて思い知らされている。

福島第一原発事故は今までの最大レベルと言われてきたチェルノブイリ事故を超す大事故であることが判明しつつある。原発は「エネルギー危機」を理由に推進されてきたが、この「危機」は、エネルギー資源の枯渇の危機ではなく、石油の浪費の上に成り立ってきた経済や社会の仕組みの危機であり、欲望を刺激し続け、豊かな生活を求めさせてきた国や企業の在り方やライフスタイルを抜本的に転換しなければならないことを意味している。

五　これからの都市や国の在り方

安藤昌益は環境の問題でも先進的な視点を持っていたと言われている。ここでは健康・環境・資源の問題を中心にこれからの都市や国の在り方を検討してみたい。

(1) 自動車から自転車へ

ブッシュ米大統領が「アメリカ人は石油中毒」と言ったように、アメリカは自動車なしではありえない国になってしまっている。そのためにアメリカは貿易赤字になるとともに、運動しないために生活習慣病による医療費支出が拡大した。それを反省し、石油を消費しない、運動不足が解消される自転車の活用を国家戦略として展開している。

自転車は持続可能社会の優等生と言われ、ヨーロッパでも国家戦略として自転車活用が推進されている。アメリカが自転車活用に取り組む大きな動機は石油輸入による貿易赤字と九〇兆円とも言われる医療費の削減を目指しているためである。

① 車依存生活――石油大量消費－貿易赤字拡大
⇩自転車活用－石油輸入削減
② 運動しない生活――生活習慣病－医療費支出拡大
⇩自転車活用－健康対策費削減

アメリカと同様に日本でも近年は自動車に依存し、特に地方では自動車なしでは生活ができないまでになっている。しかし、石油資源は今後四〇年しかないとも言われており、抜本的な自動車依存ライフスタイルからの転換が求められている。

ヨーロッパでは自転車専用路線を設け、市民が自動車の活用から便利な自転車活用に転換するための仕組みづくりが進んでおり、日本でも自転車活用の仕組みづくりが望まれる。

自動車から自転車に転換するメリットは以下のように大きい。

① 自転車は少ない資源で製造できる。
② 運転するのに燃料がいらない。
③ 排気ガスや騒音などの公害がない。
④ 駐車場のスペースが少なくて済む。
⑤ 運動不足が解消され健康になる。
⑥ 観光などの便利なツールである。

自動車を製造するには大量の資源とエネルギーが必要になる。特に資源の少ない日本においてはその資源は輸入に頼らざるを得ないことから問題は大きい。さらに石油燃料を消費しないこと、環境汚染をしない等と効果的である。そして、運動不足が解消され、買い物や観光などにも有効である。自動車を使う生活から燃料の必要ない自転車活用の生活に徐々に転換できるならば世界の資源はより長持ちできるようになるとともに、環境問題の最大の原因が削減されると考察される。また、地方においては自動車のない生活が成り立たないとの意見があるが、昔のような御用聞きや訪問販売を再生すれば、自らがマイカーで買いに出かけなくとも必要品が入手可能となり、その問題は解決できる。

(2) 家庭菜園・屋上菜園のすすめ

都市の大きな環境問題にゴミ問題がある。ゴミの約三〇％は生ゴミとも言われ、生ごみの削減は重要な課題である。著者は家の屋上に約一〇〇個のプランターによる家庭菜園を行い、生ゴミを堆肥化し、土として、肥料として活用し、自宅

からは生ゴミを出さないエコライフを二〇年近く実践してきた。屋上に降る雨水も活用し、夏の厳しい時期を除いて水道水は使わなくても済んでいる。夏は一か月に一〇キロ前後収穫ができ、寒い冬には一キロ前後しかないが、食料自給率にはかなり貢献している。

　このエコライフを、国を挙げて実践したキューバを紹介した吉田太郎によると「ソ連圏の崩壊と一九五九年の革命以来続いているアメリカの経済封鎖というダブルパンチで、石油、食糧、農業、化学肥料を始め、トラックから、石鹸のような日常品にいたるまで、何もかも途絶するという非常事態に直面した。キューバは農業国でありながら、砂糖やコーヒーと言った換金作物を輸出して、米や小麦を輸入するという国際分業路線に乗ってきたことから、日本と同じように、国内食料自給率は四〇%そこそこで、一歩舵を誤れば、大量の餓死者を出しかねない危機的状況下で、ハバナ市民が選択したのは、首都を耕すという非常手段である。それも農薬や化学肥料もなしである。そして全くのゼロからスタートした都市農業が一〇年を経て、結果として一人の餓死者も出すことなく、かつ、二二〇万人を超す都市が、有機農業で野菜を完全自給することに成功したのである。市全体では、家庭菜園、個人農家、協同組合農場、自給農場など八〇〇〇を超す都市農場や菜園があり、三万人以上の市民が耕している」と報告している。

　未曽有の経済封鎖の中でなされた世にも不思議な物語がキューバで起こったということである。この経験は終戦直後の日本そのものと言ってもいい。敗戦によって大変な苦労を強いられたわけだが、資源がなくても国民は独自のライフスタイルを編み出し、何とか生きていくことができる能力を持っている。豊かな生活・経済が継続しただけでその真髄を忘れてしまうほど人間は愚かではない。資源やエネルギーが不足するという若干の不自由があっても、時間をかけて工夫していけば「環境と調和した社会」へ転換することは可能だということではないだろうか。

家庭菜園等は世界的にも広がっており、ドイツでは市民農園（クラインガルテン）が発達し、その収穫量は市民の消費量の1/3にも達していると聞いている。フランスなども同様で、長期のバカンスには農村に家族ぐるみで入り、休息や観光とともに農的生活を行い野菜を収穫している。こんなライフスタイルをこれからの日本も抜本的に行うような国の在り方に転換することが望まれる。現在日本の休耕地や耕作放棄地の面積は三八・六万haと耕作地面積の約八％、国土面積の約一％、国民一人当たり一〇坪に相当し、この休耕地や耕作放棄地を家庭菜園に活用できるとドイツに匹敵する市民農園の可能性があり、食料自給率はかなり向上することが可能である。また、自然農法創始者・福岡正信氏によると一反で家族五人位は食べられ、日本の耕地面積は四五九万ha（農林省統計、ピークは昭和三六年の六〇九万ha）なので、単純計算すると約二億人分にもなる。農業人口減少等課題は山積だが、今後の政策次第で食糧自給率一〇〇％も夢ではない。

六　「資源のない国」から「自然豊かな国」へ

前節でみられたように戦後の日本は外国の資源に依存した生活を展開してきた。しかし、それらの資源も有限であることから抜本的な国の在り方やライフスタイルを転換する必要がある。幸い日本は江戸時代には鎖国という外国との関係を閉じて、国内の資源のみで生活してきた経験がある。当時の都市部の下肥と近郊野菜・農産物のリサイクルの資源循環型ライフスタイルは高く評価され、世界で最も清潔な都市と言われている。ある意味その時代に戻るならば外国の資源に依存しない国の在り方が可能である。そんなことは急にはできるものではないが、徐々に転換していくことは可能ではないだろうか。

都市鳥研究家の唐沢孝一氏は、「江戸時代、浅草の浅草寺にはコウノトリが繁殖し、本所・向島の湿地帯にはトキやツル、シギの仲間などが数多く生息するなど、江戸の町とその周辺は野鳥天国さながらだった」と語っている。しかし、昭和三五年まで東京湾は広大なアサクサノリ漁場が広がっていたが、高度経済成長期に大部分の浅瀬が埋め立てられた。現

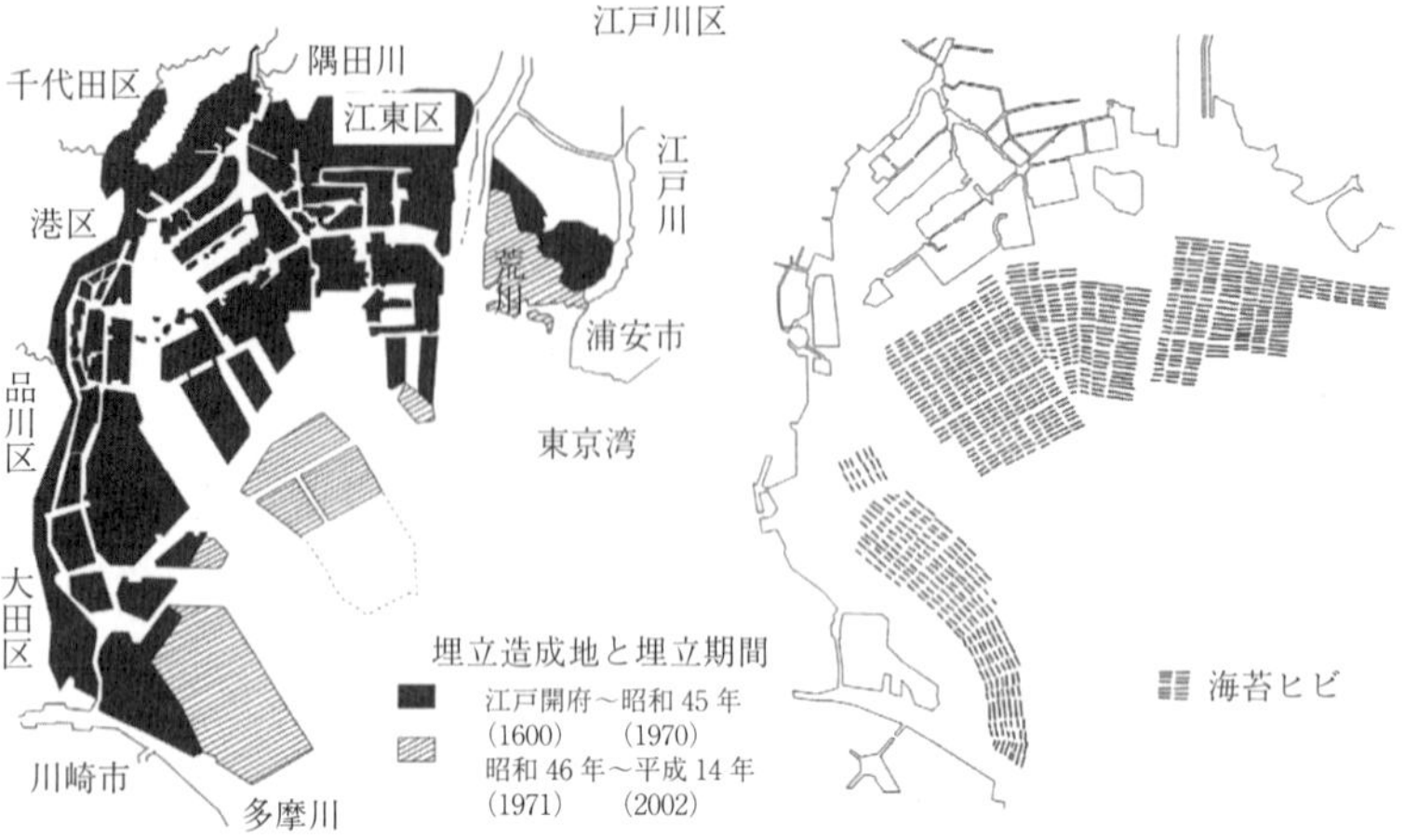

図7　東京臨海部における埋立地造成の歴史　　海苔漁場俯瞰図(1960年)

在も東京都民や周辺市民の出すゴミで、毎年一平方キロメートル以上もの土地が生まれているが、可能な限り外国の資源に依存しない国づくりに転換し、縮小していきたい。

一度失った自然を元に戻すことは大変だが、最近川がきれいになり、鳥や魚が戻りだしていること等を考えると素晴らしかった自然を回復することは可能ではないだろうか。東京湾のアサクサノリなどの再生を行うことができれば、東京湾をはじめとして再び「自然豊かな国」を再生することが可能となる。最近、野田市を中心に「コウノトリと共生するまちづくり」プロジェクトが始まった。兵庫県豊岡市で成功した「コウノトリ復活プロジェクト」に学び、コウノトリの餌となるカエルやドジョウや小魚などの小動物が生息できる冬水たんぼ、有機農業・小農薬農業に転換しようとした動きが関東自治体の連携で始まっている。

それは「資源のない国」から「自然豊かな国」への大きな転換を意味する胎動である。近代科学技術に基づく科学技術一辺倒の国の在り方から、古来日本が得意とする「自然と人の共生社会」づくり、安藤昌益が指摘する「法世」から「自然世」への転換の試みが始まったということではないかと期待される。幸い日本には国土の廻りに世界でも六番目に広い、広大な排他的経済水域（ＥＥＺ）が広がっている。最近、この海域の海底金属資源等を活用する「海洋立国」が叫ばれているが、安藤昌益に学び、海底資源等の開発ではない、環境に優しい海の利用としてマリンレジャーや海洋観光を提案したい。江戸時代以前の日本は、海を通じて南蛮地域を中心に諸外国との関係も深く、山田長政の活躍に代表されるような海洋国家だったとも言われている。そんな時代の復活・再生を夢見たい。

昭和三〇年代後半からの高度経済成長時に、「新産業都市計画」として、全国各地に工業地帯をつくる計画が発表され、造成工事が始まった。既にあった京浜、中京、阪神などの工業地帯にならって開発を進めれば、各地に生産基地ができるという構想であったが、その一四地点はほとんど全て失敗に終わり、港湾施設の他、発電所や石油備蓄基地以外、手のつかない広大な空き地が広がっている。これらの海岸に面した未利用地域を海洋観光基地に活用する可能性が期待される。広大な未利用地を自然豊かな生物多様性保全地域・自然再生地域にするとともに、海洋観光のセンターとして、船遊びやマリンスポーツ、マリンレジャー、レクリエーションセンター、宿泊施設等の関連施設に活用することである。建設が途中放棄された港湾施設を観光等の多機能に転換活用し、海洋観光立国の目玉にしたい。幸いこれらの地域の交通アクセスは地方都市に近いことなどから新しいアクセスを建設しなくても有望な地域が多い。高速道路ルートや新幹線ルートにも接続しやすい地点も多い。それらの地域は長い間放置され周辺人口も減少し、農林水産業も衰退しかけているところが多い。それら地域の活性化は重要な課題であり、これからの日本の優先課題でもある。

また、日本は、海岸線の総延長が三四、七〇〇㎞にも達する海洋国家である。この海岸に、約三〇〇〇か所もの漁港が建設されていることはあまり知られていない。これらの各地に広がり存在している漁港の多くは水産業の減衰傾向と水産業者の高齢化・後継者不足で衰退し、その活用度は大変小さい。また、水産行政の中で建設された漁港は他の目的での活用が難しい状況にあり、漁港を抱える漁協や漁村の経営衰退は重要な課題となっている。幸い、二〇〇一年に改訂された水産基本法には、「水産業・漁村の多面的機能」が加わり、農業や水産業がもつ多面的な機能として、経済活動主体が複数の生産物を産出し、一度にいくつもの社会的な要請に貢献

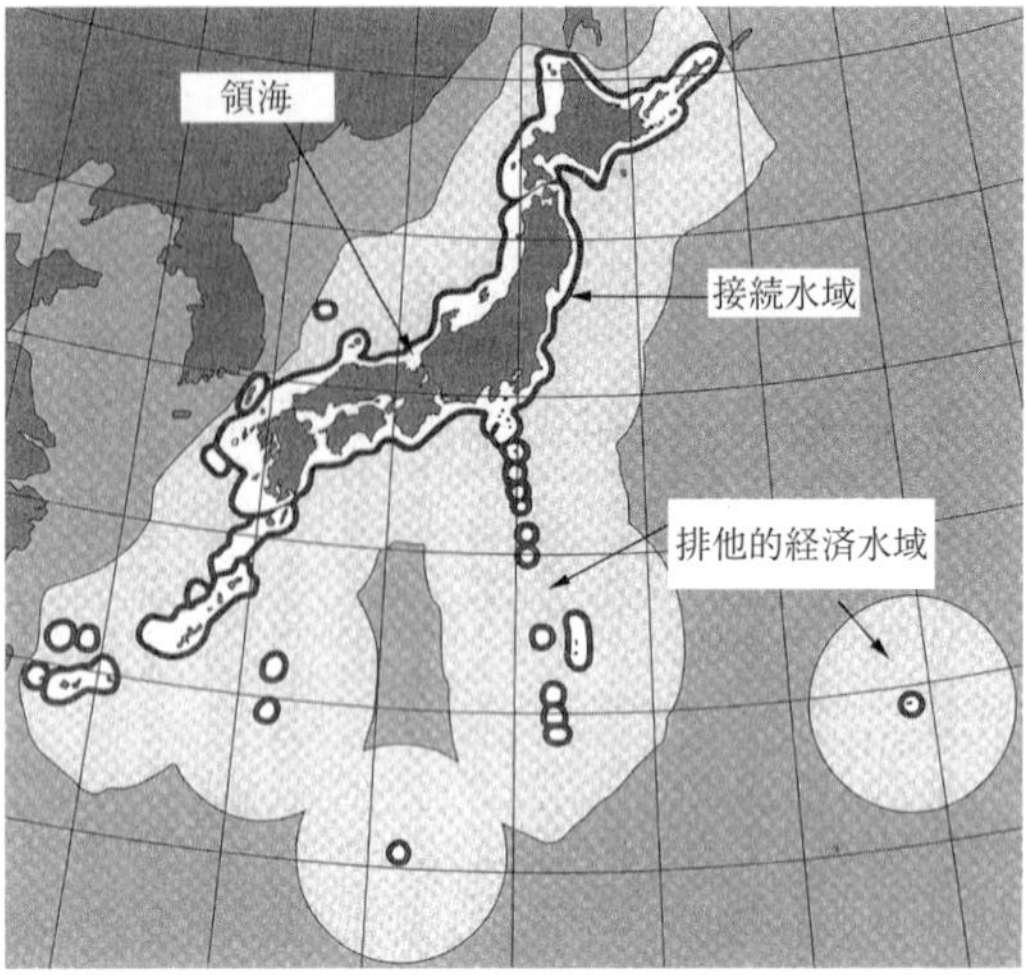

図8　我が国の国土周辺の海洋域（海上保安庁資料より作成）

していくことを目指すことになった。従来は、水産物の安定供給に主軸を置いた政策を重視していたが、これからは、都市住民とのふれあいの場、国土の均衡ある発展への寄与など「多面的な」役割があると認識の変化がみられた。その内容は、漁村の景観等の保全とともに、多面的機能の発揮として、都市漁村交流、藻場および干潟の造成等の推進、健全なレクリエーションの場の提供、沿岸の環境保全等機能の適切な発揮に資するとされている。このことから、漁港を活用した観光やマリンレジャーが推進され、漁業・漁村の経済的発展が期待される。漁港を含めた多機能の活用として、釣り、潮干狩り等の遊漁に加え、ヨットやダイビング等の海洋性レクリエーションの場の提供が挙げられる。

　これらの海域を活用した「海洋観光立国」はこれからの日本の国のあり方として大変重要なキーワードではないかと考える。日本は北には流氷があり、南には世界的なサンゴ礁があり、生物多様性のホットスポット（生物多様性が高いにもかかわらず、人類による破壊の危機に瀕している地域）でもあり、豊かな自然と温暖な気候、豊富な水と温泉に恵まれている。この自然豊かな日本に、アジアを始め世界各国の方々に、長期バカンスを取っていただき、日本列島を一、二ヶ月かけてゆっくりと旅し、毎日温泉に入り、時にはマリンレジャーや太平洋船遊びを楽しんでもらうならば、観光客がみんな健康になって帰っていただける。まさに〝癒しのジパング〟になれるのではないだろうか。

　国内的には週休三日や大型バカンスを導入し、現在の電気、石油、自動車や外国の資源に依存した産業・生活から、国内の資源に立脚した農林水産業と地域の製造業を再生・活性化した地産地消のゆとりある循環型ライフスタイルに転換する。市民農園や家庭菜園で自給自足に寄与し、農林水産エコツーリズムや内需型観光を楽しむ、「自然豊かな国」を夢見たい。

（参考資料）

安藤昌益研究会『安藤昌益全集八』農山漁村文化協会、一九八四
石渡博明『安藤昌益の世界』草思社、二〇〇七
東條榮喜『互性循環世界像の成立』御茶の水書房、二〇一一
古倉宗治『成功する自転車まちづくり』学芸出版社、二〇一〇
吉田太郎『二〇〇万都市が有機野菜で自給できるわけ』築地書館、二〇〇二
中瀬勝義『屋上菜園エコライフ』七つ森書館、二〇〇六
中瀬勝義『海洋観光立国のすすめ』七つ森書館、二〇〇七
中瀬勝義『海洋観光立国を夢見て』海洋政策学会、二〇一一

V　昌益医学とその系譜

真営道医学は現代に甦るか

——医学修行の原点を探りながら

八重樫新治

無理解から理解へ

自然真営道理論が広範な事物を根源的に考察する強力な理論だとの確信はあっても、それが多くの人々に理解され実行されるのは容易ではないと安藤昌益自身が考えていた。例えば、稿本『自然真営道』大序の末尾部分は神山仙確が書いているが、そこには自然真営道理論が同時代人に理解されない状況下で、未来に希望を託す昌益の気持ちが書かれている。

「人在りて、『真営道』の書を誦し、直耕・活真の妙道を貴ぶ者之れ在る則は、是れ乃い『真営道』の書、作者の再来なり。此の作者、常に誓って曰く〈吾れ転に死し、穀に休し、人に来る、幾幾として経歳すと雖も、誓って自然・活真の世と為さん〉と言ひて転に帰す、果して此の人なり。是れ此の人、具足の活真、転の活真に一和して、活真の妙道自発す、故に之れを誓って違はず」。（農文協版『安藤昌益全集』第一巻）［以下引用は同全集によるが、カタカナはひらがなに変更した。］

安藤昌益がこの世を去って二五〇年の現在に生きている我々は、かれのこの願いを受け止められるのだろうか。昌益の再来とは言わないまでも、『真営道』の書に理解と共鳴を持ち、現代に反映できるのだろうか。

私は、現時点を次のように考えている。

自然真営道の基本原理を端的に表現すると「活真（真・土活真）という基本存在があり、それが大小の進退を行うことで四行に分類される諸現象があらわれ、四行もそれぞれ進退することとで八気の現象が観察される。この活真の進退・四行・八気は単なる分類概念ではなく、互性という相互規定性を持つ影響関係にある。これに通・横・逆の気行三形態が組み合わさり、人間を含む宇宙すべての存在・生滅を説明できる基本理論を構成する」となるだろう。そしてこれは、原理的な意味では現在かなり理解されてきていると考える。安藤昌益の理論が人間の根本的平等を言いながらも、男女には基本的な差異があること、それゆえに男女（ヒト）として互性的に理解すべきことなど、現在の社会改革への基本認識として受容されてきている。

だが、安藤昌益が詳細に論じた医学の分野では、現在もなお理解は進んでいない。四行・八気・互性の理論が実際の医療分野において、疾病の診断と投薬・処方に関してどう適用されていたか、それがどのような効果をもたらしたかに関する資料・情報が少ないため、自然真営道の医学理論がどこまで現代に継承できるのか、判断できない状況である。

しかし昌益は医を業とし、日常の活動が直接人々に影響する故に、理論はさておいて具体的に顕われる診療結果に対する一定の反応はあった。明治初期まで、安藤昌益の医学を評価し語り伝えた人々がおり、それらの人々によって書き遺された幾つかの資料が近年見出されている。「安藤昌益の会」や「安藤昌益と千住宿の関係を調べる会」の会員諸氏、安藤昌益関係の資料の多くが見出された八戸の方々、隣県岩手の歴史関係者の資料発掘努力等が少しずつ実ってきている。こうした努力により幾つかの新資料も見出されているので、これまでの不足部分を補いながら自然真営道医学を現代の視点で甦らせられればと思う。

本稿では自然真営道医学の本質には迫りえないが、今後の解明の基本になることを期待しつつ、安藤昌益の医学形成について時代背景と関係資料とを見ながら、かれが時代と取り組んだ様子を見ていきたい。そこからは、安藤昌益の基本的な思考法と人間性も見えてくるだろう。

安藤昌益は、刊本『自然真営道』なら同時代人にも分かると考えて世に問うたのではなかろうか。それでもこの自然真営道に立脚する医学理論が容易には受け入れられないことにいらだちさえ感じられる「自序」を書かざるを得ない心境だったようだ。

「嘆、養ひ難き者は小人の学者なり。是れ即ち自然に生じて自然を具ふるを知らず。故に自然に至らしめんことを欲して謙退して以て卑く導教を為せば、是れ世並の学人なりと為して、敢へて勝ること無しと言ひて自然に背く。速やかに上達に至らしめんと欲して高く発達の潔言を以て説示を為せば、是れ自慢の人なりと為して亦自然に遠のく。己惑・自亡を弁ひず。吾れ如何んとも為ること能はず。故に之を患へて此の書を綴る。世に伝へて以て自然通の達人を候ふ。是れ此の書を制する所以なり。医業に限らず、天下の人、皆、此の書を視るべし。所謂此の書は自然を明かす。人は自然の全体なり。故に自然を知らざる則は吾が身神の生死を知らず。生死を知らざる則は自然の人に非ず。人に非ずして生きて何か為ん」。

かなり自尊・過激に見えるが、当時の医学界の論争はこれが異常に見えないほど、百家争鳴的なところがあった。

江戸中期の医学界

戦乱の世がおわって一世紀が過ぎ、特定の家系によって継承されてきていた医療分野に一般人が関わるようになる。大陸からの文献や渡来者がもたらした漢学の知識は儒学等の思想文献を中心としつつも、同時に医学や農学など実学面での伝来も増えていった。医学を学び技術を生かし人々の健康に資することは、新鮮で魅力的な活動分野だったといえる。また当時は医者を開業するのに特別な資格を要せず、実際の医療技術だけが医者の優劣の評価基準であったから、能力が有り興味と意欲を持つ若者はこの分野を目指した。

安藤昌益が生きたこの時代は、医学の中心は京都であったが、次第に江戸にも優秀な医者があつまってきており、京都や江戸で学んだ医者が地方に帰って開業したり、藩医を務める例も見られるようになっていた。

医学の中心地京都においては、旧来の渡来文献に基づく漢方医学を深めながらも、文献だけでは対処しきれない事象に対して我が国独自の観察と対応が生まれてきた。例えば、漢方医学の四診（問診、聞診、望診、切診）に含まれてはいるが重視されなかった腹診を重要視することや、大陸の動植物に基づく李時珍《りじちん》の『本草綱目《ほんぞうこうもく》』に対して我が国の実態に即した『大和本草《やまとほんぞう》』が貝原益軒《かいばらえきけん》によって纏められたこと、後《ご》藤艮山《とうこんざん》のように生活文化に根差した温泉療法を勧める等、旧来の医書を批判的に読みながら実践的に改革する機運が盛り上がっている。実証性を重視する「親試実験《しんしじっけん》（親試実証）」という言葉は、当時の意欲的な医者たちの姿勢を表し、また「死生者命也。醫之所不與也。醫唯以治疾病。爲已任而已。

是天人之分也。」（『東洞先生答問書』）。「医者は患者の生死を考えず、ただ病気の治療に専念するのみだ」という言葉は同時代でも批判が出たが、峻薬《しゅんやく》を用いてでも真剣に病の治療に立ち向かおうとする気概を表すものであった。実際に吉益《よします》東洞《とうどう》が主導した古方《こほう》派=真古派を自称する医学の一派は真剣に病と取り組む姿勢を示すことで共鳴し入門する者も多く、以後の日本医学の流れに大きな影響を与え、医学史の中で高く評価されている。

しかし現代につながる医学改革の流れは独り古方派のみによるものではなく、当時の医学界全体の革新的な機運が生み出したものであって、意欲ある医学の徒にはあらゆることを学ぶ機会が持てた。例えばこの時期に何度も改板・増板を繰り返して『医療衆方規矩《いりょうしゅうほうきく》』という処方集が出版されているが、古方・後世方《こうせいほう》の別なく何百例もの処方を収録している。また心ある医者は古方・後世方にこだわらず、いくつかの門を渡り歩きより高度な技術を求めている。このような勉学環境に当時の医学修行があったのである。現代人が単純に古方派と後世方派（古方派が他者に対して半ば蔑称としてつけた）という区分だけで内容や技量を当て推量すると、状況を見誤るおそれがある。

安藤昌益の医学形成

現在得られている安藤昌益の医学修行にかかわる資料は、一九九九年に鈴木宏（岩手県立博物館）によって見出された「儒道統之図《じゅどうとうのず》」のみである。これによれば、安藤昌益は味岡《あじおか》三伯《さんぱく》に学んでいる。じつは味岡三伯は同姓同名が三代続いているので、何代目の味岡三伯に学んだのかを確定するための調査が必要だったが、幸い十二年前の先行研究があった。それによれば、初代・二代が医書講説人として漢方医学の膨大な典籍から門人に対して講義解説し、同時に実際診療もおこなう医者だったこと、この家業を継いだ三代目は、古方の先達名古屋玄医《なごやげんい》の門人下村玄寿《しもむらげんじゅ》の門で学んだ人物で、臨床技術に優れていて「膿み腫れものの名医」と称されていたことが分かっていた（近藤鋭矢・京都医史学研究会『啓迪』第五号、一九八七年、掲載論文）。この味岡家の年代的な推移と昌益の年齢を考察して、安藤昌益は三代目味岡三伯の下で学んだと判断された（『日本史研究』第四二七号掲載、「儒道統之図」鈴木宏）。医学古典籍の研究と臨床治療を両立させる家風があったと見られる、味岡門での修行中に昌益は多くの漢学（本稿では触れないが、自然真営道を論ずる際の、儒・道の学に関する造詣は深い）や漢方医学の典籍に目を通す機会を十分に持つことができたであろう。のちの医学古典に対する徹底した理論的な批判からすると、この時期に相当詳しく医学古典を理解できたことが自信につながっていると見られる。もちろん医療の実技面でも人後に落ちることはなく、八戸藩在住時代には一介の町医者でありながら（とは言え、昌益の知識人としての評価は高かった）時には招かれて藩の重要な人物の治療を行っていることからも分かる。

この時代に大陸から日本に入っている医学文献の多くは金元《きんげん》医学（李朱《りしゅ》医学）と呼ばれるものだが、実際には後の明代の医学書も含めて、およそ西暦一千年以降の文献である。後に見るように、安藤昌益はこの時期の医学文献は誤った理論に基づく思弁が過ぎると批判するが、前述の古方派も同様の見解で実際の診療には役立たないと断じている。そして古方派は、実践的に有効な医学書として張仲景《ちょうちゅうけい》の『傷寒論《しょうかんろん》』（西暦二百年頃）を採用する。これは前記の金元医学に対してより古い時代のものであるが、その処方を重視することを強調して「古方派」と自称したのである。

安藤昌益は当然、金元医学のみならず『傷寒論』についても精通しているはずだが、おそらくその有用性を理解したうえで、現実に行っている当時の「古方派」の医療の進め方については厳しく批判する。

安藤昌益のこだわり

安藤昌益の思考方法の基本について考えてみると、当時の先進的な医者たちが「親試実験」を唱え、積極的に試みてその結果を評価しながらより良い方向へ進むことを目指したのに対し、昌益の場合は手を下す前の観察に重きを置いて病症を判断し、最良の治療を行う「観察実証」が特徴だと言えよう。その根底にあるのが、患者の身体を傷つけたり苦しみを増加させるような治療は徹底して回避しようという姿勢であり、それは昌益の弱者に寄り添う本来的な性質の表れであろう。

このような基本の上に、かれは人を観察し環境を観察し、病と薬の関係を徹底的に観察する。その観察結果を理論的に整理したものが自然真営道医学理論であり、刊本『自然真営道』の五行十気の論から『真斎謾筆《しんさいまんぴつ》』他に見られる四行八気の互性論として体系化された（現在は資料が乏しく、体系として纏まったのか進行形だったのか、確定できない）。

〔注 『真斎謾筆』、『安藤昌益全集』第十五巻。川村真斎《かわむらしんさい》の筆記本で、昌益の医学理論とそれに対する真斎他の解説や見解が小字で付記されている。稿本『自然真営道』目次との比較から、現存資料では安藤昌益の医学を最も網羅的に反映していると目されている。〕

この自然真営道理論は、病とその周辺環境の関係のみならず、人の社会、自然界全体を観察することにも適用できる基本原理として考察されている。これは安藤昌益の理論的考察力の徹底した努力の成果といえよう。かれが単なる医療実践技術の範囲にとどまらず、根源を求めて考察を深めることに特別な興味と熱意を持っていたからなのである。

もう一つの特徴に、患者を傷つけることを徹底して回避しようという気持ちがあると書いたが、例えば『真斎謾筆』に見える治療内容からは、鍼《はり》（切開に使用した三稜針《さんりょうしん》を含め）の使用例が無いにひとしい（ゼロではない）。傷つけない治療の例として腫瘡の治療を見ると、他の医者はおこなっていた皮膚を切開（刺鍼）しての膿出しはせず「初発と未だ膿をなさざるときは辛味の温性を以て之れを散じ、すでに膿の成る者は甘味の湿性を以て之れを腐し速かに膿となし、膿尽る者は酸味の涼性を以て之れを収め速かに之れを癒すべし」とか、腐毒膏の使用例では「日に灸し膏を貼け内薬を服するときは、膏に膿就きて採れる也」と灸を援用してまで、腫瘡の成長・膿化を促進させての治癒を図っている。

安藤昌益は医学古典籍が述べていることに対して、自然真営道の理論を以て徹底的かつ根源的な批判をした。その一方、古典籍から学ぶものもあったと思われるが、それらについては特に著者名や書名を具体的に示していない。自らの基礎的な血肉となったものについては、誰でもが共有できる真実であるとの理解から、取り立てて名を挙げる必要は感じなかったのかもしれない。膿み腫れものについて学ぶところがあったはずの、師味岡三伯に対する評価もない。

以下に昌益が名指しで批判する古典籍と、血肉になっていると考えられる古典籍の両者について見ていく。

安藤昌益による批判

刊本『自然真営道』に書かれていることを拾い出し整理すると、次のような昌益による批判の視点が見えてくる。

扁鵲《へんじゃく》『難経《なんぎょう》』については、例えば実体のない三焦《さんしょう》を実在するとしたり君火・相火の区分にあわせて右腎を命門としたことを批判する。後代の金元医学の代表格である朱震亨《しゅしんこう》、李《り》東垣《とうえん》もこの説を援用しながら、人の元気や動きを論じているし、明の張介賓《ちょうかいひん》『類経』は三焦が実体のないことを認識しつつ、それが人体機能の三区分だとのこじつけをおこなったという。そしてこれら諸説の淵源は『黄帝内経《こうていだいけい》（素問《そもん》・霊枢《れいすう》）』に遡るといい、そこで述べられる運気論や三陰三陽論などが自然を反映したものではないから、それを継承する理論はすべて誤りであると言う。

また当時の医学書でもっとも総合性の見られる百巻本、徐《じょ》春甫《しゅんぽ》『古今医統《ここんいとう》（大全《たいぜん》）』や女科・幼科などの区分により詳細に証と治療法を記述した王肯堂《おうこうどう》『証治準縄《しょうちじゅんじょう》』に対しても、『黄帝内経』の運気論にもとづいているから正しくないとする。同様の視点から、明の李時珍『本草綱目』の膨大な資料性も一顧だにせず「自然の気行を明かさざる則は、附論を為す所の気味・功能毒、皆私の失りなり。故に時珍が『本草』の如き、一種として自然の気行を明かせるは無し。故に人倫の為妄害を為すと雖も、助養と為ること無し」となる。

しかし、古方派との関係は複雑である。古方派が唯一の拠り所にする張仲景『傷寒論』に対する安藤昌益の批判は殆んど見られない。かれはこの古典から多くの学ぶところがあったであろうとの推測はするが、昌益の処方と傷寒論のそれを実際に突き合わせて考察することは、昌益が独自の処方名を編み出して論述していることから不可能である。この傷寒論に対する批判は、『安藤昌益全集』に依れば、ただ一か所でありそれも『本草綱目』の文言を引いての間接的な批判であるから、傷寒論そのものを批判したとは断定できない。

しかし、かれと同時代の古方派のやり方に対する批判の目は容赦ない。具体的に指摘されるのは香川修徳《かがわしゅうとく》である。治療投薬において、通常は生薬をいくつか組み合わせて煎じたものを患者に服用させるのだが、採取した生薬をそのまま煎じるのか、あらかじめ何らかの前処理をほどこしたものを煎じるのかは薬用技術上重要な観点になる。たとえば附子《ぶし》（トリカブトの根）の場合、そのことの是非について香川修徳と安藤昌益はまったく反対の立場に立つ。この前処理（制法・製法）には十種類を超えるさまざまな手法があり、当時じっさいに用いられていた。

香川修徳（香川修庵・号「一本堂」）は『一本堂薬選《いっぽんどうやくせん》』の凡例部分で原則的なことを述べる。「凡て薬というものは制法に頼ってはならない。万品は天生自然の効用を有している。桂《けい》枝《し》は汗を発し、芍薬《しゃくやく》は腹痛を治し、桔梗《ききょう》は咽痛を治し、附子は温め、大黄《だいおう》は瀉するが如き是也。是は即ち天性の才であり、固より他に借りることを求めるものではない。唯、水で洗い剉んで細かくするのを制法とするのみである」(原漢文)と、猛毒の附子でさえ水で洗っただけで煎じるのが良いという。

これに対して安藤昌益の考え方はまったく異なる。『真斎謾筆』には「凡て附子の八製を加ふることは、真営道の第一とする処也」と誇り高く記述している。昌益は、製法によって特性に変化を与えることで、他の生薬との相性や病症との適合性を最適なものにしているのであり、ここにこそ真営道医学の真骨頂があると言う。真営道流の八製とはどのようなものか詳らかではないが、参考までに『一本堂薬選』に言う制法を列挙すると「酒、醋、童便、米泔、鹽水に浸すこと。炮。炙。蒸。煮。焼。霜」というものである。

この制法の是非をめぐる香川修徳との根本的対決は厳しく、昌益は稿本『自然真営道』「甘味の諸薬・自然の気行」(『安藤昌益全集』十六上巻)中の「微甘味の諸薬、自然の気行・能・功、〈山薬《さんやく》〉」の項において次のように表現する。「薬は制法に因って善治を為す。然るに諸薬制法する則は、薬気を脱し利する所無しと云ひて、無製の薬を用ひて人を殺す者は、一本堂の言なり」と痛烈である。この「薬は制法に因って善治を為す」という考えこそが、峻薬を用いながらも病人に対して過剰な負荷をかけることのない投薬法を追究する医者・安藤昌益の基本姿勢なのである。

安藤昌益が受容した先人

次に、かれが受容し何らかの影響を受けたと思われる例について見る。

第一に挙げるのは、明の龔廷賢《きょうていけん》『万病回春《まんびょうかいしゅん》』である。この本は実践的な医学書として当時わが国での翻刻本も二〇回以上出版されている(小曽戸洋『日本漢方典籍辞典』)。これが安藤昌益に及ぼした影響は非常に大きい。『真斎謾筆』の初めにある「病症総論」において各病症に対する脈証(感気)の説明をおこなっているが、列挙する病症およびその配列は『万病回春』のそれに一致する。また『真斎謾筆』の本論・各論部分になってからも、批判を伴いながら「古説に……」と書かれていることの多くは『万病回春』の内容である。

この本は当時は数多くの著作に参照されている(松田邦夫『万病回春解説』、一九八九年)のだが、味岡一門では初代三伯の門人岡本一抱が『万病回春指南』を著していることなどから見ると、半ば教科書的に扱われていたと考えられる。安藤昌益はそれを多くの人が知る医学書の代表と見做して、自説との対比解説に使用したのであろう。引用の正確さは昌益が医学理論を考察していた時期に『万病回春』が手許にあったという証でもある。

なお、『真斎謾筆』に『万病回春』からの引用があることについては、『安藤昌益全集』編集メンバーの一人、和田耕作が著書『安藤昌益の思想』（平成元年）の中で「昌益は『万病回春』を乗り越えるべき「古説」として、独自の臨床医学を構築したのである」との見解を述べている。

この『真斎謾筆』中にある一つの記述に着目しておきたい。それは「内蒸・伝屍・労瘵」の項である。本文の大字とは異なる、小字で次のように記述されている。

「然るを『古今医統』に〈庚辛（ママ）、夜天より三尸と云う虫降り、人の腹中に入て労瘵となる〉と云。この庚辛は、十干十二支、私作を以て始めて置きたるものなれば、先ず以て決して今日庚辛との証之れなきもの也。又『証治準縄』に〈伝屍・蠱病は蔵府に虫を生じ蔵府を食ふ〉其虫一決せず、蛇の如く、蝦蟇の如く、蜈の如く蜻蛉の如く、蜘蛛の如く蜂の如く、蟷螂の如く、八枝鹿角状等の虫図、数十品を見はし、〈是等の虫、人の胸・腹中に生じて府蔵を食ふ、故に労瘵病をなす〉と云。又『回春』に〈伝屍・労瘵の症は蔵中に虫あり、心・肺を咬む者を名けて瘵と云。此れ伝尸・疰・骨労也。疰《しゅ》は注也。上より下に注ぎ骨肉相伝ひ門を滅するに至る〉と云々」。

引用した小字部分が昌益の言葉か他者のものかはここでは断定しないが、考え方は昌益のものであろう。ここでの批判は、「『古今医統』では〈庚辛、夜天より三尸と云う虫降り、……〉」と書かれた部分の迷信性である。この庚辛（庚申のこと）の夜に天より三尸と云う虫が降るという迷信は、当時多くの人々が信じていた。各地に見られる庚申塚はその名残である。また『証治準縄』では非現実な形態の虫の存在が批判されている。迷信性と非現実性故に前二者は否定されるが、『万病回春』は否定されないという違いがある。ここに述べられた諸病が虫によるという見解は昌益も同様で、実際に観察される寸白虫、蚘虫、蠱虫を挙げているが、これらは現在の蟯虫や回虫などに比定される。

そしてこの部分に記されている処方が、江戸時代の川村《かわむら》錦城《きんじょう》の門弟・佐々木寿山が『松柏堂方彙《しょうはくどうほうい》』に良仲（良中）の方として記録し、また明治時代になってから浅田宗伯《あさだそうはく》『方函口訣《ほうかんくけつ》』に「……世医脾疳抔の方を施し死せず愈ず如何ともしかたき者此方を用て意外に効を奏す心得て試むべし」と書かれた処方「安肝湯《あんかんとう》」なのである。

『真斎謾筆』全体を見ての印象では、『万病回春』に対する批判は、迷信性ではなく医療実践論上の視点の相違からのものである。

さて、安藤昌益の医学を反映していると思われる『真斎謾筆』において、記述の配列が「病症総論」「婦人門」「小児門」「頭面門」「精道門」「風門」……という順序であることは特徴的なことである。同時代に書かれた総論的な医書がすべて一般（成人男子）の諸病を先にし、婦人や小児については最後に論じるという体裁になっていることに対しては、たとえば山脇東門（昌益の息子・周伯が入門した）のように画一的な配列を批判する者もいたが、安藤昌益のように、生命の発生・成長をあとづけるような視点での配列は誰も思いついていない。だが遠い昔の医学古典中には、ほぼ同一の配列のものがあった。

孫思邈《そんしばく》『千金方《せんきんほう》』（『備急千金要方』。西暦六百年代）である。同書は安藤昌益の医学思想形成に根底的な部分で影響を与えたと考えられる。次に示す目次と項目名を見るだけでも伝わってくるものがある。

「巻第一序例」人医習業第一、大医精誠第二、治病略例第三、診候第四、処方第五、用薬第六、合和第七、服餌第八、薬蔵第九。

「巻第二婦人方上」求子第一、妊娠悪阻第二、養胎第三、妊娠諸病第四、産難第五、子死腹中第六、逆生第七、胞衣不出第八、下乳第九。

「巻第三婦人方中」虚損第一、虚煩第二、中風第三、心腹痛第四、悪露第五、下痢第六、淋渇第七、雑治第八

「巻第四婦人方下」補益第一、月水不通第二、赤白帯下崩中漏下第三、月水不調第四。

「巻第五上少小嬰孺上」序例第一、初牛出腹第二、驚癇第三、客忤第四、傷寒第五。

「巻第五下少小嬰孺下」咳嗽第六、癖結脹満第七、癰疽瘰癧第八、雑病第九。

「巻第六上七竅病上」目病第一、鼻病第二、口病第三、舌病第四、唇病第五。

「巻第六下七竅病下」歯病第六、喉病第七、耳病第八、面病第九。

「巻第七風毒脚気」（詳細省略）

「巻第八諸風」(詳細省略)
(以下巻第三十まで)

先に提示した『真斎謾筆』の配列が「病症総論」「婦人門」「小児門」「頭面門」「精道門」「風門」……であることと比較すると、「精道門」を除けば巻名配列順は一致している。風門以下は、自然気行の考え方が異なるので比較できないが、ここまでの比較から影響を推測することは可能だろう。繰り返しになるが、婦人科、小児科を優先的に配列した医書は、安藤昌益より前は和漢を通じてこの『千金方』のみである。孫思邈は婦人方を初めに置く理由を「婦人を特別に扱うのは、胎妊生産崩傷に異常が起こるからである。このことで婦人の病は男子の十倍治療し難いものとなる」(原漢文)と述べている。この言葉は人間を男女(ヒト)として平等に扱う安藤昌益の感性からすれば、諸病の実際に基づき弱者を先に治療するとして素直に受け止められたであろう。しかし彼が学んだのが早期に過ぎたのか、これは「孫思邈の千金方」としては記憶に残らなかった。『安藤昌益全集』で見られる限りのことだが、『女人良方』の作者・孫思貌(邈ではなく)という名が出てくるだけである。

じつは当時の指導的な産科医書は楊子建《ようしけん》の『十産論《じゅうさんろん》』を出発点として陳自明《ちんじめい》『婦人良方(大全)』など数種類あった。『統道真伝』や『真斎謾筆』の内容を見れば、安藤昌益は出産について相当多くを語っているのだが『婦人良方』を『女人良方』と記憶違いをしていた可能性が考えられる。そしてその著者についても記憶が混乱し陳自明と孫思邈があいまいになっていたのではなかろうか。なお『真斎謾筆』で逆産の際に鍼を用いることを述べているが、この手法は『婦人良方』にはなく『千金方』に記されているものである。

以上のことから、安藤昌益がかなり早い時期に読んだと思われる孫思邈『千金方』は、かれの基礎的な考え方の形成に大きく影響していると考えてよいだろう。

このように、龔廷賢『万病回春』と孫思邈『千金方』は安藤昌益の医学的思考法に影響を与えたと考えられるが、昌益自身は影響を受けたり学んだりした先人について明確には書き残していない。張仲景『傷寒論』を含めて、これら三者の医書が『黄帝内経』にもとづく運気論を大きくは扱わず、専ら実際の診療に資する内容の記述になっていることも、昌益が受け入れるのに抵抗が少なかったと思われる。

また、安藤昌益が『自然真営道』中で、古医書や古漢籍を批判する文章を読んでいると、先の「孫思邈『女人良方』」の例のように、批判の対象に対してかなり粗雑な引用になっているものが多い。これは昌益が八戸移住に際して、京都から多くの書籍を持ち込まなかったからだと推測できる。京都時代は味岡家の豊富な書籍を読むことができたが、八戸の手許にあった書籍は僅かなものであったろう。

元気の元は人参ならず穀食なり

最後に、当時大いにもてはやされた人参《にんじん》（朝鮮人参）について見る。稿本『自然真営道』「甘味の諸薬・自然の気行」（『安藤昌益全集』第十六上巻）から引用しながら、安藤昌益の真営道医学の立場がその医療理論と技術を通して当時の医学界の状況と対峙していた様子を見ていく（引用は「　」で示す）。

この部分で昌益が言及する人参は「人蔘、上党参、百済参、高麗参、新羅参」の五種類である（国産の人参〈御種人参〉は栽培間もない時期で、対象にならない）。そして昌益は薬性を判断し当時いわれていた「人の元気を補う済世の能、誠に神草なり」との世間の常識に対し「右五種の人参は、皆倶に微甘味なれば、性・能・功皆同一にして、元気補助の薬に非ず。元気の虚減、補助の薬は、性温・辛味の発気に生ずる草に有り。是れが自然・活真・妙序の具はりなり」と理論的な批判をする。「漢・和、国は異なれども利倍の為に迷盗を為すことは全く一なり。湿性にして甘味、能は腐し、功は止む。故に挽回の気行、之れ有る者に非ず」「自然・転定の気行、互性の妙序は、万病・万薬なることを弁ひず、人参を頼みて、若し危病に至らば人参に因って治術を為すべしと、自り迷ひを先にして、病因及び薬の気行を知らず。故に人参の為に人を殺すなり」と何でもかんでも人参で元気をつけるという当時の巷の人参崇拝と、治療を誤る悪質な医者を批判する。人の病は万の症状に顕われ、それの治療にあたっては万の治療薬が対応する。よく観察し正確に対応せよ、助元気には証に合わせて「小辛・中辛・大辛の薬に滋潤の薬を合して用いる」と言う。

安藤昌益はたんに病を治療するだけの医者ではない。元気な日常こそが重要と考えるから、自然真営道という哲学的考察まで思考を進めたのだ。かれは「元気に親あり。親とは父母の言いなり。父母は無元・無末の活真なり。活真常に自り感きて止むことなし」「活真は真性・真味なり。故に偏味を以て養ふこと能はず。故に元気を助け、元気の盛んを以て四行の府蔵を調和して、真味の飯穀、善く食む。是れ府蔵の常力を以て親を養ふなり」と述べて、親子関係にたとえながら活真・元気が正常な食を以て養われると説く。

安藤昌益の願いは人々の健康な日常生活の安定的な継続だが、それを存在の根源にまで遡った哲学的概念に昇華させたのは、歴史上かれ一人である。その自然真営道理論の検証と継承、すなわち現代以降にも十分適合することの証明と、それをみずからの時代に活かしていくことは、二百五十年を経たわれわれが向き合わなければならない課題なのである。

町医者安藤昌益と川村寿庵

齋藤里香

一　安藤昌益没後の二五〇年

「忘れられた思想家」安藤昌益（一七〇三〜一七六二）について、私の知るところは少ない。彼の思想の独創性や革新性、その普遍性を論じることもできない。時折、町医者として暮らしていた頃の昌益の姿を、ぼんやりと想い描いてみるだけである。

安藤昌益は医者であった。近年、その医学の継承者として、川村寿庵（一七三〇〜一八一五？）と二男真斎（一七八五？〜一八五二？）の名が浮上している。否、彼らの存在は以前から知られていたが、その素生が近年明らかになったという方が正しい。

寿庵は名を元善、字を子長、号を錦城という。昌益の医学を高く評価し、診療の際の参考としていたことを弟子が『医《い》真天機《しんてんき》』（京都大学附属図書館蔵）に記している。昌益の関係では錦城の名で紹介されてきたので、その方が馴染みがあるかもしれないが、本稿では通称の寿庵で通す。寿庵の二男真斎は名を博、字を上良という。父について医者の修業をし、昌益の医学を学んで『真斎謾筆《しんさいまんぴつ》』（京都大学附属図書館蔵）を著した。『真斎謾筆』は、昌益の主者である稿本『自然真営《しぜんしんえい》道《どう》』の大部分が失われた現在、昌益の医学の全体像を今日に伝える重要な役割を果たしている。

寿庵と真斎は昌益の医学に関心を持ち、学んでいた。しかし、これをもって直《ただ》ちに彼らを昌益の医学の継承者と呼んでよいものだろうか。町医者安藤昌益に跡継ぎがあったなら、その人物にはそう呼ばれる資格があったかもしれない。昌益に学んだという意味では、稿本『自然真営道』の完成に尽力した八戸藩医神山仙庵(仙確　一七二一～一七八三)こそが正当な継承者であろう。だが仙庵は昌益の弟子とは呼ばれるが、昌益の思想や医学の継承者と呼ばれることはないように思う。それは恐らく仙庵が、実生活の上で昌益の思想や医学を体現していたことを示す資料が伝わっていないからではないか。

寿庵と真斎はどうか。無論、医者として昌益の医学を評価し、傾倒していた時期はあり、受容もしている。しかし、彼らの日々の医療の現場において、昌益の医学がすべてではあり得なかった。最新の知見に目を配り、古今の医説や処方との比較において、より有効なものを採用していくのが医者として当然の姿勢であり、彼らのあり方でもあった。

当時の日本の医学界は日々刻々と変化していた。昌益の医学がその死後忘れられていったのは、体系的な刊行物がない上、昌益の医学理論に接する機会があってもそれを理解して臨床に応用していくことが並の医者には困難であり、その必要を感じる者も少なかったからだろう。昌益の処方も実践向きではなかったかもしれず、蘭方の導入や実証主義の広がりによって新たな価値観が生まれ、理論よりも端的に役に立つ処方が採用されていったのではなかったか。明治初期、昌益の名が「安肝湯《あんかんとう》」という処方の考案者としてのみ辛うじて残っていたことが、その象徴のように思われる。

それでもなお、安藤昌益の思想は時代を超えた。現代医学においても評価される点があるという。昌益の思想や医学を現代の我々が知ることができるのは、昌益自身の著作を始めとする資料があるからである。昌益の著作を大切に守り伝えてきた人々がいたほかに、昌益の思想や医学を記録して残した人々がいたからだ。そうして成った資料の多くは失われただろうが、守り伝えるべきものとして幾世代も選ばれ続け、二五〇年の時を超えて現代に至ったものが我々の前にある。その伝承の過程に神山仙庵や川村寿庵、真斎がいる。そして、我々もまた未来への伝承の過程の中にいる。その意味においては、昌益に学ぶすべての人々が継承者と言えるのかもしれない。

川村寿庵が安藤昌益の医学とどのような形で出合ったのかは明らかになっていない。だが、いつの時代も社会は人と人とのつながりで成り立っている。安藤昌益と川村寿庵もいつかどこかでつながっていたのだ。その周辺を探っていきたい。

二　八戸の町医者安藤昌益

町医者安藤昌益は延享三年（一七四六）頃、八戸《はちのへ》（青森県）の十三日町に住んでいた。昌益の周囲には治療を求める患者があり、家族があり、隣人があった。昌益を師と仰ぐ人々があり、共に語るに足る知己があり、それが許される文化的土壌があった。昌益は確かに人や社会とかかわっていた。昌益は生きていたのだから。

人には、優れた知識や技術を得たいという欲求がある。優れた知識や技術を独占したいという欲望を持つこともある。しかし人は、得た知識や技術が優れていると確信したとき、それを人に伝えたい、世の中の役に立てたいと願うのではないだろうか。それを使命と考えることもある。昌益はどうか。

若き日の昌益は、禅林で修業し、ついには悟りを開き、印《いん》可《か》を授かったという。だがやがて、仏道は自身の求める道ではないと知る。昌益は医者になった。

八戸での昌益は、道を問われれば説き、当地の知識人らに一目置かれる存在であったという。八戸藩医にも昌益に師事する者があり、中でも神山仙庵は昌益の弟子を自認し、昌益の遺志を継いで稿本『自然真営道』一〇一巻九三冊を編纂した。昌益の思想を後世に伝えることを仙庵は使命としたのではなかったか。

昌益自身、宝暦二年（一七五二）には刊本『自然真営道』を出版し、実在が確認されないものの『孔子一世弁紀《こうしいっせいべんき》』を著している。その後も稿本『自然真営道』として結実することとなる執筆を続けていた訳だから、自身の思想を世に問う気持ちはあっただろうし、世の人がそれを理解し、実践することを望んでいたはずだ。故郷の二井田《にいだ》（秋田県）は昌益の実践の場でもあっただろう。昌益の死後、八戸では昌益を偲び、その思想を継いでゆこうとする「転真敬会《てんしんけいかい》」が組織されたという。だが、長くは続かなかったらしい。

昌益が医者として弟子を抱えていたかどうかは不明である。仙庵をはじめとする八戸藩の医者たちは、昌益の医学理論とそれに基づく処方に触れていたはずだが、果たして昌益の医学を受け継いだ者はいたのだろうか。仙庵が実際にどのような処方を用いていたのかは分かっていない。仙庵には弟子もあり跡継ぎもあったが、昌益の医学が実践されていたことを示す資料は見つかっていない。

宝暦八年（一七五八）、八戸には安藤周伯（一七三六～？）という町医者がいた。周伯は昌益の息子と目されている。仮にそうであったならば、周伯は昌益に医学を学んだ可能性が極めて高く、思想的影響を受けた可能性も高い。少なくとも処方のいくつかは受け継いでいただろう。周伯は昌益が故郷の二井田で死を迎えた翌年、宝暦十三年（一七六三）春に医学修業のため母を連れて上方《かみがた》に向かった。そしてその年の暮、江戸で山脇東門《とうもん》に入門した。その後の行方は知れない。後に島守村（八戸市）で記録される「周伯老」と同一人物とする説があるが、確証はない。

昌益の医学の痕跡は江戸に移る。

三　江戸の町医者川村寿庵の誕生

川村寿庵は享保十五年（一七三〇）、盛岡藩領三戸《さんのへ》（青森県）の給人《きゅうにん》（藩士）の家に生まれた。宝暦八年（一七五八）、祖母の兄で盛岡藩医の上田永久に入門し、三年ほど修業した後、宝暦十一年（一七六一）に京都の香川修庵（修徳、一本堂《いっぽんどう》）門で修業のため十年間の在京を藩に願い出、許された。修庵はこの時すでに世を去っており、子の南洋あるいはその一門に師事したものと考えられる。

京都時代の様子は不明だが、寛政の三博士と称される古賀精理《せいり》は「題川村翁写照」という詩の中で、寿庵の人柄の清廉なことを述べ、「游京蜚誉（京に游び蜚《ひ》誉《よ》す）」といっている。寿庵は京都での修業時代にすでに頭角を現し、賞賛されるほどの優れた医術を身に付けていたのだろうか。あるいは独立した後に、京都に滞在する機会があったのだろうか。いずれ、有名無名の医者がひしめく京都に寿庵の名が響いたことをうかがわせる。

突然の寛政の三博士の登場に不審を抱かれた方があるかもしれないが、実は川村寿庵は谷文晁《ぶんちょう》画による『名山図譜』（一八〇五刊）を出版し、松浦静山《まつらせいざん》の『甲子夜話《かっしやわ》』（一八二一起筆）や浅田宗伯《そうはく》の『皇国名医伝』（一八五二刊）に名を残したことで知られている。隠れた市井の名医であり、学識深く、儒者柴野栗山《りつざん》や大学頭《だいがくのかみ》林述斎《じゅっさい》らの名士と交わるも名利は求めず、旅と山を愛し、音楽を愛する「奇男子」であった。貴顕からの依頼でも遠方への往診は固く断っていたが、ある時、旧友のたっての願いで清水公（徳川重好）の診察をすることになり、家臣らはさぞ立派な名医が来るものと待っていたが、寿庵は一人の従者に薬箱を持たせて垢《あか》じみた衣服で現れ、一同を驚かせたとも伝わる。医書のみならず古典にも親しんだという寿庵の蔵書は数千冊とも数万冊ともいわれたが、天明の飢饉《ききん》の折にその一切を売り払い、郷里の親類縁者らを救ったという。だがそんな寿庵でさえ、郷里ではいつしか忘れられていた。

寿庵を知る者は皆、その医術の優れていたこと、学識の豊かであったことを証言している。その交友をみれば、凡庸であろうはずがない。寿庵は医学の本場ともいえる京都で多くを学び、経験を積んだものと想像される。

京都での修業を終えた寿庵は、盛岡の師永久のもとに戻った。そして安永二年（一七七三）、今度は江戸に上り、町医者安藤昌益に入門した。この時寿庵は数えで四十四歳である。

さて、ここに登場した江戸の町医者安藤昌益とは一体何者か。寿庵が八戸の町医者安藤昌益の医学を学んだことが明らかである以上、八戸の安藤昌益と江戸の安藤昌益が偶々《たまたま》同姓同名であったとは考えにくい。江戸の昌益は八戸の昌益の二代目である可能性が高いだろう。といっても、その正体は謎である。江戸に出た安藤周伯かもしれないし、ほかの誰かかもしれない。ここは新たな資料の出現を待つほかない。

寿庵は江戸の昌益のもとで修業しつつ、昌益の師匠川村快庵の門弟となった。快庵の素生もまた不明である。昌益方での修業は足かけ三年の予定であったが、三年を待たずして、寿庵は快庵の跡を継ぐことになった。安永四年（一七七五）正月、快庵が病死し、残された娘の婿《むこ》にと望まれたためである。

こうして寿庵は一家を構え、江戸で町医者としての人生を歩き始めた。

四　二人の安藤昌益と川村寿庵

川村寿庵が江戸に上った年、江戸では天然痘《てんねんとう》の大流行があった。『医真天機』によれば、寿庵は明和七年（一七七〇）と安永三年（一七七四）に天然痘、安永五年（一七七六）に麻疹《はしか》の治療にあたり、安永八年（一七七九）には癮疹《いんしん》（発熱のあとの発疹）が流行したという。明和七年の天然痘の治療は京都あるいは盛岡藩医上田永久のもとでの修業中、安永三年の天然痘は江戸の町医者安藤昌益のもとでの修業中、麻疹と癮疹は独立後のこととなる。

『医真天機』の内容は寿庵の修業時代から独立後の数年、宝暦から安永頃を中心としており、成立は安永から遠くない時期とみられている。『医真天機』にみる寿庵は、古今の医説と自身の臨床経験を踏まえた上で、総論としては八戸の安藤昌益こと良中《りょうちゅう》（以下、良中）の医学理論を支持し、産科においては香川玄悦の説を採っている。『医真天機』冒頭の「中《ちゅう》風《ふう》論」では、これを「内風《ないふう》」として定義した良中の持論を千《せん》古《こ》に卓越したものだと高く評価し、道は明らかとなっていない所があり、言葉に尽くされていない所もあるが、正しく役に立つもので採用すべき論だと称賛している（道有所隠言有不盡。無乃一二可議乎。将有為。可得論也）。

寿庵は疑問があると良中の著書を参照したり、良中の説に照らして思索を深めたりもしている。しかし『医真天機』からは、寿庵が玄悦に教えを受ける機会があったとはいえるが、良中に直接師事していたとまではいえない。現時点では、寿庵と良中との直接の師弟関係を証明するに足る資料はない。

寿庵が良中の医書から学んでいたことは事実である。江戸の昌益のところに良中の医書があり、そこで良中の医学を学ぶことが出来た可能性は高い。江戸の昌益が良中の後継者であったなら、その周辺には良中の門弟がいたはずで、彼らから学ぶことや医書を借覧することもできただろう。

寿庵が江戸に上った安永二年（一七七三）に注目してみる。寿庵が永久に随って江戸に到着した時、江戸には恐らく安藤昌益と師匠の川村快庵、江戸勤番の神山仙庵、仙庵縁者の古川宗珉（一七〇九〜七八）、仙庵三男和助（一七五九〜?）がいた。良中の弟子で江戸本町二丁目の住という村井中香も健在だったかもしれない。宗珉は三戸の松尾家から八戸の神山家に仙庵が生まれる以前に養子に入った人で、江戸で修業中に出奔《しゅっぽん》したものの、この頃は藩への出入りも許されていた。和助は越中の寺へやられていたが、閏三月頃、医学稽古のため江戸に出、宗珉方に逗留していた。四月には京都勤学を終えた仙庵の嫡子宗豫（一七五一〜一八〇五）が江戸に到着し、入れ替わりに仙庵は八戸に戻った。宗豫は藩命により江戸勤番となり、江戸で年を越した。

翌年以降も仙庵は江戸勤番があるし、和助は江戸で医者になった。宗珉は寿庵と同じく三戸出身である。江戸の昌益と寿庵が、これらの人々と交流していた可能性は十分にある。

また安永三年（一七七四）、八戸藩領軽米《かるまい》（岩手県）の町医者立三は、子の嘉茂之助を江戸の川村寿庵のところへ弟子奉公にやりたいと願い出ている。軽米では、八戸で昌益の隣に住んでいた富坂涼庵の子凉仙（一七一八〜?）とその子孫が町医者をしていた。さらにいえば、仙庵の先祖は盛岡藩領花《はな》巻《まき》（岩手県）の出である。八戸藩と盛岡藩とは元は一つの藩であり、殿様は同じ南部氏。両藩の医者の間にも交流があったことが考えられる。盛岡藩領の三戸からは八戸藩医が何人か出ており、安藤周伯は三戸の山本由益という医者と思しき人物と交際があったとみられている。

寿庵が江戸の昌益に入門するに際しては、きっかけとなる出来事や間をつないだ人があったはずだ。八戸と三戸と盛岡、江戸と京都、二人の安藤昌益と川村寿庵とを結ぶ相関図が描けるのではないか。そこには重層的なネットワークがあったように思えてならない。

五　川村寿庵とその一門

江戸の川村寿庵のもとには、軽米の嘉茂之助のほかにも入門者があった。天明三年（一七八三）、盛岡藩領花輪《はなわ》（秋田県）の武村立庵の子立助を寿庵のもとで修業させたいと願い出た記録があり、天明五年（一七八五）には盛岡藩医山屋養民の弟純美が寿庵の弟子になっている。『医真天機』の成立を天明頃とすると、寿庵の口授を筆録した弟子もいたはずである。やはり寿庵の弟子が筆録した『錦城先生経験方《けいけんほう》』が文化五年（一八〇八）以前に成立しており、その考訂本が内藤記念くすり博物館に所蔵されている。寿庵には哲夫という名の弟子がいたことが分かっているが、通称など全く不明で、『医真天機』や『錦城先生経験方』との関わりも不明である。『錦城先生経験方』には良中の処方「安肝湯」ともう一方の記載がある。

寿庵の二男真斎が生まれたのが天明五年（一七八五）とみられ、それ以前に長男の公実が生まれていた。寿庵の弟子としては息子たちがその筆頭であろうが、真斎は別として、公実は医者となったのかどうかを含め、動向が分かっていない。

寿庵は天明頃、本町四丁目新道（日本橋本町三丁目）で開業していた。弟子を取り、子に恵まれ、町医者としての地歩を着実に固めていたものと考えられる。後に本町近くの本石町に転居し、文化初年（一八〇四）頃には本石町の家を二代目寿庵に譲り、北本所番場町（本所一丁目）に隠居したようだ。二代目寿庵は二人の息子の内のどちらかが名を継いだのか、あるいはほかにも男子があったのか、明らかでない。二代目寿庵の妻は紀州藩家老三浦家の医師土岐村元立の妹分で、元立の娘は曲亭馬琴の嫡子滝沢宗伯に嫁いだ路《みち》である。つまり二代目寿庵の妻は、馬琴の『南総里見《なんそうさとみ》八犬伝《はっけんでん》』の口述筆記で知られる路の叔母にあたる。

寛政年間に江戸で寿庵に弟子入りしていた可能性がある人物としては、画を谷文晁に、医を「河村某」に学んだと伝えられる小野寺周徳（立為　一七五九～一八一四）がいる。周徳の母は花巻の神山家の養女であり、たどりたどれば神山仙庵とつながる。

寿庵は本所に隠居してからも弟子をとっており、後に盛岡藩奥医師となった佐々木寿山（一七八五～一八五六）である。寿山は文化五年から同九年まで（一八〇八～一二）寿庵に随身して修業した。寿庵の松柏堂で主に調剤の仕事をまかされていた寿山は、それを日々記録して『松柏堂方彙《ほうい》』につづり、後に編集し直して『増補松柏堂方彙』（一八二〇序）を作成した。どちらにも良中の処方「安肝湯」が収録されている。「安肝湯」は盛岡にも伝わっていた訳だ。

だが逆に言うと、寿庵から晩年の弟子に伝わったことが確認できる良中の処方は「安肝湯」ただ一つである。『錦城先生経験方』でも一方が追加されるに過ぎない。寿庵は古今の医説を踏まえ、良中の医学を学んだ上で日々患者を治療し、晩年に採用していたのが『松柏堂方彙』に収録された処方である。つまり、日常的な診療において良中の処方はほとんど採用されていなかったということになる。浅田宗伯の『勿誤薬《ふつごやく》室方函《しつほうかん》』（一八七七刊）に安藤昌益の処方として「安肝湯」一つが収録されていたことと符合するが、これは偶然というより、実際に「安肝湯」だけが一般に採用されていたことを示《し》唆《さ》しているのかもしれない。「安肝湯」が寿庵の系統から伝わった可能性もあるだろう。

さて、前述のとおり医者としての寿庵の評判は上々で、盛岡藩医八角穆斎《やすみぼくさい》（良温　一八〇七～六二）の『塵袋《ちりぶくろ》』にも寿庵の略伝がある。寿庵は患者が増えてだんだんと薬の調合配剤も間に合わず、ついには居宅のまわり三丁四方の外への往診を固く断り、世に〝三丁医者〟と呼ばれたこと、また、寿庵がある時盛岡に下り、脚気《かっけ》の治療で功績があったことを伝えている。寿庵は『医真天機』で良中の脚気論が完璧でないと述べ、臨床経験に基づいた持論を展開している。盛岡藩では寿庵にならって脚気の治療が広く行われるようになり、多くの患者が救われたという。寿庵の師上田永久は盛岡藩側医にまで進んでおり、寿庵の大叔父（祖父の弟）にあたる伊澤養元もまた盛岡藩医（眼科）、弟子の佐々木寿山は奥医師頭取となった。寿庵の名は盛岡でもある程度知られていたものと推察される。

晩年、寿庵は年老いるに随って聾《ろう》となったが、最後まで楽器をもてあそんで暮らしたという。命日は墓誌の記録から文化十二年（一八一五）四月二十八日とされる。享年八十六。

六　川村寿庵と真斎

『医真天機』を筆録した弟子は師の川村寿庵を介して良中の医学に接していたが、寿庵晩年の弟子佐々木寿山が著わした『松柏堂方彙』に良中の影響はみられない。だが、寿庵の二男真斎は良中の医学を学んでいた。すなわち、寿庵は真斎に良中の医学を学ばせていた。そう考えると、寿庵の良中に対する評価に後年それほど大きな変化があったとは思われない。幼少期から身近にあった真斎には良中の医学を学ばせたが、数年で巣立っていく晩年の弟子には、独立後に実践で役に立つ処方を多く伝えたということだろうか。

『真斎謾筆』には、数十人の医者が手を尽くしても快復の見込みがないような必死の肺病の患者が、良中の「通膈湯《つうかくとう》」という人魚骨を用いた処方で蘇生《そせい》した例を家君《かくん》（寿庵）が目の当たりにし、家君もこれを用いて十中八九は治したため、予（真斎）もまたこの処方を用いて必死の症と極まったものを治したとある。これについて、良中本人が治療する現場を寿庵が目撃したと解する説もあるが、「通膈湯」で患者が蘇生する様を寿庵が目の当たりにしたと解する説に従えば、「通膈湯」を用いたのは良中の門人の可能性があり、寿庵の周辺に良中の門弟がいたであろうとの推測を補強するものとなる。

また、真斎の弟子が記した『真営堂雑記』（東京国立博物館蔵）には、症例は不明ながら「人魚骨フカクノ病ニ用ユル事、確龍堂《かくりゅうどう》ノ極秘ナリ」とあり、確龍堂こと良中の秘方が真斎からその弟子にまで伝わったことがわかる。いずれにしろ、良中の処方が門人からその門人へと受け継がれた様子がうかがえる。必死の症例と定まったものに対して秘方を用いるとなれば、治療する側に的確な診断を下す能力が必要であり、偽物が多く出回っていた「人魚骨」（オオサンショウウオ）自体も見極める必要があるから、その意味でも限られた門人にのみ代々伝えられた処方であったかもしれない。

真斎に関する伝記的な資料は少ない。墓誌の記録から嘉永五年（一八五二）七月十二日に六十八歳で千住で没したものとみられるが、現在墓石は確認できない。寿庵の薫陶《くんとう》を受けて成長し、医者を生業としたと思われるが、詳細は不明である。文化の初め頃に父寿庵に随って盛岡へ旅行し、文化四年

（一八〇七）に『名山図譜』増補版の付記を著したこと、天保十五年（一八四四）に日光で「蝋石製造之法」を考案したこと、何度も京都へ行っていること、水戸出身の大村脩（泰助）と浅草寺の北で対面したこと、水戸の烈公《れっこう》こと徳川斉昭《なりあき》の知遇を得ていたことがわずかに知られるだけである。

真斎の弟子としては、『医真天機』（大判本）と『真営堂雑記』の裏表紙に蔵本者として名のある橋栄徳があげられる。橋は橋本の修姓とみられ、名が栄徳、号は静谿だが、その素生については未解決である。稿本『自然真営道』を最後に保管していた千住の橋本律蔵（一八二四～八二）の関係者とみられ、橋本家に借地していた町医者の橋本玄益（一八〇四～？）との関係も検討されている。栄徳と律蔵、あるいは栄徳と玄益を同一人とする説もある。

橋本律蔵は『雑記』（京都大学文学部蔵）に大村脩が真斎に贈った詩を書き留めている。昌益研究者にとっての錦城と真斎の身元探しを決着に導いた資料である。脩は真斎を「道通進退陰陽説」と称し、律蔵はこれに「河村真斎先生ナリ、名博、字子良、寿庵先生ノ二男」「進退説ハ良中子四行八気ノ論ナリ」と注意書きしている。

律蔵は真斎の説く「進退説《しんたいせつ》」が良中の「四行八気《しぎょうはっき》」論であり、真斎が寿庵の二男であることを知っていた。そして稿本『自然真営道』を保管していた。栄徳が残した資料には良中の名や真営道医学からの引用がある。いずれ、良中の真営道医学に関するある程度の知識が真斎の没した千住に明治初期まで伝わっていたことは確かである。

寿庵、真斎父子の名を律蔵が記録していたことで、彼らが稿本『自然真営道』の伝来に関わった可能性が考えられているが、寿庵と真斎に関連する資料で稿本『自然真営道』から直接引用したと確定しているものはない。稿本『自然真営道』が神山仙庵の手を離れてから橋本律蔵の手に帰するまでの伝来過程は未解明である。それでもやはり、寿庵はキーパーソンと言ってよいであろう。

さて、真斎は良中晩期の四行八気論に立脚した進退説に通じていたが、良中一辺倒ということはなく、幅広く学んだことが他の資料から分かっている。『真斎聚方《しゅうほう》』（内藤記念くすり博物館蔵）には良中の処方がいくつもあるが、大部分は良中とは無関係だし、『真斎方記』（東京国立博物館蔵）は吉益東洞《よしますとうどう》の『類聚方《るいじゅほう》』に書き込みを加えたものという。寿庵、真斎ともに、良中の医学とともに古今の医学を摂取し、経験に基づく処方を蓄積していったものだろう。

寿庵と真斎は、医者として多くの患者を救うという目的のために、弟子たちの天分に応じて時には良中の医学理論を咀嚼《そしゃく》して語り、時には理論よりも実践で役立つ処方を伝えたのではなかったか。また、寿庵や真斎が良中の理論を消化して自身の理論に取り込んでしまっていたなら、弟子たちにいちいち良中の名を出して語ることはなかったかもしれない。寿庵や真斎の弟子たちの中には、それとは知らずに良中の医学理論のエッセンスを受け継いでいた者がいたのではないだろうか。

七　川村寿庵余録

余談になるが、八角穆斎は『塵袋』の川村寿庵の項の最後に、「江都の水」という顔の薬は川村家から出た方で、天下の重宝となったと記している。「江都の水」で思い当たるのは、式亭三馬の薬屋が文化八年（一八一一）に売り出して大ヒットした看板商品「江戸の水」である。三馬は「自庵にて新製の薬」と言っているが、製法を考案したのは寿庵または二代目寿庵の可能性があるのではないか。三馬の薬屋は本町二丁目にあり、それ以前は本石町四丁目新道に住んでいた。『江戸今世医家人名録』（一八三〇刊）によれば川村寿庵の住所は本石町四丁目新道である。すでに初代寿庵は本所に隠居し、本石町は二代目が継いでいたと思われるが、三馬とはご近所同士だった可能性がある。「貴い寺は門からといふけれど、医者さまばかりは見かけによらぬものよ。裏店に居る貧乏医者に功者なお人があるものさ」という『浮世風呂』の台詞《せりふ》に寿庵の姿を思い描くのは身びいきに過ぎるだろうか。

三馬の「江戸の水」については製法や配剤が不明とのことなので、ここに記して情報提供を求めたい。

あとがき

思想家安藤昌益は、反封建的な社会観を持ち、権力の側から弾圧され、支持者たちは秘密結社化していた……そんな言説に接することがある。そのことの当否は私にはわからないが、資料的な裏付けはないように思う。八戸の町医者安藤昌益は、医者としてごく普通に活動している。多くの患者を治療した経験があることはその著作の内容から推測されているし、さらに多くの患者を救わんがために医の道を説いている。昌益こと確龍堂良中の真営道医学を継承する確門というものがあったならば、彼らは真営道医学を独占するのではなく、広く世に還元していく者たちでなければ継承者たる意味がない。

昌益に関する資料が少ないと思っている方が多いかもしれないが、医学関係に限っても『真斎謾筆』や『良中先生自然真営道方』(内藤記念くすり博物館)など昌益の理論や処方を伝える資料がいくつも確認されており、その内容も一通りではない。一介の町医者に関する刊本でもない医学資料が複数の系統で伝えられてきたのである。二五〇年の間に相当数が失われたと仮定すれば、少ないとはいえないのではないか。

昌益は忘れられるまでもなく、実際のところ一般にはほとんど知られていなかった。昌益を理解し評価した人々は、昌益を忘れてはいなかった。そう考えると、昌益がすべての人から完全に忘れ去られていた時間はなかったのではないか。

川村寿庵は昌益の医学を真斎や弟子に伝え、真斎もまた弟子に伝えていた。それは昌益の医学の全体ではなかっただろうが、その真価を伝え続けたからこそ、『医真天機』や『真斎謾筆』は現代に残ったのだ。寿庵は昌益の医学が忘れられた理由と現代に伝えられた理由の両方を教えてくれるような気がする。

江戸で暮らし、諸国を旅して山に登り、笛の演奏を楽しむ寿庵の生き方は、思想家安藤昌益の理想からは程遠い。だが、町医者川村寿庵は多くの患者を救い、真斎を育てた。寿庵が昌益の医学の伝承に果たした役割は大きい。町医者安藤昌益から町医者川村寿庵に対しては、合格点を出してもらえるのではないかと思っている。

川村寿庵に関する主な参考文献

森銑三「川村寿庵」(『増補 新橋の狸先生』岩波文庫、一九九九年／初出は『新橋の狸先生』二見書房、一九四二年)
山崎庸男「安藤昌益をめぐる人物——医者・錦城」(『史学雑誌』第九九編第七号、史学会、一九九〇年七月／『日本アンソロジー 安藤昌益』光芒社、二〇〇二年に再録)
八重樫新治・東條栄喜・石渡博明「もう一人の「真斎」、あるいは本物?の「真斎」を巡って」(『直耕』第二七号、安藤昌益の会、二〇〇六年三月)
安藤昌益と千住宿の関係を調べる会「内田銀蔵未公開資料の中に眠っていた川村真斎・橋榮徳・橋本律蔵関係の資料について」(『直耕』第二八号、安藤昌益の会、二〇〇七年二月)
『日本名山図会』と川村寿庵』(岩手県立博物館第六〇回企画展図録、二〇〇八年)
八重樫新治「『医真天機』について」(『2009安藤昌益研究発表会記録集』安藤昌益と千住宿の関係を調べる会、二〇〇九年二月)

齋藤里香「江戸の町医者 川村寿庵」(『岩手県立博物館研究報告』第二七号、二〇一〇年三月)
相馬英生「川村寿庵の京都修業」(『しらべるかい』第七号、安藤昌益と千住宿の関係を調べる会、二〇一一年二月)

安藤昌益と川村寿庵　関係地図

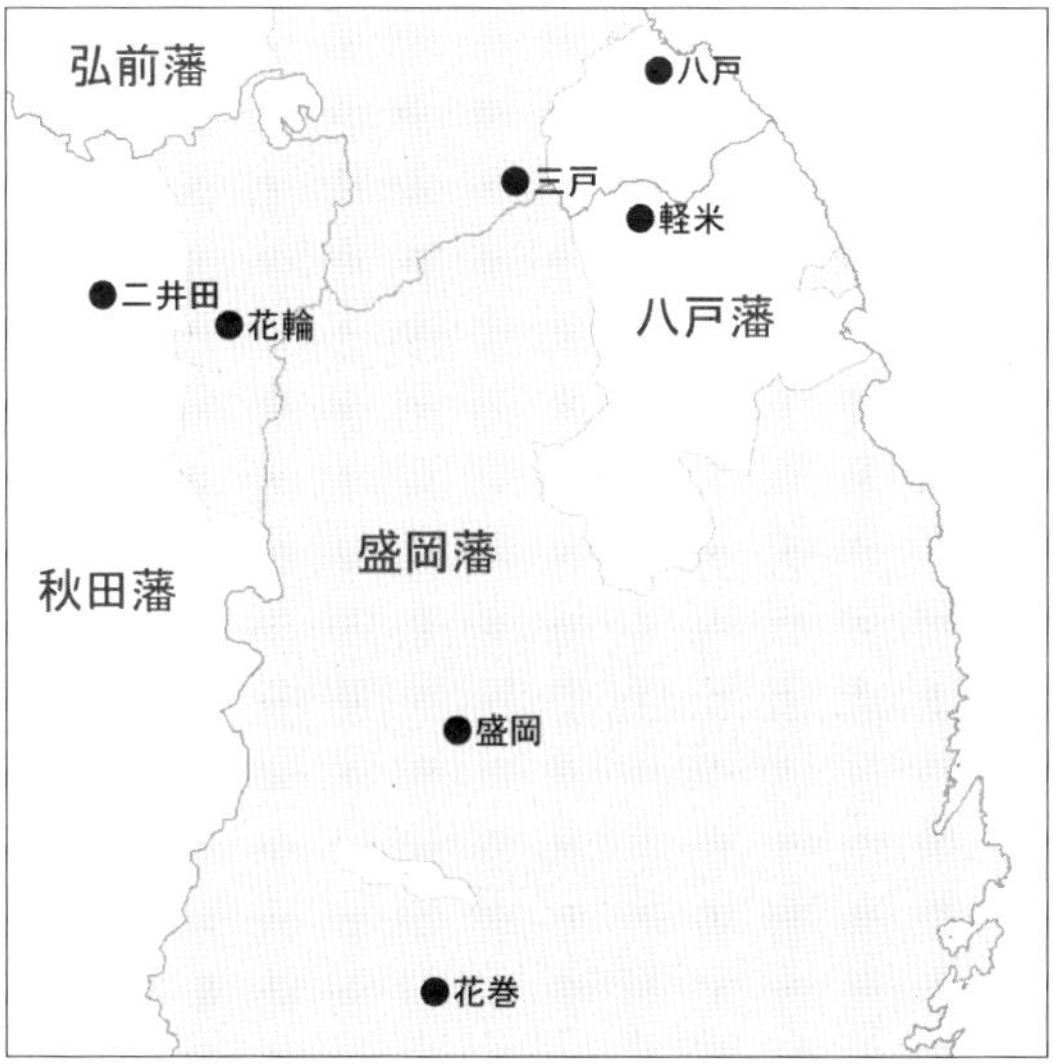

川村真斎という人物の魅力

東條榮喜

本年（二〇一二年）が安藤昌益没後二五〇周年の節目に当たる事を私はかなり前から意識していた。そこで一年先行して前祝いのつもりで昨年『互性循環世界像の成立――安藤昌益の全思想環系――』を上梓した。そして私にとっての、このライフワークの成果を昌益思想の継承と普及に尽力した四人の先哲＝神山仙確・川村真斎・狩野亨吉・寺尾五郎に献じた。この四人を先哲として持ち上げたのは、もちろん私の主観的判断であり、異論もあろうかと思うが、寛恕を請う。本稿ではその一人、川村真斎について日頃思っていることを述べてみたい。

この真斎という人物は当初、姓が不明だった事から、宇都宮在住の医師・田中真斎ではないかと推定されたが、二〇〇六年秋に江戸在住の医師・川村真斎である事が確定した。それまで安藤昌益の思想方面の研究にしか関心がなかった私は、この確定までの探索活動に加わった事で、真斎という人物にそれまで以上に愛着を感じるようになった。

今は既に周知の事ながら、川村真斎（一七八四－一八五二）は川村錦城の次男である。錦城は川村寿庵とも言い、谷文晁と共に『日本名山図譜』を刊行した江戸の名医として、日本医学史にもその名を残している。錦城はまた、安藤昌益とその息子と推定される安藤周伯の双方とも何らかの関わりを持った可能性のある人物である。その息子・真斎は昌益の医学論と哲学思想を克明に探究して『真斎謾筆』『進退小録』『老子解　真斎先生草稿』など昌益医学と昌益哲学に関わる一連の稿本を残した。加えて、昌益医学に限らず古方医学を含めた広い範囲で『真斎聚方』『真斎方記』の薬方集成の稿本も残した。

真斎は若い時期には大酒飲みだったようだが、中年以後は謹厳実直で几帳面な上に大変バランス感覚に富んだ人物になったようである。水戸烈公（徳川斉昭）の医療下問にも応じる一方で昌益医学論の抜粋に努めたり、昌益哲学の観点で弟子たちに「老子」の解釈講義を行い、更には昌益医学に限定せず、広範な薬方集成にも取り組んだと言えるであろう。

何よりも、『真斎謾筆　天・地・人』の昌益医学フォローノートを残してくれた事は、稿本『自然真営道』全百一巻の大半が焼失してしまった現在、ありがたいことだと言うほかない。この稿本が分節区分無しの〝べた書き〟になっている事とか、生薬名が略号で記されている、というような事は、本質的な問題では無く、この稿本の価値を低めることにはならないと思う。それは、この稿本が特定原本の〝写本〟として書かれたのでなく、「謾筆」と題されている通り真斎にとって自分本位の筆記なのだから、なんら咎められる筋合いの事ではない。むしろ〝写本〟と勘違いされるほどの、立派な勉強ノートだと言えるのではないか。

真斎はまた、当時の主流化した古方医学の吸収はもとより、蘭学の興隆にも相応の関心を寄せていたようで、総じて時代の学問的推移の中で、どのように昌益医学・思想を継承普及させていったらよいかという問題意識を常に持っていたように見受けられる。昌益思想の継承者といっても、決して閉鎖的で孤塁を守るようなタイプの人でなく、開かれた態度での昌益思想継承者と言えるであろう。

昌益没後の時代に生まれて、単に昌益の医薬処方に限らず、自然真営道の思想を含めた継承者と言えるのは、現在この川村真斎しか確認できない。真斎の門人と見なされる橋榮徳も相応に昌益医学・哲学に関心を寄せてはいるものの、真斎ほど打ち込んだ痕跡は見られない。『良中先生自然真営道方』の稿本を残した杉玄達（生没年不詳）の場合は、その殆どが昌益の薬方集成であり、医学論といえる記述部分はごく僅かなので、真斎ほど昌益医学論・哲学に通じていたかどうかは不明である。というわけで、私は現在、川村真斎は安藤昌益思想・医学の継承史において、昌益亡き後の江戸後期から末期の最重要人物と位置づけている。

ここで、『真斎謾筆』とその原本との関係を考えて見たい。第一の可能性として、真斎は稿本『自然真営道』の第七十三巻以後を通覧して『真斎謾筆』を書いたのではないか、という推測がある。私はその可能性は高いが、第二の可能性として稿本『自然真営道』の〝草稿〟類からの筆写の可能性も残っていると考えたい。『真斎謾筆』が稿本『自然真営道』からの写作である場合には、稿本『自然真営道』を川村真斎が当時所持していたか、或いは閲覧できる環境にあったという重大事になるが、現状では判断材料不足で軽々しく断定できないと思う。かといって、真斎が利用したと思われるような他の医学草稿類も具体的に見つかっているわけではない。二種の『良中子神医天真』(=内藤くすり博物館本と早稲田大学本)と『神医天真論』(=京都大学本)の稿本諸巻はいずれも昌益の医学論中心の記述内容で、具体的な薬方集成の記述ではないから、『真斎謾筆』の原本とは別だと言えよう。

また第三の可能性として、安藤昌益の医学講義記録のようなものがあって、それを元にして真斎が筆写したという見方もあり得るが、膨大な医学論・処方の草稿準備なしに昌益が随意に講義することは考えにくく、第二の可能性に更に推測を上乗せする感がある。

更に第四の可能性として、『真斎謾筆』を父の錦城が昌益医学を講義した記録からの筆写と見なせないか、という推定もあり得るが、この場合は錦城がそこまで昌益医学に精通していた事の立証が困難である。錦城の口授稿本『医真天機』では、錦城は昌益の人物と医学に深い敬意を払い、その医論の一部を検討してはいるが、昌益医学の全内容を把握した証拠を見出す事はできない。

このように考えると、現時点では、『真斎謾筆』の原本をあれこれ断定的に言うことはまだ無理で、今後新史料の発掘と併せて一つ一つ着実な解明が必要と思われる。

次に、稿本『真斎聚方』については現在のところ、Webに公開されていないうえに、内藤くすり博物館に赴いて通覧した研究者は、まだ数人に留まるようである。私はこれまで二回ほど同館を訪れて閲覧させてもらった。この稿本にも昌益の薬方が数例収載されているほか、「家君」=錦城の文言・治験についても記した部分があり、今後は研究対象の一環に含めることが望まれる。この稿本では『方医名選』からの収録が多く、また「小児門」「雑方之部」「本草之部附方」などの大区分があるが、どうもまだ真斎の意図した処方集成の一部であるような印象を受けた。真斎は昌益の医学を継承しつつも、薬方については更に広い範囲で、古今の用例の集成を意図していたと見なされる。この稿本の一部の虫食いが進んでいるので、できれば『良中子神医天真』と同様に、デジタル化してWebに公開される事を願っている。

こうして、川村錦城には真斎という立派な息子（次男）がいて、昌益医学を継承したわけだが、更にその真斎に息子がいたかどうかは不明である。もしいれば、門下の橋　栄徳と並んで継承の範囲が更に広がる可能性も浮上するが、現在そうした伝記的史料は見つかっていない。

森銑三著作集に引用されている友人・伊藤武雄の「川村壽庵墓所記」（雑誌『書説』昭和一三年六月号所載）によれば、本郷東片町の仙龍寺に「錦城川村先生之墓」、隣接して「真斎川村先生之墓」（背面に嘉永五年壬午七月一三日、没武州千壽、享年六八と刻されていた）が当時すでに確認された。この時点で、森銑三は錦城・真斎が父子ではないかと推測したが、断定はしなかった。当時は両者が昌益医学に関わる親子であることを知る由もなかったのだから、それは当然であった。石渡博明氏の照会と実地調査によれば、同寺は昭和二〇年三月九日の東京大空襲で一度全焼したとの事で、現在その墓は無く、また過去帳もそれ以前の大正三年の火災で焼失したという。私も後追いながら、同寺とその墓地を訪ねてみたが、新たな成果は何も得られなかった。だがこの伊藤武雄の記録によって、川村父子の墓が戦前まで同寺にあった事は確かであろう。

いろいろと述べてきたが、最後に川村真斎という人物から受け止めた、自分なりの教訓について述べたい。真斎が当時の主流になった古方医学の繁栄のもとでも昌益思想・医学の継承と普及の志を持ち続けたことに感心した。この人物に精神の強靱さと対人的柔軟さと学問的開放性を感じないわけにはいかなかった。ただ昌益の社会思想の面では、相応の理解を持ちながらも、医学論と哲学思想を前面に出すことで現実との軋轢を避けていたのであろうか。

私はこのような事を思いながら、現代科学技術の研究開発現場にいて日夜時間に追われる中で、一方でそれとは関わりの無い近世の昌益思想を探究し、現代に活かそうと努めてきた。それは私の心身世界において、動と静の統一でもあった。安易な時流に流されずに近世文化の粋をどうやって現代社会に能動的に活かすか、という課題に予め決まった正解というものは無い。今後もこの人物の生き方を思い起こしながら民間の昌益思想研究を進めたい。――できれば〝現代自然真営道の展開〟をも射程にしつつ。

Ⅵ　昌益研究の原点——狩野亨吉

二〇一一〜二〇一二　昌益と漱石の暗合

添田善雄

二〇一一年五月某日　謎の数々

石渡さんから「安藤昌益研究史を辿る会」公開講座のご案内をいただく。これまでは石渡博明、安藤義雄の両氏をチューターとする「安藤昌益と千住宿の関係を調べる会」の一員として、地元での調査活動に参加してきた。「調べる会」の活動は、「研究報告」や「昌益文庫」の発行に結実しているが、本来のテーマである稿本『自然真営道』がなぜ千住の地に保管されてきたのかという謎、昌益の思想あるいは学統が千住に伝播したかどうかの解明は、道半ばというところか。石渡さんによる原典の講読講座が終了し、3・11の大震災を経験し、思うところあって私は会を離れていた。そこでのお誘いだった。

安藤昌益の研究史のなかで、私が常々疑問に思うことがあった。一つは稿本『自然真営道』を発掘した狩野亨吉というひとの謎である。安藤昌益という人物を紹介した発表の仕方である。狩野亨吉は東大の理系、文系ともに卒業した大学者であった。それにもかかわらず、著書を残さず、京都大学学長・教授を辞し、要請された東北大学総長の座、皇太子の教育係という栄達の道を断って市井に埋没、ひっそりと亡くなってしまう。その人生の謎と昌益との関わりである。

もう一つは、昌益の門人たちの消息である。その影響力の痕跡が、昌益とともに消えてしまった謎である。門人のひとり渡辺湛香の消息を求めて須賀川入りした時気が付いた。昌益の門人は、その「農本主義」に反して、こぞって都市・町場の住人であったらしい。江戸時代、須賀川は宿場町として栄え、東の堺といわれるような町人自治が機能していたという。稿本『自然真営道』第二五巻「良演哲論」に名の見える門人は、江戸、京都、大坂、須賀川、八戸、松前、長崎など、当時としては貨幣経済の発展した都市地域に散らばっていた。彼らにとって、昌益思想はどのように受け止められ、かつ忘れ去られていったのだろうか。

安藤昌益を発掘した狩野亨吉もまた、今では「忘れられた思想家」ではないだろうか。多くの文人が住まった文京区に亨吉も暮していたのだが、その文人マップからはすっかり姿を消している。その一方、亨吉を畏友とし、学生時代から没後まで接点があり、名声を高めた人物が夏目漱石である。亨吉と漱石は深い親交を結んでいた。その交流の親密さ、頻繁さについては『漱石研究年表』（荒正人、集英社）において確認することができる。しかし、後年になっての、漱石に対する亨吉の素っ気なさといったらどうだろう。

亨吉が「昌益」の情報を漱石に一言も洩らさなかったなどということがあるだろうか。亨吉が安藤昌益の発見者であることを、漱石が知らぬはずはない。ふたりは「昌益」を話題にしたことがなかっただろうか。亨吉を介して昌益が、漱石の中に影を落としていることはないだろうか。知らぬひとてない明治の大文豪、国民的作家の「偉さ」の秘密に、「忘れられた思想家」の影響があるとしたら。

二〇一一年六月某日　第一報と時代背景

「研究史」第一講当日、配布された資料は、「安藤昌益関係文献一覧」（石渡博明作成）。一覧作成に先立つ資料として『安藤昌益全集』（農文協）中の文献目録。「一覧」「目録」の比較により、『全集』が出てからの文献発掘、研究史の発展が了然である。

次に、文献目録の冒頭にある『内外教育評論　第三号』（内外教育評論社、明治四一年（一九〇八）一月三日）の抜粋コピー。その中に「大思想家あり　某文学博士」の全文と、この号の巻頭に掲げられた「編集だより」がある。巻頭一ページ分の「編集だより」の四分の一を費やし、某文学者を「我国の能力如何の研究に甚深の興味を有」する「真個の愛国者」と記し、「博士とは誰ぞ、名を求めず、利を追はず、清操我学会の珍する哲人」と紹介している。

「大思想家あり」は、記者が某文学博士から聞き書きしたという体裁をとっている。その内容を「十分理解せざる」まま「締切りに迫られるあり」、許可も受けず掲載したゆえ名前を某として伏せた、と前振りを置き、「隠れたる偉人多し」「知られざる大思想家」「九十三冊の大著」「其思想系統の概観」という見出しをつけた段落で構成されている。

記者が博士について熟知しながら、某と名前を伏せた弁明を、文字通り受け取ることができるだろうか。記者は、某博士による大思想家の評価を十分理解し、著作の内容を的確に要約している。博士が世に紹介しない理由を「此人の哲学観が一種の社会主義、又は無政府主義に類して居るから、今の思想界に之を紹介するは、面白くあるまいとの懸念かららしい」と推測してみせる。

某博士という表記、世をはばかる哲学観を匂わすなど、これらは雑誌刊行上の一種の編集テクニックではないだろうか。「時節がら」某博士の立場を配慮しつつも、記者は、記事の終わりにその書物の名を『自然真営道』と明かし、最後に、「大思想家」を活字の級数をあげて特筆し、次号か其次ぐらいでの詳しい紹介を予告している。

某博士とは言うまでもなく狩野亨吉博士である。この頃の亨吉の日記は余白だらけで、「記者」に面談した経緯は見出されない(『狩野亨吉日記』東大駒場図書館蔵)。しかし、まさにこの時期、亨吉は京大辞職の腹を決めていた(『狩野亨吉の生涯』青井舜二郎、中公文庫)。

時は日露戦争の戦後処理で世情は騒然とし、足尾銅山鉱毒事件が発生するなど、労働争議が頻発。社会主義運動が議会主義と直接行動派とに分かれて高揚する一方、言論・出版・集会・結社への抑圧は日毎に厳しくなっていた。明治四一年、この年、赤旗事件が起きた。漱石は、一月一日より「東京朝日新聞」「大阪朝日新聞」で『抗夫』の連載を開始。亨吉は、二月一四日辞表を提出。その前日には漱石を訪ねている。恩給期限の三カ月前であった。

『内外教育評論』の「大思想家あり」は、早くもその一月の二〇日発行号の『日本平民新聞　第十六号』に紹介されている。「一五〇年前の無政府主義者　安藤昌益」の見出しをつけた紹介記事の中で、記者とは木山熊次郎であることが、山川(均)とも共通の友人とする守田(有秋)が明かしている。大逆事件に先立つ二年前のことである。

木山熊次郎とはいかなる人物か。木山を追跡した石渡さんの解説によれば、彼は教育評論社の創設・経営者であり、狩野亨吉の高弟でもあった。用意された資料『倉敷　郷土の偉人』によれば、岡山・倉敷出身、明治一三年生まれ、明治三七年東京帝国大学文学部卒業、明治四四年没。「穏健のうちにも熱烈きわまる論陣を張り、文部省に対して一敵国の観があった。このため文部省では彼を懐柔しようとして、官立大学の教授または博士の称号をもってさそい……論鋒の緩和をもとめた」とある。

明治二〇年代半ば、東京帝国大学は神道国学派の圧力により「神道は祭天の古俗」なる論文を発表した久米邦武教授を非職とし追放している（『20世紀日本の歴史』永原慶二、吉川弘文館）。ここで、帝国大学の体質・知の権威を疑う狩野亨吉、夏目漱石、木山熊次郎の繋がりを連想することは不当だろうか。亨吉が発表した数少ない論文の一篇、「歴史の概念」が、東京大学を追放された河合栄治郎の編纂した『学生と歴史』（日本評論社）に掲載されたことの意味。そしてその底流に、安藤昌益の影を見ることは不当だろうか。

東大には、昌益の『自然真営道』を保管し続けたアカデミズムの伝統的権威がそびえたつ一方、「連帯を求めて孤立を恐れず」自己否定を標榜したかつての東大全共闘の存在に到るまで、その初期から、長く知の裏の命脈が息づいていたということはないだろうか。

二〇一一年七月某日　「偉さ」とは何か

昌益と漱石、なにやら韻を踏んでいそうなこの二人。語呂合わせもうれしい間柄の第一の暗合に、狩野亨吉の存在があった。

漱石が亨吉を畏友とする所以は、明治四〇年、野上富一郎宛ての手紙、「京都には狩野といふ友人有之候。あれは学長なれども学長や教授や博士抔よりも種類の違ふたエライ人に候。あの人に逢ふために候。わざわざ京へ参り候」という文面に端的に見ることができる。

狩野は漱石にとってただの友人ではない。小説『吾輩は猫である』『虞美人草』などの登場人物のモデルと目されている。『漱石全集』（岩波書店）の題字は亨吉の筆によるし、その中に漱石の亨吉宛書簡を七四通も見ることが出来る。友人を代表する漱石への弔辞は亨吉が述べた。漱石大患の地に建てられた文学碑「修善寺漱石詩碑碑陰に記せる文」は亨吉の手になった。晩年になっては、交流のあった森銑三を案内して、雑司ケ谷の漱石の墓に詣でている（『森銑三著作集』中央公論社）。

それにもかかわらず、というべきだろう。昭和一〇年、世に出た亨吉の漱石評「漱石と自分」のつれなさはどうだろう。「博士号辞退問題なども夏目君の一面……後になって考へたら馬鹿げたことをしたと思ひはせぬか……」「夏目が自分のことを文学亡国論者だといって……夏目君のものを読んだこともない。……夏目君は一体に無口のほうであり……後年……変ったのだらうと思ふ。」と言っている。また「一番多く会ってゐたのは熊本時代……」とも書かれているが、日清戦争をはさんだその頃を時代背景として、漱石には『草枕』『二百十日』『野分』などの作品がある。

その頃、「赤き烟黒き烟の二柱眞直に立つ秋の大空」という短歌も残しているが、「赤き烟黒き烟」とは何を象徴しているか。その当時のふたりは、毎日のように行き来し、就職、居宅の斡旋、金の貸し借りを繰り返す間柄であった。

二〇一一年八月某日　駒尺喜美・男女と平等

またも石渡さんに教えを請う。「思想の科学」に拠っていた駒尺喜美法政大学教授が、「同時代を吸収した漱石」として、亨吉の影響から安藤昌益のとのつながりまでを示唆している、というのである。これまでフェミニズムとか、ウーマンリブ系の書物は手にしたことがなかった。

まず『漱石という人―吾輩は吾輩である―』（思想の科学社）を読む。狩野亨吉による昌益の紹介の経緯が実にやさしくていねいに紹介されている。そして亨吉が昌益について語っていることは、実は「昌益についてというよりも、亨吉自身の喚びだったと思います」と述べ、「狩野亨吉という思想家との出会いなくしては、とうてい『それから』に見られる漱石の飛躍はなかった」と論じている。『道草』に描かれる「自分も、自分のまわりの教養のない庶民も、結局は同じ存在にすぎぬのではないか」という客観的、相対的表現には、確かに今でこそ当たり前に過ぎる認識であるとはいえ、昌益と共通する視点が認められる。

駒尺には先に、『漱石　その自己本位と連帯と』（八木書店）という漱石研究家として世に立った論集があった。「古典とは、いかなる時代にも生命をもつもののことでしょうが、漱石ほど今日問われている根源的な問いに、直接関係する作家はいないのではないか」「むしろ今日の状況下において漱石はわたしたちの眼に、その全貌を現わしはじめた」「それだけ先駆者であり、予見者であった」「文明を告発し、人間疎外・連帯制喪失を問いつめ、個としての倫理と類としての倫理との接点を求めつづけた点において。」と語り終えている。

漱石をそのまま昌益と読みかえて、私には何の違和感もない。「万万人にして一人、一人にして万万人」という昌益のキーフレーズは、類としてあるほかない人間という個体のありようと、個として全人類を個体として代表し体現しているありようから見据えた、個と類とが接する倫理の根拠を追求しようという点で、昌益、亨吉、漱石、駒尺を貫く軸のように考えられるのである。

駒尺喜美は、晩年、漱石大患伊豆の地のほど近く、自ら創設した「友だち村」に移住し、二〇〇七年永眠した。追悼の書『漱石を愛したフェミニスト　駒尺喜美という人』（思想の科学社）の中で、著者田中喜美子は告発する。「『進歩的インテリ』の多くは都会のブルジョワの出であって、彼らは人間の平等を旗印として『被抑圧者』を解放すると唱えながら、実はほんものの労働者、ほんものの農民の生活を知らないのだ」と。

男女と書いてひとと読ませる昌益。そして一対のひとの性愛を高らかに称揚する昌益と、男女一対の恋愛感情が必ずしも夫婦という制度上におさまらない人間の『明暗』を追求する漱石の文学上のテーマとが交差する。実に興味深いことに、「漱石を愛した」駒尺は、漱石の結婚・家族を見習うことなく、「昌益を代弁する」ほどの亨吉は、性愛の探究にふけりながら独身を通したことである。

二〇一一年九月某日　互性活真・進退と解釈

東條榮喜さんが、出版した『互性循環世界像の成立　安藤昌益の全思想環系』（御茶の水書房）について、自著を語る講演をしてくださった。東京大学原子核研究所などで研究・開発に従事するかたわら、科学史研究、安藤昌益研究も手掛けてきた。「昌益を原意から離れ、恣意的に、あるいは正反対に解釈する研究者が現れるに及んで、その食い違いを正すために」、原典を克明に読んで全体の「内在論理性」を明らかにしようとする労作である。

狩野亨吉は原典発掘から実に三〇年を経た昭和三年、「安藤昌益」を『世界思潮　三』（岩波書店）に発表した。著作として出版されたのは、さらに三〇年後、昭和三三年、漱石門弟・安倍能成によって『狩野亨吉遺文集』（岩波書店）に収められた。今年はそれからさらに半世紀、亨吉没後七〇年を迎えようとしている。

なんとその東條さんから、ご自身の狩野亨吉に関する最近の研究資料の一部をお借りすることができた。しかも、私の問題意識に対して「漱石、狩野亨吉の交友と安藤昌益」(『国史談話会雑誌』第四三号、東北大学国史談話会)と題する中村文雄の論文を探し出してくださった。

中村文雄『漱石と子規 漱石と修 大逆事件をめぐって』(和泉書院)は、既に読んでいた。大逆事件の弁護を務めた平出修と漱石との関係、彼らの日露戦争と大逆事件をめぐる作品や言動について検証され、さらに博士号辞退問題について、亨吉の態度、漱石の行動、修の辞退擁護論が言及されている。しかし、漱石、亨吉、昌益を結ぶ論述はその著作には見られなかったのだ。

国史談話会雑誌の中で中村は、亨吉の昌益理解を更に手際よく、自然の何物たるか、その根本理念を「互性活真」とし、その思索の極致として紹介する。そして、「漱石は作品の中で、自然にどのような意味をもたせ表現しているのだろう。安藤昌益や狩野亨吉の影響や感化、あるいは共感はあったのだろうか」と問題提起している。周到な研究者のことだから、三人を結ぶ具体的な資料が得られないままの考察・推察については著作の中には入れず、言いもらしたこととして雑誌への投稿としたのだろうか。

私の疑問に先立って、既にここまで調べている学者がいた。私の問題意識は的外れではなかった。安心したような残念なような気持ちだが、恵まれた横着な受講者の私に、この論考に付け足すことなどあるだろうか。漱石研究者から亨吉を通して昌益への言及がなされていることはわかったが、昌益研究者から漱石への影響について論じているものをまだ知らない。まだどこかに、誰も気付いていない漱石と昌益を直接結ぶ痕跡を見出すことはできないものか。

二〇一一年一〇月某日　平和主義と天皇制

中村文雄によれば、大逆事件の検事であった「平沼騏一郎は、一九〇七(明治四〇)年……ドイツ、フランス、イギリスなどに洋行、無政府主義の取り締まりを調べている。」そして「幸徳秋水がアメリカから帰国直後の一九〇六年……『爆弾、匕首、竹槍、蓆旗』などは『一九世紀前半の遺物』であり、欧米同志の求めているものは『こんな時代遅れの方法ではない』」と演説していることを述べ、平沼の無政府主義観の時代錯誤を指摘している。さらには、「平沼は頭脳明晰ではなかった」という、予備門での同級だった狩野亨吉の証言があると指摘している。

強権による支配体制以外に想い及ばぬ硬直した思考の国家指導者に弾圧され、働く者の未来を模索した人々の命が奪われた。百年前の暗黒裁判から、裁判員裁判制度が始まった現在にいたるまで、私たちは人を裁くに際してどれだけの用意が出来ているだろうか。「すべての平凡人がスーパーマンに成ることとなしには、もはや生きてゆくことができない過剰文明状況がすでに到来してきている」(『東洋自然思想とマルクス主義』いいだもも、御茶の水書房）として、私たちの準備はいかばかりのものだろうか。

無辜の身でありながら大逆事件で処断された人々が、近頃は地元の偉人として見直されている、という報道があった。和歌山で、高知で、岡山で、長野で、事件に連座させられた人々の復権顕彰が「町づくり」「村おこし」のために進んでいるという。その多くは、国家の方針とは離れた、あるいは批判的な独自の社会改革者であり、地域活動家であり、労働者であり、農民であり、医者、宗教家、芸術家であったりした。

政党勢力の迷妄に対して、これまでの仕組みが根本的に見直されざるを得ないこの「時節」、人々の心に封印されてきた抵抗の思想、変革の思想、義人の存在が芽を吹きかえそうとしているのではないか。

亨吉は『安藤昌益』(書肆心水、『狩野亨吉遺文集』岩波書店より復刻）の冒頭、昌益思想を「重大なる問題を惹起する性質のものであるから、極めて謹慎なる態度を取り、軽率なる行動を避けたるがため、広く世人の耳目に触るることなく、その結果が、遂にこの破格的人物の存在を忘るることに至らしめた」と解説し、昌益の実在を調査する間に「左傾派の人にも洩伝わり、幾分宣伝用に使われたかとも思われる」と書く。そして「畢生の精力を傾注した思索の結果を、百年の後を期して書残」されたのだから、昌益は「敢然決死の態度を以て痛烈肺肝を貫くの言を為す」が、「平和を唱えながら直ぐと腕力に訴える様な族とは全然其選を異にし」た平和主義者であることを強調する。

漱石の筆名は「送籍」に由来するという説がある(丸谷才一)。徴兵を忌避するためかどうか、漱石が、当時は徴兵を免除されていた北海道に籍を移籍していた事実がある。親友として百通に及ぶ往復書簡を交わした正岡子規に対しても、その軍国主義的英雄豪傑賛美には断然痛罵を浴びせているのである。伊豆利彦は『漱石と天皇制』(有精堂)の中で、漱石にとっては、国家体制に対する思想的道徳的戦いと文学的戦いは不可分であった、と論じている。

文明開化を果たし、西欧文化を受容し、明治国家創成を担った知識人の誇りと苦悩の所在は、列強とせめぎ合うこととなった大日本帝国の戦争を巡っての「思想と行動」に対する態度に集約しているのではないだろうか。イギリスに留学し、国家の行方と近代人としての自己意識とのはざまで苦闘した漱石もまた、文学を通した闘いを『漱石全集』に残し、百年の後の世を期してペンを取った平和の志士であった。

二〇一一年一一月某日　言葉と用語、その力

想定外の事故が起きた。想定外の事故であるから、想定した事故は起きなかった。起きた事故が想定外だったのは不運であり、想定しなかった私の預かり知らぬことである。責任者がこんな論法で支配する村があるそうな。震災、そして原発事故以来、日本人の間で日本語が通じない。「英語圏への一元化」を「グローバル化」といいならし始めたころから、その兆候は見られたのだが。

江戸幕府の崩壊は、物質文明の圧力だけでなく、外国語による概念の侵食も要因となったのではないだろうか。明治新政府は国家理念を表記する新しい国語を創出する必要に迫られた。「文明開化」「脱亜入欧」がもたらした新しい概念を表記するには言葉が足りなかった。翻訳に苦心した明治の文人はこぞって新語、造語の創出に精出した。漢文の素養があった彼らは、その恩恵のもと漢字熟語を巧みに利用した。

漱石は新語使いの達人であった。それまで辞書になかった言葉を盛んに使った。「不可能」「反射」「無意識」「経済」「価値」「連想」「打算」「電力」「情実」「評価」「新陳代謝」「自由行動」「生活難」「正当防衛」「世界観」など、自称歴史探偵・半藤一利が調べ上げている。「浪漫主義」などは漱石自ら「適当な訳字がないために私が作っ」たと、講演「教育と文藝」で述べている。「肩が凝る」というのも漱石の新造語であるという。現代人は、我らが苦衷を代弁する言葉を紡いでくれた漱石先生に、どれだけ感謝しなければならないことか。

「マニフェスト」だ、「コンプライアンス」だ、「ガバナンス」だのと、もはや翻訳の努力もなく、日本語文化との検証融合も放棄した概念受容にためらいがないかのような状況が出来

している。日米同盟下の支配層にとっては、ある種効率的ではあるだろうが、創意の源である地域言語の独自性、多様性なくして、どのような発想の豊かさを期待できるというのだろうか。

さて昌益である。昌益の用語は難解であろうか。確かに、違和感のある当て字、もじり言葉に戸惑うことがある。しかし、「自然」を自り然る「ひとりする」と読ませることで、いわゆる自然状態というものを、それ自体然るべき運動をしている存在として理解すること、つまり、自然はそれ自体にそなわる物理法則を以て、この宇宙をダイナミックに構成している存在だ、と理解することは、現代人にとって決して難解なことではない。

「天尊地卑」などという観念こそ現代人にとって受け入れがたいものはない。「転定」とは「てんち」と読ませ、「天地」と対応させた昌益の造語だが、もはや天という世界と地という世界を弁別して理解する必要もない。月から見た地球は天であり、月の地は既に天のものでもない。天動説といい地動説といい、「転」回する宇宙を、何を軸として「定」めるかによる相対的な宇宙観の表れとして理解することは、むしろ常識に属することになっているのではないだろうか。

時間と空間は相対的な関係にあることを学んでいるはずの現代人であるが、空間の尊卑二別的観点を克服したかに見えても、時間に対してはどうだろうか。いわば「先尊後卑」。前を行くものは尊く、後を追う者は卑しい。「先進文明」に対する「後進文化」、先進と後進との二別は、しかし実は大きな錯誤ではないだろうか。ほぼ半世紀も前に、早世した作家桐山襲は喝破した。この世界は「先進国」「後進国」一体となって同時に存在しているのであって、「先進国」と「後進国」が別々に人類の歴史を刻んで存在しているのではない。

後進国にあった明治の知識人は、先進国について観察是正する立場にあるからして先進的観点に立つことができ、先進的西欧列強に追いついたと思えた瞬間、その後進に位置してしまった、ということにならないだろうか。先進といい後進といい、それはある観点からの先進、あるいは後進であるように見えるに過ぎない。「進退二別一真」の「転定」の「自然」を知れば、先進国と後進国とのダイナミックな転変の人類史が見えてくるのではないだろうか。

二〇一一年一二月某日　マンガ論と職業観

四〇年間マンガの編集で糊口をしのいできた。夢や希望がもたらす想像世界を逸脱と誇張で構成し、そこに展開する概念の表象としての作品に対し、その表現技術の適否を判別し、商品に仕上げる商売である。読者大衆の願望に同調された創作者(漫画家)個々の思い(妄想・夢想・空想)は、複製手段の発達と相まって大量に頒布伝達され、出版産業の大きな一翼となってきた。これは、絵解きから始まり、高度な心理描写、概念創出に至る認識の発達に直接かかわる芸術活動の発展とみなすことが可能である。

なぜ場違いなマンガ論などを述べるかといえば、私的体験としてカルチャーに対するカウンターカルチャーの選択が、私が昌益に魅かれた理由と対応しているからである。私は『自由と反抗の歩み』(大沢正道、現代思潮社・現代新書、一九六二)で、初めて昌益の思想内容に触れた。来年は、私と昌益の出合い五〇周年にあたる。

そこで刷りこまれたのは、歴史観の二大潮流といったものであろうか。歴史の見方にはいわば正史と稗史という視点がある。アカデミズムの歴史観が、その史観を巡って国家の方向を左右する権力の行方に関わる一方、国家の歴史がどのように記録されようとも、人々の暮らしの足跡が織りなす記憶の伝承というものがある。「民衆の日常的な思考、情緒の意識の下にかくれている魂」「人間の自由と正義と幸福のために闘争してきた、その闘争の体験の記憶」を含む歴史の地下水脈がある。

言語の刻む歴史に対して、絵や音や伝承が伝えるひとの暮らしの歴史がある。私は三浦つとむの論考を頼りに、「マンガにとって美とは何か」の追求に腐心した。マンガを「認識の発展に直接かかわる芸術」として理解させてくれたのは、三浦つとむの弁証法であり、認識論であり、表象論であり、芸術論であった。

昌益は「直耕」を唱え、「不耕貪食の徒」を弾劾した。昌益は「直耕」ということばに、宇宙の生成活動とその一環としての人間の生産活動とを集約的に表現した。そして、いのちを支える農業生産における耕作への従事をひとの暮らしの基礎とした。「労働」とは明治二〇年代の新造語だそうだから、現代ではひとの真の営みとしての食と職を結ぶ「労働」は「はたらき」の中に含めて理解し、農業への従事に限定することもないのではないか。

職業について漱石は「新聞が商売である如く、大学も商売である」と宣言した。衆人としての私は食うために、マンガ編集の理論と実践を統一する直耕に勤しんできた、と無理やりでも言ってみたい。

ところで職業というものは、抜きがたい癖を身につけさせる。東大図書館の稿本『自然真営道』原本を眺めたとき、漢文に挿絵がはさまれ、文字中に絵文字のあることが強く印象に残った。誰の作画なのだろうか。その方面の研究はあるのだろうか。

さらに余談だが、商売柄、私は漱石の孫夏目房之介氏と仕事をする機会があった。マンガ表現論を引っ提げたその当時、彼はマンガ家として「漱石の孫」を負担と感じていた。しかしその後、著作や評論で活躍し、今では祖父が就くことのなかった学習院の教授として、『孫が読む漱石』（実業之日本社）を上梓し、祖父漱石と正面から向き合っている。そして「漱石という文化遺産」を日本人が共有すべき遺産として開放すべく尽力している。

二〇一二年一月某日　災害と相互扶助

年は明けたが、少しもめでたくない正月である。大震災の復興は進んでいない。原発の行方も不透明だ。思えば一年前、二三六戸の集合住宅の管理組合理事長として、防災体制の見直し、組織策定に取り組んでいた。緊急時の行動指針が出来あがって一週間後、あの大震災に見舞われた。幸い大きな被害に至らず、指針のおかげで、混乱もなく対処できた。かろうじて間に合った。

地域の町会長は正直で、常々「避難訓練はするが、担当者は高齢で、留守がちで、いざというとき指揮は取れない。備蓄もしているが、これで足りるか、どのように配分できるか、実際のところは分からない。まずは自分で自分のことを守ってほしい」と警告していた。当日、防災隊長としての私は旅行に出ていて、帰宅までに二四時間を要した。町会長の危惧は的中した。

災害は越境することを知った。支援の手も扶助の手も行政の区割りを越えて差し伸べられることを知った。災害がひとの暮らしの格差を広げることを知った。災害をビジネスチャンスと小躍りする人々のいることを知った。山が崩れようが地が割れようが、海岸を洗い流そうが、自然は自り然るばかり。災害はひとが嵩り、ひとが広げ、文明によって決定的に大きくなることを知った。「命てんでんこ」。自由で、自主的な判断、「自己本位」の生き方が命を救うことを知った。

遠の昔、自然への畏敬を忘れて「欲欲・盗盗・乱乱」の諸悪を生みだし、自然災害を拡大する人智の罪を、安藤昌益は指摘していたのではなかったか。「天災は忘れたころにやってくる」という警句は、漱石が科学知識の供給元として頼みにした弟子、寺田寅彦のものではなかったか。そういえば、漱石は小説の中で、たびたび地震をおそれ、大嵐を吹かせてはいなかったか。「天災は昌益を忘れたころにやってくる」のだ。

二〇一二年二月某日　自殺か信仰か狂気か

狩野亨吉の日記を調査して、彼の辞職届けに「神経衰弱」の診断書が添付されていたことに目が行った。漱石の「神経症」については研究書がいくつもあるが、亨吉の「神経衰弱」についてはほとんど言及されていないのではないか。『行人』の一郎は「死ぬか、気が違うか、夫でなければ宗教に入るか、僕の前途には此三つのものしかない」と告白した。平成日本の状況はどうだろうか、自殺者が三万人の大台を越えて久しい。無宗教といいながら、国民の数より多い信者数が教団宗派には登録されているという。そして現代人は、多かれ少なかれ神経を病み、精神の正常と異常の線引きに悩んでいる。

漱石の精神病については、自身も一時精神的失調のあった妻の鏡子が、呉秀三にその診たてを聞いている。「ああいう病気は一生なおりきるということがないものだ」との説明を受けている（『漱石の思い出』夏目鏡子、角川文庫）。そして狩野亨吉に「テッキリ狂人の書いたもの」と思われた『自然真営道』は、「狂人研究の参考にもと医学博士呉秀三氏に数年間貸して置かれたこともあった」（『安藤昌益と自然真営道』渡辺大濤、勁草書房）。

呉秀三は、斉藤茂吉も敬慕した日本精神病学の泰斗である。「我邦十何万の精神病者は実に此病を受けたるの不幸の外に、此邦に生まれたるの不幸を重ぬるものと云ふべし」という名言を残している。ところでこの記述は、明治の開明的、先進的精神医療の宣言のように言われているが、「『欧米文明国ノ精神病者ニ対スル国家・公共ノ制度・施設ノ整備・完備ニ比スレバ……』ということを言って……決して世界人権宣言で唱えられているような普遍的な権利を主張しているわけではなく、「あくまで『欧米文明国』との対比において、……日本の惨めな状況が理解されている……」と愛知県立大学助教授（当時）橋本明は論じている（「〝精神病者〟の権利はなかったのか？」愛知県立大学公開講座）。

これは、『漱石的主題』（吉本隆明・佐藤泰正、春秋社）に通じる問題、明治の知識人の文明に対する姿勢の見直し提起ではないだろうか。日本の寺社・村落の共同体のなかにあった救済の仕組みを発展させる道を切り捨てることはなかったか。欧米モデルを至上のものとする立場から、呉秀三は、夏目漱石の病状をどのように診断したのか。狂人研究の参考として手元においた安藤昌益からどのような知見を得たというのだろうか。

呉秀三は克明な日記を残しているという。何が書き残されているのだろうか。これを精査することで、時代の限界、明治の最高峰精神医療の権威の新たな評価が見えてくるのではないか。そして昌益と漱石の痕跡も。

漱石は『夢十夜』を残し、亨吉は漱石に向けて自分の見た不可解な夢を告げている。「一〇〇種類を超える夢の分析を行って」「フロイトの『夢判断』に一五〇年以上も先駆けて夢の分析を試みた昌益の業績は刮目に値する」（「安藤昌益：東北の精神科医」浅野弘毅・近藤等、『精神医学史研究』Vol 2）とする研究がある。昌益だったら、漱石、亨吉の『夢』をどのように分析してみせただろうか。

二〇一二年三月某日　吉本隆明死す

またまた石渡さんからご連絡をいただく。ご自宅近く、葛飾区のお花茶屋図書館で、吉本隆明の企画展示が開催中だという。石渡さんには隆明の昌益理解は物足りないらしい。それでも、安藤昌益の存在を、日本に土着した思想家の野太い文脈に据えて捉えるならば、吉本隆明こそ、その文脈につらなる現代の最大の存在ではないか。神仏を罵倒した昌益の真意を知ってか知らずか、大館の農民は死後の昌益を「守農太神」と祭り上げた。「吉本信者」もまた、ひいきの引き倒しを辞さない。

葛飾は隆明の若き組合活動家時代の地でもある。拍子抜けするほどささやかな展示の中に、隆明の近年の書斎を写した一枚の写真があった。読書用か、文字を読みとる大きな拡大器の上に、漱石の写真がピンナップされている。老年になっても、漱石は吉本の「アイドル」だったのだろうか。

何ということか。その三日後、三月一六日、吉本隆明の訃報が報じられた。「吉本さんは庶民の一員としての姿勢を崩さなかった」（橋爪大三郎東京工業大学教授）。悼む声の一例である。論敵には畏怖されたが、家族の追悼談話には、更に限りなく優しい父親像が浮かんでくる。

残る松村の半鐘誰か打つ　葦生

嵐来て魂磨かるる花と月

二〇一二年五月一日

二〇一二年七月某日　追記

四月某日、団塊世代の地域回帰を目論む区の行政に呼応し、NPO法人設立を果たす。お互い様の精神で支え合う地域のサポート事業が三年目を迎えての再出発である。この年齢で新しい頼もしい仲間を得られた仕合せを誇りに思う。

五月某日、昌益のおかげで、新しい出会いが続く。足立区には、「安藤昌益」を学習材料として『十二歳の自画像』（駒草出版）という著作を残していた上原孝一郎という小学校の教員がいた。記念出版に合わせ、稿本『自然真営道』ゆかりの地・千住においての記念講演会の企画が立ちあがる。題して「3・11以後の現在　安藤昌益の思想を考える集い」。

六月某日、「昌益研究史講座」は、丸山真男「近世日本政治思想における『自然』と『作為』」（国家学会雑誌第五五巻下）に到達した。『翻訳と日本の近代』（岩波新書）、『忠誠と反逆』（ちくま学芸文庫）を合わせ読む。なんとか追いついていきたい一心。漱石の紛失原稿が発見されたという報道。第三次『漱石全集』の出版が進行中という情報も。コメントを寄せている秋山豊は漱石全集の編集者であり、その著書『漱石という生き方』（トランスビュー）は読んだばかり。この一年、何回となく訪れた不思議としかいいようのない時間の符合。

振り向けば少年の日の立葵　葦生

橋いくつ越えて届くや遠花火

平成二四年八月一日

狩野亨吉の安藤昌益論を再読する

石渡博明

晩年の狩野亨吉（1941年3月）

一　はじめに

去る三月三一日、日本図書館協会から発行された『日本図書館雑誌』三月号（通巻第一〇六〇号）の「ウチの図書館お宝紹介！」欄に東北大学附属図書館蔵の「狩野《かのう》文庫」についての紹介記事が掲載された。わずか一ページの短い紹介記事ということもあってか、狩野の人物紹介、狩野文庫の受入経緯、利用状況の紹介はあるものの、安藤昌益については一言も触れられずじまいであった。時の経過が狩野と昌益のつながりを若い執筆者に想起させられなかったものと見え、当方の発信力の弱さを今さらながら痛感させられた。

ところで、ことし二〇一二年は、安藤昌益没後二五〇年、昌益の発見者・狩野亨吉《こうきち》の没後七〇年という記念の年に当たる。現在、中野の「変革のアソシエ」講座で「いのちの思想家　安藤昌益」を担当し、今年度では四期目に入ることから、派生した「安藤昌益研究史を辿《たど》る会」では月に一度、戦前からの昌益研究論文の読み合せ会を続けている。ということで、昌益研究の古典中の古典、狩野の「安藤昌益」についても当然のこととして取り上げてきた。

以下、そこでの読み合わせを基に、狩野の安藤昌益論について振り返ってみたい。

「天津教古文書《あまつきょうこもんじょ》の研究」（一九三六年）で「竹内文書」の贋作《がんさく》性を根底から暴いたものとして、今でも超古代史家を悔しがらせるほどの冴えを見せた「鑑定士」狩野にしても、現時点から見れば明らかな事実誤認や思い違いもあり、今後、狩野の昌益論を参照するにあたって、それなりの交通整理も含めて、考察してみたい。

狩野の昌益論ないし昌益研究で活字化されたものは、大きく言って三つある。

一つは、言うまでもなく、安藤昌益の存在を初めて世に知らしめた雑誌『内外教育評論』第三号（一九〇八年一月、内外教育評論社刊）に掲載された某文学博士の談話記事「大思想家あり」である。

二つ目は、あまり知られていないが、文学士・大森金五郎が責任編輯《へんしゅう》をした雑誌『中央史壇』の第一一巻第三号（一九二四年九月、国史講習会刊）の「大震火災第二周年紀念　文献之記録　九月号」に掲載された大森金五郎の聞き書き「狩野博士と其《その》珍書」である。

三つ目が、岩波講座『世界思潮』第三冊（一九二八年、五月）の狩野自身の手になる唯一の文献「安藤昌益」であり、今なお昌益研究の基本文献中の基本文献である。

が、その前に「狩野博士と其珍書」について少しく紹介しておきたい。雑誌『中央史壇』は既述のように、国史講習会の発行になる月刊の歴史雑誌で、奥付《おくづけ》の住所によれば同会は今も歴史書の出版で知られる「雄山閣」に事務所を置いていたもののようである。

関東大震災、「帝都」の大火災、歴史文献の大量喪失という未曾有の経験を受けて、震災翌年の一九二三（大正一二）年九月発行の同誌は、大森金五郎の特別編輯による「大震災復興一周年紀念　文献の喪失　文化の破壊」と題する特別号を発行し、全ページを費やして宮内省図書寮・湯島聖堂・東京博物館をはじめとした「書庫博物館等の罹災状況」を報告

毎月一回八日發行

内外教育評論

第參號

四十一年壹月八日發行

重要記事

社説
○文部省人事局
○教育雜誌記者倶樂部

論説
○品性修養の心理的基礎……元良勇次郎
○教育界の問題に就て……鎌田榮吉
○一生の難關……中西學太郎
○教育の行はるゝ時期に就て……田中義能

雜録
○大思想家あり……某文學博士
○ペツツオルツハイム兒童の發達……不孤生撰説
○杜甫の北征……吉田貞一
○見聞録

社告
○義務年限延長實施に關する研究論文を募集す

教授管理
○中等教育雜感……高林璞藏
○小學校教授私見……北島竹之助
○暗算の教授に就て……柴田正治
○教授の統括

講話
○類人猿……妹尾秀實
○數の連續法……根津千治

訪問
○教育雜感……久保田讓男
○反對する理由……曾我祐準子

海外事情
○獨乙通俗圖書館……内田規
○歐米教育制度の研究……田所美治

發行所 東京赤坂區青山原宿八十六番地 内外教育評論社

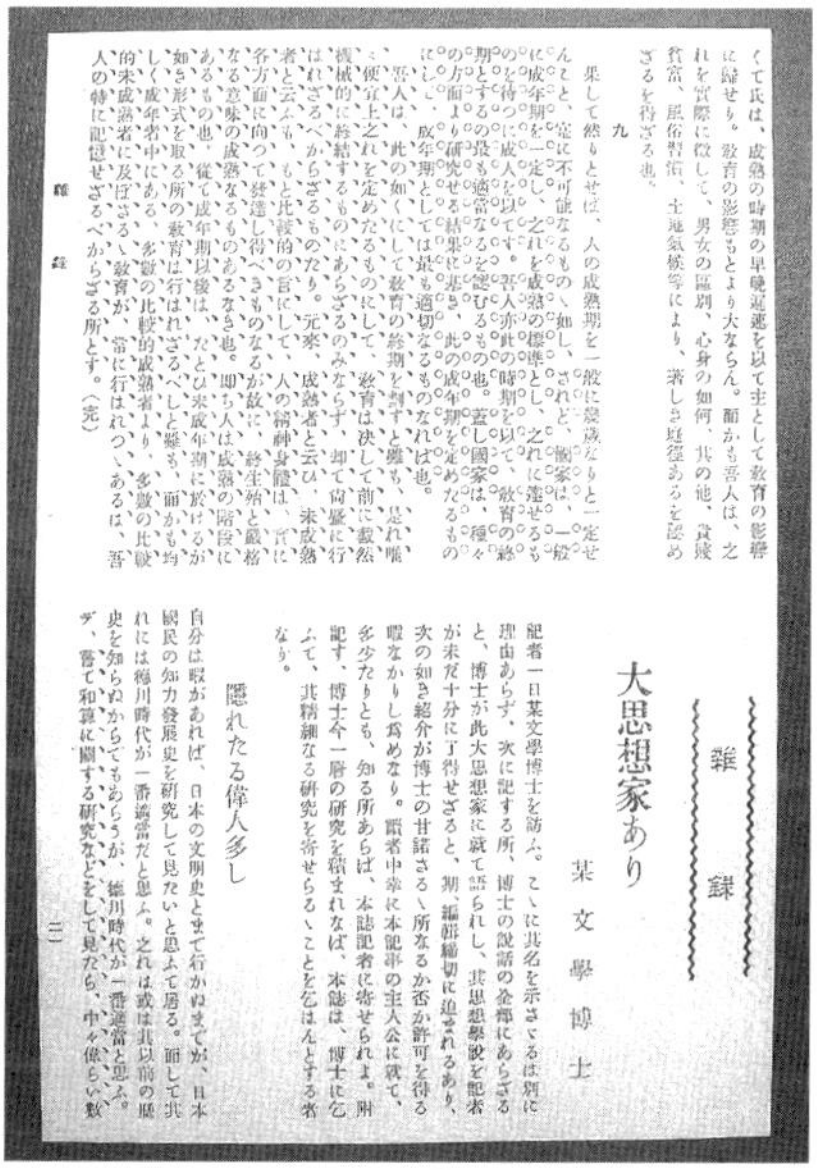

くて氏は、成熟の時期の早晩遅速を以て主として教育の影響に歸せり。教育の影響もとより大ならん。而かも吾人は、之れを實際に徴して、男女の區別、心身の如何、其の他、貴賤貧富、風俗習慣、土地氣候等により、著しき逕庭あるを認めざるを得ざる也。

九

果して然りとせば、人の成熟期を一般に幾歳なりと一定せんこと、寔に不可能なるもの丶如し、されど、國家は、一般に成年期を一定し、之れを成熟の標準とし、之れに達せるものを待つに成人を以てす。吾人亦此の時期を以て、教育の終期とするの最も適當なるを認むるもの也。蓋し國家は、種々の方面より研究せる結果に基き、此の成年期を定めたるものにして、成年期としては最も適切なるものなれば也。

吾人は、此の如くにして教育の終期を劃すと雖も、是れ唯便宜上之れを定めたるものにして、教育は決して前に叙ぶる如く機械的に終結するものにあらざるのみならず、却て尚ほ盛に行はれざるべからざるものたり。元來、成熟者と云ひ、未成熟者と云ふも、もと比較的の言にして、人の精神身體は、實に各方面に向つて發達し得べきものなるが故に、終生殆と嚴格なる意味の成熟なるものあるなき也。即ち人は成熟の階段にあるもの也。從て成年期以後は、たとひ未成年期に於けるが如き形式を取る所の教育は行はれざるべしと雖も、而かも均しく成年者中にある、多數の比較的成熟者より、多數の比較的未成熟者に及ぼさるゝ教育が、常に行はれつゝあるは、吾人の特に記憶せざるべからざる所とす。(完)

雜録

大思想家あり

某文學博士

記者一日某文學博士を訪ふ。こゝに其名を示さゞるは別に理由あらず、次に記する所、博士の談話の全部にあらざると、博士が此大思想家に就て語られし、其思想學説を記者が未だ十分に了得せざると、期、編輯締切に迫まれるあり、次の如き紹介が博士の甘諾さるゝ所なるか否か許可を得る暇なかりし爲めなり。讀者中幸に本記事の主人公に就て、多少たりとも、知る所あらば、本誌記者に寄せられよ。附記す、博士今一層の研究を積まれなば、本誌は、博士に乞ふて、其精細なる研究を寄せらるゝことを乞はんとする者なり。

隱れたる偉人多し

自分は暇があれば、日本の文明史とまで行かぬまでが、日本國民の知力發展史を研究して見たいと思ふて居る。而して其れには徳川時代が一番適當だと思ふ。之れは或は其以前の歴史を知らぬからでもあらうが、徳川時代が一番適當と思ふ。ヂ、嘗て和算に關する研究などをして見たら、中々偉らい數

雜録 三

『内外教育評論』の表紙(右)と「大思想家あり」(左)

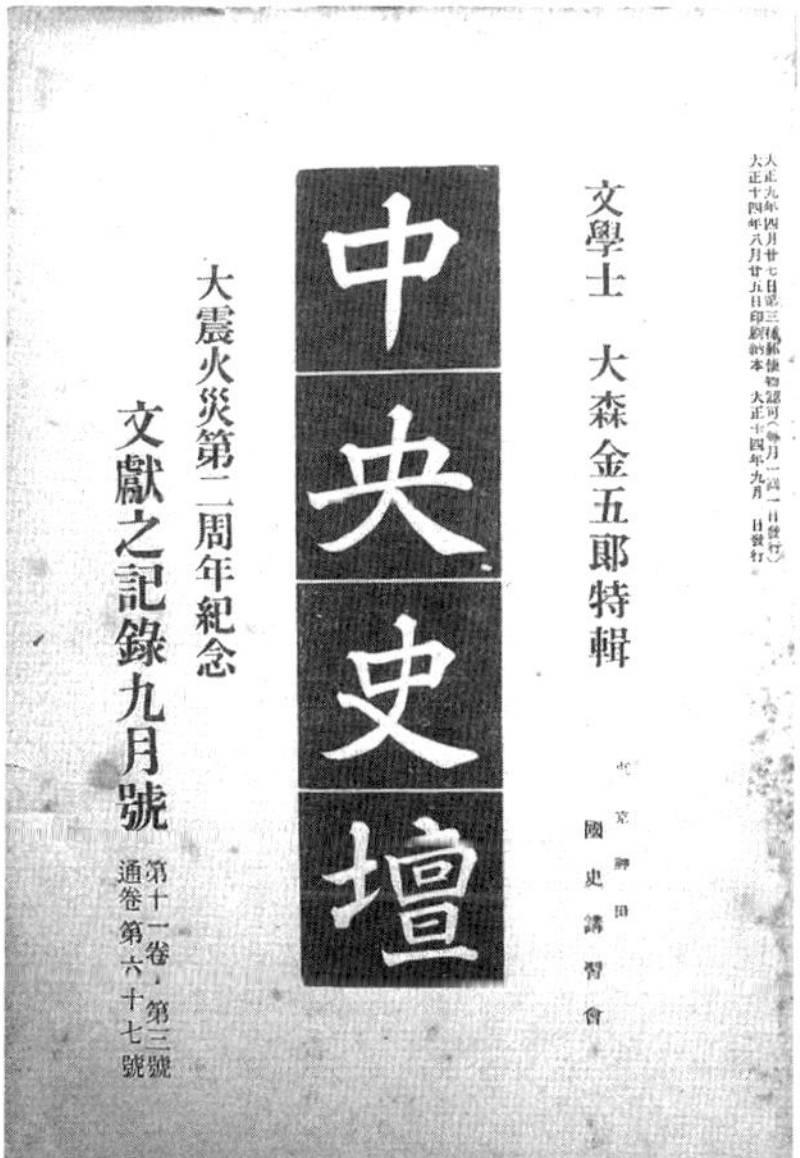

大正九年四月廿七日第三種郵便物認可(毎月一回一日發行)
大正十四年八月廿五日印刷納本 大正十四年九月一日發行

文學士 大森金五郎特輯

中央史壇

大震火災第二周年紀念

文獻之記録九月號

第十一卷・第三號
通卷第六十七號

東京神田 國史講習會

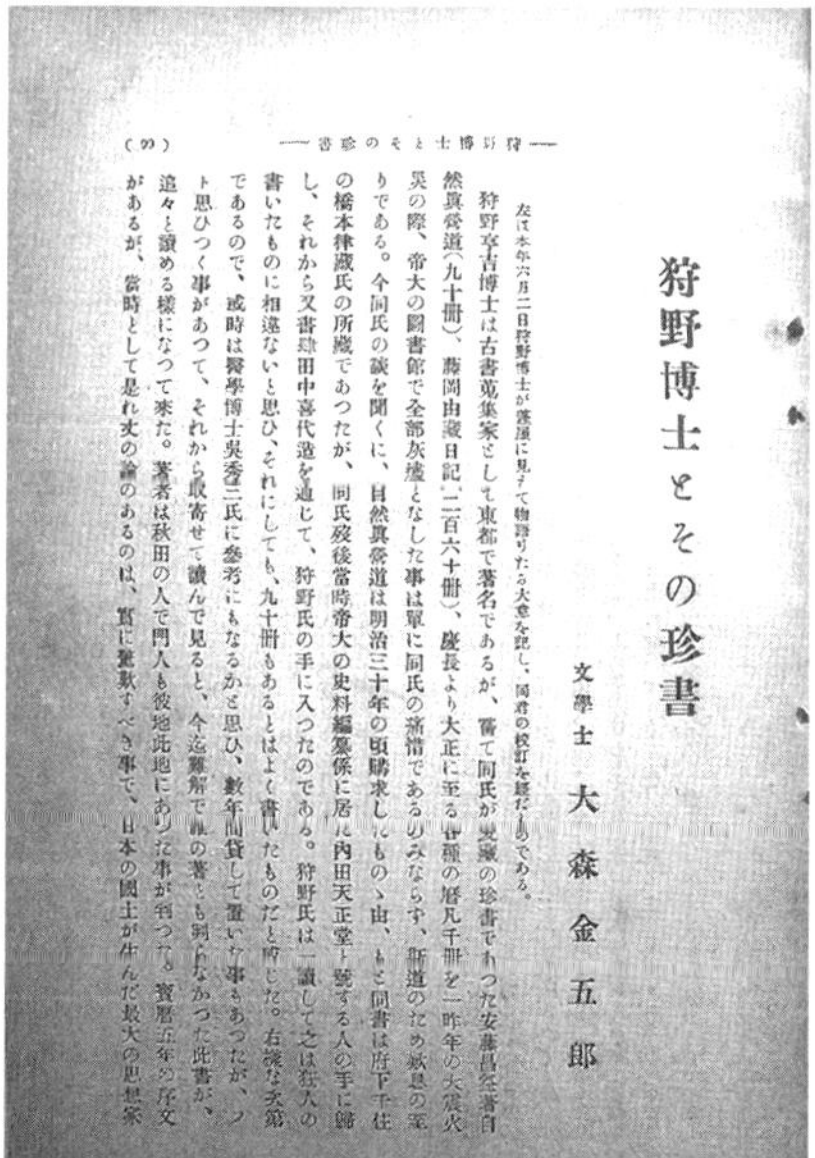

—狩野博士とその珍書— (99)

狩野博士とその珍書

文學士 大森金五郎

左は本年六月二日狩野博士が陋屋に見えて物語りたる大意を記し、同君の校訂を經たものである。

狩野亨吉博士は古書蒐集家として東都で著名であるが、嘗て同氏が愛藏の珍書であつた安藤昌益著自然眞營道(九十冊)、藤岡由藏日記(二百六十冊)、慶長より大正に至る各種の暦凡千冊を一昨年の大震火災の際、帝大の圖書館で全部灰燼となした事は單に同氏の痛惜であるのみならず、斯道のため歎息の至りである。今同氏の談を聞くに、自然眞營道は明治三十年の頃購求したもの丶由、もと同書は府下千住の橋本律藏氏の所藏であつたが、同氏歿後當時帝大の史料編纂係に居た内田天正堂と號する人の手に歸し、それから又書肆田中喜代造を通じて、狩野氏の手に入つたのである。狩野氏は一讀して之は狂人の書いたものに相違ないと思ひ、それにしても、九十冊もあるとはよく書いたものだと感じた。右樣な次第であるので、或時は醫學博士吳秀三氏に參考にもなるかと思ひ、數年間貸して置いた事もあつたが、フト思ひつく事があつて、それから取寄せて讀んで見ると、今迄難解で誰の著とも判らなかつた此書が、追々と讀める樣になつて來た。著者は秋田の人で門人も彼地此地にあつた事が判つて、寶暦五年の序文があるが、當時として是れ丈の論のあるのは、實に驚歎すべき事で、日本の國土が生んだ最大の思想家

『中央史壇』の表紙(右)と「狩野博士とその珍書」(左)

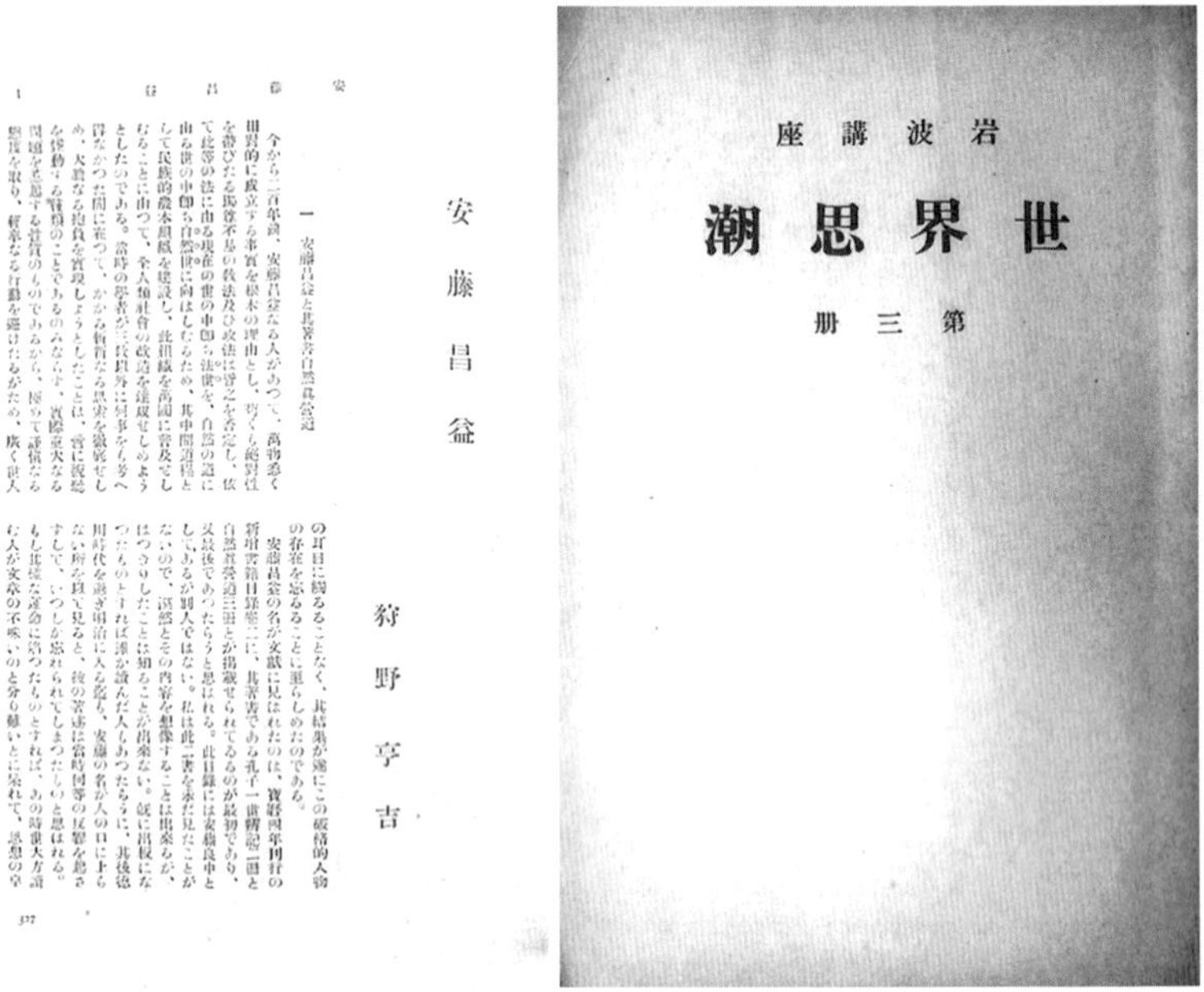

『世界思想』の表紙(右)と「安藤昌益」(左)

している。

「狩野博士と其珍書」は、震災後二年目、第二弾の特集号に掲載されたもので、本号も足利学校・金沢文庫を始めとした文献の罹災記録がほとんどを占め、時間が経過した分、内容も多岐に亙り、「書林より見たる書籍板木等の損害」では、狩野と昌益の著作にもゆかりのある老舗《しにせ》古書店の浅倉屋・文行堂・吉田書店の主人からの罹災《りさい》報告が収録されている。

目次に「狩野博士と其珍書」とある大森金五郎の文章は、本文では「狩野博士とその珍書」とあり、本文の前に「左《さ》は本年六月二日狩野博士が蓬屋《ほうおく》に見えて物語りたる大意を記し、同君の校訂を経たものである」と断り書きがあり、狩野が目を通したという意味では実質的に狩野の手になるものと見て差し支えあるまい。

尚、著作も少なく自身についても語るところ少ない狩野による稿本『自然真営道』およびその発見にまつわるエピソードの多くは、一般に渡辺大濤《だいとう》著『安藤昌益と自然真営道』(一九三〇年、木星社書院刊)の「序」に拠っているものと思われるが、大濤の記すところの多くは、言葉づかいから推して大森による本稿に負っているもののようである。

本稿はB5版で七ページに亙《わた》り、冒頭で「狩野亨吉博士は古書蒐集家として東都で著名であるが、嘗《かつ》て同氏が愛蔵の珍書であった安藤昌益著自然真営道（九〇冊）、藤岡由蔵日記（二六〇冊）、慶長より大正に至る各種の暦凡《およそ》千冊を一昨年の大震火災の際、帝大の図書館で全部灰燼《かいじん》となした事は単に同氏の痛惜であるのみならず、斯道《しどう》のため嘆息の至りである」と記しているが、藤岡由蔵日記については「東京市で約三分の二ばかり写し取ってある」ためか、最後に四行ほど触れられているのみで、全体は専ら狩野の語る『自然真営道』発見記と昌益の思想内容の概要紹介に充てられている（以下、「珍書」と略記する）。

二　狩野による稿本『自然真営道』入手の経緯

狩野は「大思想家あり」（以下、「大思想家」と略記）では、稿本『自然真営道』の入手経路について「左様、此《この》本は古本屋から買ったのである」としか述べていないが、「珍書」では古書店の名が「書肆《しょし》田中喜代造」である旨が明かされている。尚、渡辺大濤の『安藤昌益と自然真営道』の「序」では「本郷森川町の書肆田中清造氏」となっており、「清造」は「喜代造」のようであるが、今となってはどちらか定かではない。

また、入手時期は「大思想家」では触れられていないが、「珍書」では「明治三〇年の頃」とあり、「安藤昌益」では狩野自身によって「明治三二年の頃」と特定されている。

旧蔵者についても「大思想家」では触れられておらず、「珍書」では「府下千住の橋本律蔵氏の所蔵」であったものが、浅倉屋の主人が「手にかけ」たものの「直《す》ぐさま内田天正堂に売った」とのことであり、「安藤昌益」でも「白然真営道の原稿を持伝えた人は北千住町の橋本律蔵である」と明言されている。

ちなみに、橋本律蔵は一八八二（明治一五）年に亡くなっており、律蔵の生前からの知己であった浅倉屋の主人・吉田久兵衛によれば「この年（明治一七年―筆写注）に北千住の橋本律蔵さんと申す藁屋《わらや》の米店、その御家の蔵書を頂いた事があります。これは残らず仏書と漢籍ばかりでしたが……後年有名になった『自然真営道』もこの御家からでたものです」との証言をしている（『紙魚《しみ》の昔がたり明治大正篇』（一九九〇年、八木書店刊）。

尚、内田天正堂については「珍書」に「当時帝大の史料編纂掛《へんさんかかり》に居た」とあり、大濤がそれを受けて「内田氏は橋本律蔵氏の友人であるところから、兼々《かねがね》橋本氏から自然真営道の噂《うわ》さを聞いていたとのことであった。また内田氏は内田銀蔵博士の縁戚で、篤学者《とくがくしゃ》として知られ、特に自然真営道を珍蔵していたが、同氏も今は個人である」と『安藤昌益と自然真営道』の「序」で述べているが、この記述はやや疑わしい。

　なぜならば、「珍書」の末尾近くで、狩野が「橋本（律蔵）氏は多少この書が分かったものと見えて折々内田銀蔵氏の父（友人なりしゆえ）などと語り合うたのを内田博士も耳にした事もあったが、如何《いか》なる書かは知らなかった」とあるエピソードが、同じ内田姓のため、大濤の中で混同されたものと思われるからである。

三　昌益の身元とその周辺

「大思想家」で狩野は、当初、稿本『自然真営道』の著者について「此《この》大思想家は大方大抵《たいてい》の人が知らない、其《それ》は何故かと言えば、此人の書を誰れも読んだことが無いだろうからだ」として「歴史上に顕著でない」旨《むね》を示した上で、「此書は本名を名乗って無いが、種々探索して名丈《だけ》を知ることを得た」として談話の最後に〝安藤昌益〟という名を明かし、『内外教育評論』の記者であり狩野の弟子として紹介記事を買って出、人物探索の協力者たらんとした木山熊次郎は、わざわざ活字のポイントを上げてその名を強調している。

　そして人物像については、「最初は此書は狂人が書いたのだろうと思って、手に入った後も当分は能《よ》く読まなかったし、又中には狂的のような論を書いているし、文字の使用なども全く独得だから十分気をつけなかった」という。が、「段々読むと、中々捨て難《がた》い面白いところがある」「日本の哲学者というと誰も能《よ》く三浦梅軒（梅園の誤り－筆者注）を挙げるが、自分の見る所では梅軒などよりか、遥かに大規模で哲学観が深い……此人は梅軒などと比較すべきものではない。或《あるい》は此人は狂人ではないかと今でも多少は思わぬでも無いが、自分は兎《と》に角《かく》此人が非凡であった事は認めねばならぬと信ずる」と評価の転換があった旨を告げている。

　そして伝記的事実について「大思想家」では「生国《しょうこく》は秋田県だ、其の後、八戸辺《あたり》に行っていたらしい……学問は深いとは言えぬが一通り種々の本を読んで居るようだ。本人は医者であったと見えて医学上の知識は当時の人として随分あった様だ……性質は極《ごく》穏和の方で……門人もあり、其門人中の神山《かみやま》などと云う人間は、八戸で相当の家らしかったなどを見れば狂人でも無かったらしい」と人物像と関連人物とを紹介した上で、「著者の人物性行というのかネ、其れが能《よ》く分らん、それを知りたいのだ……手掛りが無い、何しろ不思議の人間だ」として、身元調査への協力を訴えている。

そして、「珍書」では「著者は秋田の人で門人も彼地此地《あちこち》にあった事が判《わか》った……此書の著者は確龍堂良中《かくりゅうどうりょうちゅう》とありて、本名は最初分らなかったが……安藤昌益であると云《い》う事が推定された。その門人とても大抵匿名であるが、八戸の神山仙確（本名は仙菴《せんあん》といい八戸の奥医である）というなどがあり、之《これ》はしかも有力な門人であったのである」「いかなる身分の人か、どうして学問をしたか、夫等《それら》がトンと分らない」として、一時は同じ秋田出身で幕末の経世家・佐藤信淵《のぶひろ》（一七六九〜一八五〇）の「父の著であろうという説もあった」旨を紹介している。

そして、「大思想家」では、「哲学的方面といおうか、日本では唯一の、又、大なる哲学者とも云うべき人」と言っていた評価が、「珍書」では「日本の国土が生んだ最大の思想家」へと確定した。

ただ、その後の「安藤昌益」では、「確龍堂良中と号し、出羽国《でわのくに》久保田即ち今の秋田市の人である」として、それまでの「秋田県」「秋田の人」から「秋田市」へと出生地をしぼりこんで特定したが、これは狩野の思い込みによる誤読で、一九七四年に石垣忠吉《ちゅうきち》が秋田の支城・大館「城都」の郊外、二井田の旧家・一関家から昌益晩年の関係文書を見出し生没地を確認するまでは、狩野自身をも呪縛してしまったもののようである。

狩野は「奥羽地方の人や其他の人にも少しは話し」、自身でも秋田や八戸に出向いており、一九二七（昭和二）年には自身の郷里である大館にまで足を運びながら、「大館を素通りし、花輪に宿《やど》つた……私の用は書巻のことであるから、大館には用がなかったのである」（『秋田教育』第一九六号、一九三六年）と述懐しているように、昌益の生地を秋田「市」とばかり思い込んで、大館を「秋田城都」とは想定できなかったもののようである。

四　昌益の著作についての考察

「大思想家」は、狩野が稿本『自然真営道』を入手し、当初、狂人研究用にと近代日本精神医学の泰斗《たいと》、呉秀三《くれしゅうぞう》に数年間貸し出していたところが、「フト思いつく事があって」「取り寄せて読んで見ると、今迄《いままで》難解で誰の著とも判らなかった此書が追々《おいおい》と読める様になって来た」のを受けて、一高時代の教え子、木山熊次郎の協力を得て安藤昌益の名と思想の概要を初めて公にしたものである。

尚、「フト思いつく事があって」とは、「大思想家」の発表を遡ること三年、一九〇五年に起きた第一次ロシア革命とアインシュタインの「特殊相対性理論」の発表という世界史上の二つの重大事件に触発されたものではないかと思われる。この点については、拙著『安藤昌益の世界』(二〇〇七年、草思社刊)を参照されたい。

そして「珍書」は、関東大震災で昌益の著作のすべてが灰燼に帰してしまい失意の中、参照すべき文献が何もなく、狩野の記憶とほんのわずかのメモ書きに基づいて大森金五郎に「物語」ったものである。

そうした中、関東大震災の後に福岡高等学校の教授、文学士・浅井虎夫から『分類書籍目録』(もとは宝暦三巻目録)に、「孔子一世弁記　二冊　安藤良中　自然真営道　三冊　同」という記事がある旨の通信を受け、また震災の翌年、下谷の吉田書店から稿本『自然真営道』の一部と思しき「人相視表知裏巻」三冊を購入、さらには翌々年、上野黒門町の文行堂から『統道真伝』四巻五冊を購入することができ、「ポツ〳〵と一部づつでも再び手に入ったのは不思議である」として、失意の底から立ち直りを見せてきたと思われる一九二八(昭和三)年、大震災から五年後の五月発行の岩波講座『世界思潮』の第三冊に、「安藤昌益」は掲載されたのである。

ちなみに、この時点ではまだ、三上参次に貸し出していて災禍を免れ、今に残る稿本『自然真営道』一三冊についてはその存在が確認されておらず、当然のこととして参照されていない。一部に入手したばかりの『統道真伝』からの引用があるものの、基本的には「珍書」と同じように、やはり狩野の記憶とほんのわずかのメモ書きに基づいて執筆されたものであろう。

狩野は、「大思想家」で「此書は全部九十三冊から出来て居る」「書物の名は……自然真営道というのである……全体の組織は、字書を論じ、儒書を論じ、其《それ》から仏書、韻字、韻学、制法、神書、運気、医、本草《ほんぞう》、易を論じて」として稿本『自然真営道』の概要を紹介している。

そして「珍書」では「九十冊もあるとはよく書いたものだ」として「宝暦五年の序文がある」と稿本『自然真営道』の成立年について初めて言及し、「同書九十巻のうち二十四巻までは破邪《はじゃ》の巻で、餘《よ》の六十餘巻が顕正《けんせい》の巻である。而《しか》して第二十四巻は法世《ほうせい》之巻といい、第二十五巻は真道論巻という」

と、稿本『自然真営道』全体の構成を明かし、「通読して最も興味を感ずるのは破邪之巻にして又著者の識見の窺《うかが》わるべきもこの部分である」として「破邪之巻」を高く評価し、「而《しか》して法世より自然世に至るべき道程」を「百年後を期しようとして」「此の書をかき遺《のこ》した」ものと見ていた。

一方「本人は医者であった」と見ていたが、昌益の医学論――真営道医学が収録された稿本『自然真営道』本書分（顕正之巻）については、「人間は五穀（特に米）の性ありとて食物などから進化論めきたるものを陳《の》べたなど感ずるべき節もある」と一部評価はしていたものの、「彼の学殖を現わすものであって有らゆる方面に亘《わた》り、量に於《おい》ては不足を云えない。しかし遺憾ながら取るべき所が甚だ少ない」「欧羅巴《ヨーロッパ》に行なわれた哲理などに通暁したという訳でもなく、稍《やや》〻支那の五行説に囚《とら》われた様な所もあって、感心はできない」として、否定的な評価を下していたもののようである。尚、筆跡については、「安藤の自筆本で、最後まで書き加えなどして居たものと見える」と、その印象を語っている。

また、福岡の浅井虎夫から存在を知らされた刊本『自然真営道』について「珍書」では、「此書が公に出版された事は絶対になかろうと、思っていた」ので、『宝暦書籍目録』にその名がある旨の報告を受け、「意外の事であった」と驚きを隠せないでいた。そして「安藤昌益」では「未だ見ぬ本の内容を評したもので推測から出ている」と断りながらも「彼は先ず遠廻《とおまわり》的なる略本を公刊して世人を啓発することに勉め、機熟するを見て全本を示そうとしたに違いがない」として、「人心を刺激する如《ごと》き具体的の議論を試みなかった」、いわば当時の出版コードに触れる気遣いのない、「物理学の理論ばかりを説いた様な」「略本」という見方をしていたようである。

狩野が刊本『自然真営道』を入手したのは、「安藤昌益」を執筆して四年後の一九三二（昭和七）年のことであり、「未だ見ぬ本の内容を」「「物理学の理論ばかりを説いた様な」ものと「推測」したことの炯眼《けいがん》には驚くほかないが、享保七（一七二二）年に定められた「出版条目」に象徴される江戸期の出版事情、徳川封建社会における「お上」の権威・権力による言論統制は、狩野の推測、昌益の思惑を遥かに上回って過酷であった。

なぜならば、一九七二年八月、神山仙確の蔵印や書きこみのある刊本『自然真営道』が、八戸郊外、南郷村の村上家から発見され、発見者にちなんで刊本『自然真営道』村上本と呼び慣わされているが、本書と狩野の購入した刊本『自然真営道』慶応本とでは大きな違いがあったからである。

つまり「公にすべきものと公にすべからざるものとの区別を知って」公刊したはずの『自然真営道』だったが、実は「出版条目」に触れ、当初は京都と江戸の版元《はんもと》による共同出版の予定だったものが、江戸の版元が板木《はんぎ》から名前を削って降りざるを得なくなり、また内容の一部が差し替えを余儀なくされていたのである。

次に、吉田書店で購入した「自然真営道（人相篇）三冊」については、「写本の工合《ぐあい》が新しいから内田氏時代のものと考えられる」と判断したもののようであるが、評価、位置づけは残されていない。

尚、文行堂で購入した『統道真伝』について「珍書」では、「見ると真道統傳《（ママ）》（五冊）とあり、中には自然真統道とあり、第一巻に紏聖失《きゅうせいしつ》とあるので、無論疑いもなく安藤昌益著の自然真営道の中のものである……是は門人の写し取ったものである」として、稿本『自然真営道』の一部の写本であったような理解を示している。

そして「安藤昌益」では『統道真伝』について、「其本は原稿ではなく門人が写したと思わるるもので、五冊あるが完本ではない。此本を獲て幾分《いくぶん》損失を恢復《かいふく》した様な気がしたものの、此書は門人に示す為の抄録《しょうろく》のごとく思われ、概要を瞰《うかが》うことは出来るが、内容の上にも修辞の上にも著しい差異があって、同一人の著述としては甚《はなは》だ見劣りがするのである」として、はなはだ評価が低い。また、「抄録」「完本でない」という言葉にも見られるように、ここでも稿本『自然真営道』の一部の写本であるかのような理解を示している。

こうした稿本『自然真営道』一〇〇巻本がまずあり、『統道真伝』はその「抄録」、刊本『自然真営道』は弾圧を避けて公刊された「略本」という狩野の捉《とら》え方は、現在では当然にも修正されざるを得ない。

戦後になって八戸では、中里進によって『博聞《はくもん》抜粋』『暦《こよみ》之大意』『確龍先生韻経書《いんきょうしょ》』といった昌益初期資料が発見され、また『九州史学』第三号（一九五九年）掲載の西尾陽太郎著「自然真営道『三巻本』と『百巻本』との関連について」、および西尾とは独立に香川大学の卒業論文「昌益の著作から考える」（一九七二年）で竹下和男が解析して見せたように、昌益の著作についての書誌学的研究が進んだからである。

現在では、昌益の著作の執筆時期は、基本用語の使われ方や頻度《ひんど》から推して、伝統的な価値観をそのまま踏襲《とうしゅう》していた「陰陽」五行論の時代（『博聞抜粋』『暦之大意』等）、伝統的な価値観へのラディカルな批判を行なった「進退」五行十気論の時代（刊本『自然真営道』三巻本、稿本『自然真営道』第一〜第一〇巻、『統道真伝』）、晩期の「進退」「四行八気」論の時代（稿本『自然真営道』「大序」巻、「法世物語」巻、「真道哲論」巻、および「人相」巻、医学巻）と、大別されるようになった。

特に「宝暦五年」の年記のある稿本『自然真営道』第一〜第一四巻は、農文協版『安藤昌益全集』編纂の過程で、実は「自然真営道」という題箋《だいせん》の下に「学問統括」という別の題箋が付された独立したシリーズものであったことが判明し、「序」にある「宝暦五年」という年記も稿本『自然真営道』全体の年記ではなく、「学問統括」の完成時に記されたものであると見られるようになってきた。

こうしたことから筆者は、稿本『自然真営道』百巻本とは、神山仙確が昌益亡きあと、執筆年代の異なる師の遺稿を一〇〇巻のアンソロジーにまとめた「安藤昌益遺稿全集」とでもいうべきものと見ている。

五　昌益の人物および思想についての考察

では、以下、肝心の狩野による昌益論を見てみよう。

狩野は、「大思想家」で、昌益の「性質は極《ごく》穏和の方」で、説くところは「人間は一切平等主義のもので、種々の階級とか、君臣など云《い》う者は不自然なもの」として「当時の徳川の世」を批判し、「人間は穀物を食って生活するから、穀物と同様な原子から出来て居る。故に農作に従うが最も自然に協《かな》い、此農作の為には誰でも苟《いやし》くも人間たらば、一様平等に働かねばならぬ」という「農本主義」で、「一種の社会主義、又は無政府主義に類して居る」と見ていた。

そのため、「今の思想界に之《これ》を紹介するは、面白くあるまいとの懸念から」、「其説を……好んで世に紹介」するわけにもいかず、「記者」（木山熊次郎）による大要の「紹介に止めて置」かざるを得ない、と考えていたもののようである。とは言え、「人物性行を……知りたいのだ」という狩野の強い思いがあり、「識者の一顧を願い度《たく》」「記者の許に御報《しら》せあらば難有《ありがたく》」、止むに止まれず記事にしたのだ、と注書きしている。

事実、「大思想家」の紹介記事が出たわずか二週間後、大阪の『日本平民新聞』が「百五十年前の無政府主義者・安藤昌益」と題して昌益の紹介記事を掲載すると、その三年後には大逆事件が引き起こされたのである。大逆事件は、明治政府によって捏造《ねつぞう》された近代日本最大の冤罪《えんざい》事件とは言え、多くの文学者・思想家がその後、韜晦《とうかい》した生き方を強いられたように、狩野にとっても「無政府主義」という言葉は二度と使うことが憚《はばか》られるものになってしまったと思われる。

そのため「珍書」で狩野は、「或《あるい》は社会主義者などの耳に入り、彼等はよい味方を得たかのような積《つも》りで、よい加減に尾鰭《おひれ》をつけてこの説を紹介する者などもあった」として、不用意な利用主義への違和を表明している。

いずれにしても、狩野は当初「狂人の書いたものに相違ないと思」っていたが、「フト思いつく事があって……読んでみると……当時として是れ丈《だけ》の論のあるのは、実に驚嘆すべき事」と評価が一八〇度変わった旨を伝えるとともに、「極めて平和主義で……これが此人の一特色といふべき」で、「一夫一妻を説いて居り」「今日の左傾派」とは違うところだとして、当時の運動、運動家に苦言を呈している。

そして、「法世より自然世《しぜんせい》に至るべき道程……橋渡し……に就《つ》いては農本共産主義によらねばならぬ」と概括しながらも、「共産主義といっても、帝王も認め、君臣の別も認め……是等は今日の左傾派流の説と稍《やや》異なる」として、現実の運動、現実の主義者と一定の距離を置いている。

こうした談話記事での昌益紹介を経ながら、狩野自身の筆になる唯一の昌益紹介論文である「安藤昌益」では、一、安藤昌益と其著自然真営道、二、安藤昌益の思想の経路、三、安藤昌益の人物、四、自然の正しき見方、五、互性活真《ごせいかっしん》、六、救世観の六章に分けて論じている。

狩野が天皇制ファシズム国家による言論弾圧という過酷な状況下にあって、何とか昌益を、昌益による「救世」観を救い出し、後世に伝えたいという思いには涙ぐましいものがある。

とりわけ、二〇世紀における人類史の壮大な実験、「ソビエット・ロシア」における「労農共産の大仕懸《おおじかけ》」な試みに共感を覚えながらも、「成否の程が見物《みもの》である」と一定の距離を置かざるを得なかったのは、「欧米の主義は単に経済問題に立脚し、反対に立つところの同胞を仇敵視《きゅうてきし》し、忽《たちま》ち喧嘩を始むるを通性となしている」という、今で言えばスターリン主義的な在り方、内ゲバに至る自己中心主義、教条主義に違和を覚えていたからであろう。

狩野は「安藤昌益」の中でも、「我《わが》道には争いなし、吾《われ》は兵を語らず、吾は戦わず」と言った昌益の言葉を引用し、また昌益が曾参《そうしん》と陶淵明《とうえんめい》を評価したことを引きながら「愛好した人物は孰《いず》れも温順な人であった」とし、また「法世物語」の例を引きながら諧謔精神に溢《あふ》れた人物である旨を紹介し、「危険視すべき人物でなかった」「徹頭徹尾争いを嫌っている」「平和を唱えながら直ぐと腕力に訴える様な賊《やから》とは全然其の選を異《こと》にし」「純粋に平和主義の人」である点を強調している。こうした昌益像には、狩野自身の生き方、考え方が投影していると見られなくもないが、現在の状況に照らしても示唆的、教訓的であると言えよう。

そして昌益の救「世」観を救「生」観と看破したことも見逃せない。狩野は言う、「法世とは個人的に人慾を助長する制度文物の世の中、自然世とは衆人的に人慾を満足せしむる制度文物の世の中」であり、「救世の道程としての農本共産」の「共産は個人慾病の下剤。科学は個人慾病衆人慾病共通の下剤」であり、「食物は必要欠くべからざるもの」だからとして、「帰農充食に重きを置」き、「唯《た》だ足食救生を喚《さけ》ぶのみ……帰農を勧むるのみ……直耕を尚《たっと》ぶのみ」と。

狩野は「大思想家」での昌益の紹介以来、昌益思想の要諦を「互性活真」と見ており、「珍書」でも「安藤昌益」でも一貫している。「大思想家」では、狩野の説明を受けた木山が「此を説明すれば、中々面倒です省略しましょう」と言って中身に触れていないが、「珍書」では「善と悪とは相対であって、悪がなければ善もない、善があれば必ず悪がある、然《しか》るに善を助長して悪を無からしむるとは矛盾の事で無意味である……互性活真を悟了してこそ始めて自然道がわかるのである。つまり善悪を超越しなくてはならぬ」と解かれている。「安藤昌益」の第五章「互性活真」の項でも、「互性活真は安藤の到達し得たる思索の極致である。究竟的立場である。法世を壊《やぶ》るも是れ、自然世を造るも是れ、一切事物の生滅は皆この互性活真に待つものである。是即ち自然の大法であるからである」として、自然界の存在法則である「互性活真」と「社会の改造」とを結びつけて紹介している。

狩野は「互性活真」を高く評価し、「彼は自然其儘《そのまま》を直観しようと勉めた。其主観的思索を藉《か》らず、虚心坦懐に自然に聞こうとした所は実によく科学者の態度に近かった」と、その科学者的な立場を評価した。

その一方で「最早《もはや》彼は……法世其物を棄《す》てなければならないのである。然《しか》らば先《まず》其教《おしえ》を棄てよう、其政《まつりごと》を棄てよう、其文字言語をも棄てよう、よろしい思想其物《そのもの》迄も棄ててしまえ。是が彼の喚《さけ》びである。かくして彼は遂に思想の虚無主義に立つことを余儀なくせられたのである」として、昌益の思索の徹底性が「思想の虚無主義」を招来した旨を、修辞の上にせよ否定的な表現で述べている。

ただこうした狩野の「互性活真」論には疑問を呈せざるを得ない。なぜならば、狩野は「互性活真」と言いながら、もっぱら「互性」＝相対性に力点がおかれ、「活真」についてはほとんどどころかまったく論究するところがないからである。「互性活真」と言いながら「活真」のない単なる「互性」でしかなく、きわめて平板で静的、「絶対性を帯《お》びたる独尊不易の教法および政法」を相対化し撃つには適していても、それ以上の積極性、内容的な豊かさが見られない。それは、狩野の言う「思想の虚無主義」という否定的な言い方とも重なってこよう。

なるほど、昌益は、儒・仏・神という伝統イデオロギーについて徹底的な批判を行ない、伝統イデオロギーは「棄ててしま」ったが、狩野がいみじくも指摘していたように、最後に残った事実「自然」に依拠したという意味で昌益は、「思想の虚無主義」どころか、自然主義、生命主義に立ったと言えるのである。

昌益の「互性活真」「二別一真」とは、「気一元論」をより徹底させた「活真一元論」によるものであり、宇宙の根源的実在である「活真」内部に孕《はら》まれた本「性」の対立、「二にして一」「一にして二」という相互依存・相互対立・相互転化（互性、性を互いにする）といった動的な内容、動的な契機を孕んでいるものであった。昌益は、こうした自然（活真）の持つ生産性、生命の持つゆたかさに立脚して「自然真営道」という壮大な思想体系を構築したのであり、だからこそ、時代を超え、地域を越え、世界に通ずる普遍的な一大思想として現代にも生きているのであり、「思想の虚無主義」とは無縁である。

そうした意味で、狩野が「安藤昌益」を執筆するに際して、『自然真営道』の全巻を消失し（と、その時点では思われていた）、ほとんど自らの記憶にしか頼ることができなかったという、極めて過酷な資料的・時代的な制約を差し引いたとしても、狩野は昌益の「活真」論、自然哲学を捉《とら》え損《そこ》なっていたと言わざるを得まい。

思えば、「大思想家」にも、「珍書」にも「安藤昌益」にも、「互性活真」「自然」「自然世」「法世」といった昌益の基本用語が引用されているが、基本用語中の基本用語、自然界の生産性を擬人化した表現、「直耕《ちょっこう》」については言及されることが少なく、考察もほとんどなされていない。

寺尾五郎さんの指導の下、農文協版『安藤昌益全集』の編集・執筆に携わり、その後も、「安藤昌益の会」事務局長として、いくつかの場で「安藤昌益原典講読の会」を設けたり、「原典講読講座」を開設し、『全集』に収録された昌益の原典、稿本

『自然真営道』や刊本『自然真営道』、『統道真伝』を繰り返し読み込んで、昌益の直耕論、昌益の自然哲学の豊かさに触れ、魅かれてきた者としては、狩野のこうした昌益論は、やはり画竜点睛を欠くものと指摘せざるを得ない。

ちなみに、現時点だからこそ、『全集』の自己批判も含めて言えることだが、昌益の「文字」批判とは、表意文字である「漢字」批判であって、表音文字も含めた文字一般の批判ではない。したがって、農文協版『安藤昌益全集』の第一巻、「大序」巻などの現代語訳で「文字」とあるのは、正確には「漢字」と訳し込まなければならなかったものである。つまり、狩野が「其文字言語をも棄てよう、よろしい思想其物迄も棄ててしまえ」と言っていたのは、修辞《レトリック》としては理解できても、原文に則したものとは言えないのである。

六　おわりに

「大思想家」の発表から一〇〇年以上、「安藤昌益」の発表から八〇年以上、近年の医学関係資料の相次ぐ発掘、昌益医学後継者の思いもかけぬ広がりなど、昌益研究の進展は目覚ましいものがあり、狩野昌益論への評価も当然のように変わってこざるを得ない。

とは言え、狩野の炯眼なくしては安藤昌益という存在も昌益研究もありえなかったであろう、ということもまた再確認しておかなければならないだろう。関東大震災の災禍により大著、稿本『自然真営道』全一〇〇巻のはとんどが灰燼に帰したのを受けて、内田魯庵《ろあん》をして「昌益の名は永久に我が思想史のスフヰンクスであるかも解《わか》らん」と慨嘆せしめる以前に、狩野が買い取り、ある時「フト思いつく事があって」読み直すことがなかったならば、どこの誰とも分からない狂人の書いた変てこな古書籍、トンデモ本として再び古本屋に出され、反故《ほご》紙同然に打ち捨てられ、「永久に我が思想史」に残らなかったかもしれないのだから。

狩野亨吉の安藤昌益論は量においては極めて僅かだが、質において内容においては実に豊富で、まだまだ論じなければならないことが多いが、紙数も尽きたので、残された課題については他日を期したい。

Ⅶ　昌益論の展開

現代から安藤昌益をどう読むか

――ゼロからの昌益再入門

児島博紀

はじめに

本書が総勢二五名もの執筆者を得ることができたという事実は、現代において人びとを惹きつけてやまない安藤昌益の思想の潜勢力を示すものであるといえよう。とはいえ、昌益に強く関心を抱いていても、実際のところ昌益の著作を読みこなすことが難しいという人も案外多いのではないだろうか(かくいう筆者もその一人である)。おそらく、昌益の封建制批判、フェミニズム的要素、平和論といった個々の論点が現代の私たちの直観に照らして魅力的であることに比して、昌益の文章そのものを地道に追いかけ、その全体像をつかむ作業にはいくつかの困難さが伴うのである。

一つには、昌益独自の用語を駆使した漢文体が、そもそも読みにくいことがあるだろう。もう一つの要素として、昌益思想の背景にある理論の一部をなす四行説(あるいはその原型の五行説)が、現代の私たちには疎遠で理解が難しいという点が挙げられる。すると問題は、前者の点は我慢するにして、後者の点を無視して済ませるかどうかである。現代に生きる私たちは昌益をどう読むべきだろうか。

本稿が試みるのは、この昌益思想の背景にある理論と現代的論点の両側面を、その両者の関係性に注目しながら読んでみることである。もちろん、昌益研究者ではない筆者にできることは限られている。本稿では筆者が目を通し得たわずかな昌益の文章をもとに、その基本を確認しつつ、両側面がどのように関係しているのかをみていきたい。それによって、昌益に関心を抱きつつも本格的に読めないでいる者による、ゼロからの昌益再入門を行ってみたいのである。

以下では、第一節で昌益思想の背景にある理論の基本を確認しつつ、第二節で、それが現代的な論点とどのように結びついているのかを検討してみたい。それらをふまえ第三節では、現代から昌益をどう読むかについての、ごく簡単な問題提起を行ってみたい。

一　昌益思想の背景にある理論

本節では、昌益思想の背景にある理論を、主に彼の陰陽五行説批判の観点から概観する。これによって昌益自身の論理を、その批判の対象との対比で理解したい。陰陽五行説とは古代中国で生まれた考え方で、万物の構成要素である「陰陽」と「五行」によって、自然界の事物とその属性を、系統的に把握し、諸現象のメカニズムを原理的に説明しようとする考え方である(1)。陰陽と五行はもともと別々のものであったが、戦国期に鄒衍《すうえん》によって結合されたという。ここでは、陰陽と五行それぞれとの関係で昌益の立場をみていく。

(1) 陰陽説批判――二別批判の論理

陰陽とは、たとえば天と地、男と女、日と月、昼と夜、火と水といった具合に、あらゆる事物を、相反する性質を持つ二項の対立・交流として把握する考え方である。ただし、陰陽は対立するものを固定的にのみ捉えるわけではない。たとえば、男は女に対しては陽であるが、子として親に対すれば、その男の子は陰である。女は陰であるが、親として子に対すれば陽である。

では、この陰陽説に対して昌益はどういった立場をとったのだろうか。昌益初期の著作、刊本『自然真営道』(2)からみてみる。

然ルニ一陰一陽ト言ヒテ、一退・一進二別ノ如ク言ヲ為シテ、天ヲ以テ陽儀ト為シ、地ヲ以テ陰儀ト為シ、全ク進退・一気ナルコト往来スレドモ一人ハ則チ人ナルガ如キ、一気ノ進退ヲ以テ二儀ト為《す》ル故ニ、進退・一気ノ自然ヲ知ルコト能ハズ。[十三：一〇四－一〇五]

ここには陰陽説批判と同時に、昌益自身の立場が表れている。昌益によれば、天に陽、地に陰をあてはめて、ものごとが二つのものから成り立っているようにみることは誤りである。ものごとは最初から分かれているのではなく、もともとは一つの「気」が運行しているのだという。ものごとが二つの側面を持つのは、一つの気の運行の「進」と「退」という質の違いによる現れとして理解されなければならない。ものごとを二つのものの成り立ちから把握することを昌益は「二別」と呼び、激しい批判の対象とする。

たとえば、「転ヲ去レバ定モ無シ、定ヲ去レバ転モ無シ。月ヲ去レバ日モ無シ。男ヲ去レバ女モ無シ」というように〔十二：一〇六〕、二別として捉えられているものは、それぞれが、もう片方がなければ成り立たない関係にある。それゆえ、「真営ノ道ハ邪正ニシテ一事、善悪ニシテ一物ナリ。是レ転定《テンチ》ニシテ一体、日月ニシテ一神、男女ニシテ一人ノ自リ然ルナリ」として〔十二：一〇六〕、昌益はあらゆるものごとはそもそも一体のものだとするである。

では、なぜものごとを二別としてみることが誤りなのだろうか。昌益は、中国（明）の医家・李時珍を批判してこう述べる。

天・陽儀、地・陰儀、天地二才トシ貴賤ヲ附ケ、己レ天ノ貴キニ法《のっと》リ上《かみ》ニ立タンガ為《メ》ニ、一体ナル転定ヲ二儀・二才ト為シ、迷欲者、陰陽二ツノ説ヲ為スナレバ、時珍之レニ迷フハ是非無シ〔十二：一二五二〕。

つまり、陰陽のようにものごとを二別としてみる見方は、同時に、貴賤という価値の序列を持ち込むものである。そこに昌益は、そうした二別を持ち込む者による、価値の序列の中で上に立とうという策略をも透視しようとする。

以上の昌益の批判にはいささか強引さも感じられるが、ここでは次のことを確認しておきたい。すなわち、昌益の陰陽説批判は、二別批判の論理である。それは、ものごとを二つのものから成り立つものと認識すること、そしてそれに伴って価値的な序列化を行うことへの批判である、と。昌益自身の論理は、陰陽説のようにものごとを二つのものの成り立ちからではなく、気の流れの質の違いによって把握しようとする「進退」説だと考えられる。

(2) 昌益の五行説

次に五行説に着目して検討する。伝統的な五行説において

「五」は、木・火・土・金・水という五つの構成要素を指し、「行」はそれら五つの要素の運行を意味する。つまり、これによって森羅万象が五つの構成要素の盛衰消長によって説明されることになるのである。たとえば、五行相克説によれば、木は土に勝ち、金は土に、火は金に、水は火に勝つといった具合に、五行相成説によれば、木は火を生じ、火は土を、土は金を、金は水を生じるといった具合に、こうした五つの関係性をものごとにあてはめることで説明する。

後に触れるように、昌益は晩年に五行説を批判して四行説という立場をとるが、まずは初期の立場にとどまって、昌益自身の五行説を瞥見しておこう。刊本『自然真営道』冒頭では、五行説との関わりで、「自然真営道」という言葉の意味が説明される。

夫レ何ヲ以テカ『自然真営道』ト謂フ。曰ク、自ハ即チ五ナリ。然ハ行ナリ。正ニ一《いつ》ニ五行ノ尊号ナリ。所謂《いわゆる》五ハ数五ノ五ニ非ズ、常ニ五ニシテ進退シテ止ムコト無シ。[十二：一〇一]

冒頭からいきなりわけのわからない記述であるが、「自然」と五行の関係は、自然の「自」は五に、「然」は行に対応する。つまり、自然とは五行の尊称だというのである。その「五」とは数の五ではない。つまり、五つあるという意味ではないのだという。では、五とは何なのか。それについて昌益は「五ハ中真」（他に「真」、「一真」、「五真」など）と述べる。したがって、五あるいは中真なるものの運行が五行であり、自然の意味なのだと考えられる。

そして、「五、自リ之レヲ行ヒ、之レヲ然《ス》ル故ニ、五行ハ自リ然ルナリ」と述べるように[十二：一〇二ー一〇三]、行とは「然ル」であり、五行とは「自リ然ル」だという。これが意味するのは、しばしば指摘されるように、昌益において自然とは自己運動を含意するということである。したがって、昌益における自然や五行は、五あるいは中真なるものの止むことのない自己運動であり、それは伝統的な五行説のように、五つの構成要素の盛衰消長によって捉えられるわけではないと考えられる。

では、その自己運動とはどういったものか。一つは、先にもみた進退である。たとえば昌益の高弟・神山仙確が序で、「其ノ小進スル則《とき》ハ木ノ徳用自《ひと》リ行ハレ、其ノ大進スル則ハ火ノ徳用自リ行ハレ、其ノ小退スル則ハ金ノ徳用自リ行ハレ、其ノ大退スル則ハ水ノ徳用自リ行ハレ(3)」と述べるように［十三：八四］、五あるいは中真の運行は、進退という質の違い、さらにはその大小といった量の違いも伴う。したがって、昌益において、伝統的な五行論における木・火・土・金・水といったものは、五あるいは中真の運行の、進退という質と、大小というその量の違いの現れとして理解されることになる。

また、自然の自己運動のもう一つの側面は、「通・横・逆」の運回である。たとえば、「然シテ其ノ物ヲ生ズルニ至リテ、通気ハ人ヲ生ジ、横気ハ鳥・獣・虫・魚ヲ生ジ、逆気ハ穀種・草木ヲ生ジ、転定ノ間、万物ト雖モ此ノ外有ルコト無シ」というように［十三：二一七］、「通気」は人間を生じさせ、「横気」は鳥・獣・虫・魚（昌益はこれを「四類《しるい》」と呼ぶ）を生じさせ、「逆気」は植物を生じさせる。生物のあり方も、このような気の流れ、つまり自然の自己運動に規定されるというのである。

以上をまとめると、昌益の五行説は、伝統的な五行説のようにものごとを五つの構成要素の盛衰消長として説明するものではない。それは、五あるいは中真なるものの止むことない自己運動であり、その意味で昌益において五行と自然はイコールであるとされる。そして、その自己運動のあり方、すなわち進退・大小や通・横・逆の運回によって、あらゆるもののごとのあり方が規定されることになる。

(3) 昌益の理論的到達点・四行説

ここまでみてきた初期昌益の五行説の立場は、より彫琢され、晩期には四行説へといたることになる。本稿ではその思想変遷の過程を追う力量も紙幅もない。この後に現代的論点を論じる上で重要だと思われる点にしぼって、昌益の到達点を確認したい。稿本『自然真営道』「大序巻」をみよう。

自然《しぜん》トハ互性妙道《ごせいみょうどう》ノ号ナリ。互性トハ何ゾ。曰《いわ》ク、無始無終《むしむしゅう》ナル土活真《どかっしん》ノ自行《じこう》、小大《しょうだい》ニ進退《しんたい》スルナリ。小進木《しょうしんもく》・大進火《だいしんか》・小退金《しょうたいきん》・大退水《だいたいすい》ノ四行《しぎょう》ナリ。自《ひと》リ進退シテ八気《はっき》互性ナリ。［一：六二］

初期には自然＝五行であったものが、ここでは自然とは「互性妙道」の呼び名だとされ、五行説では五あるいは中真などであったものが、「土活真」と称される。土活真とは、木・火・土・金・水のうち土を真と結びつけて根底に据えたものである。残りの木・火・金・水は土活真の運行の進退・大小の組み合わせの発現としての四行とされ、その四行がさらにそれぞれ進退することで八気となるという。晩期の昌益の立場は、土活真を根底にすえて自己運動する自然としての四行八気説として理解できる(4)。

さて、ここではこの四行説に関して、それがどのようにして現実の具象と結びつけられているのか、という点に目を向けてみたい。取り上げるのは、「炉の直耕」と「面部の八門」の二点である。

前者からみてみよう。「予《われ》、常ニ人家《じんか》ノ炉《ろ》竈《ヘツイ》ヲ視《み》ルニ、灰土《かいど》・活真体《かっしんたい》在リテ、木火金水、自行・進退・互性・通横逆ノ妙用《みょうよう》ヲ為ス」というように［一：七二］、昌益は人家のいろりやかまどには、四行八気という自然のはたらきが現れているとする。たとえば、かまどの薪と煮水の関係について、「進木《しんもく》ハ薪《タキギ》、進水《しんすい》ハ煮水《にみず》ト互性ナリ。薪ノ用盛《さか》ンナル則《とき》ハ、煮水燥《かわ》キテ煮水ノ用止《や》ムハ、薪ノ性トナル故ナリ。煮水ノ用盛ンナル則ハ、薪ノ用達セズ進木ノ用止ム、煮水ノ性トナル故ナリ」と述べる［一：七二］。薪を多くすれば煮水が乾き、煮水が多すぎれば薪が用をなさなくなるという関係に、四行の木と水、さらにその進退をあてはめることで説明しようとするのである。こうしたやり方で昌益は、いろりやかまどのはたらきが四行八気の自然そのものであることを示す。

では、なぜいろりやかまどには、四行八気の自然のはたらきが見出されるのだろうか。この問いに対して昌益は、「人、穂莢《ほさや》ノ穀《こく》ヲ煮テ食ハンガ為《メ》ナリ。転下・万国・万家異ナレドモ、炉ノ四行・八気・互性ノ妙用ニ於テ、只一般《いっぱん》ナリ」と答える［一：七五］。おそらく昌益は、いろりやかまどは穀物を煮炊きして食べるための、全ての人間の新陳代謝に必要不可欠なものとして、誰の眼にも明らかで実感のできる四行八気という自然のはたらきの実例だと考えたのではないだろうか。

いろりやかまどのこうした人間の新陳代謝を助ける点をもって昌益は、「炉土活真ノ直耕」と呼ぶ［一：七四］。ここには、「直耕」に込められた単に耕すという行為以上の意味とともに、昌益の身近なものへの観察力と、そこに自然のはたらきを見出さんとする洞察力が表れているように思われる。

昌益の洞察力は、同時に人間自身へも向けられる。それが第二の点「面部の八門」である。昌益は次のように述べる。

活真、人ノ身内ニ備ハル。互性妙道《ごせいみょうどう》・八気・互性・通横逆ノ妙行スル活真在リテ、自知・自行シテ為《す》ル所ナリ。故ニ家内ノ炉、腹内ノ府蔵、与《とも》ニ相同ジ。府蔵ノ八気・互性ノ気行、面部ニ発見《はつげん》ス。［一：七五―七六］

驚くべきことに昌益は、いろりやかまどに現れるはたらきと人間の「四府臓」（昌益は五臓六腑を四臓四腑と捉える）のはたらき方が同じものだと考えているのである。そしてこの点が面部の「八門」という形で確認できるというのである。八門というのは、顔にあるまぶた、目玉、耳介、耳の穴、唇、舌、鼻、歯という八つの器官である。これらは体内の四府臓とつながっており、いろりやかまどと同じように体内で運行する四行八気の作用がみえる形で現れ出たものとして捉えられるのである［一：七七－七九］。医者であった昌益の視線は、人間の顔を媒介としつつ、新陳代謝といった人間の体内活動の解明へと向けられているのではないだろうか。そして、それを森羅万象に共通する一貫した原理でもって説明しようとした結果が四行八気説ではないかと思われる。

以上をふまえつつ本節をまとめよう。本節では昌益の陰陽五行説批判を通して、彼自身の理論を概観してきた。昌益の理論的到達点は陰陽五行説の批判あるいは改訂によって辿りついた四行八気説である。この四行八気説は、初期の五行説の発展形態であり、根源にある土活真とその運行の進退・大小や通・横・逆の運回として、森羅万象を貫く自然の自己運動の法則を明らかにしたものである。これは、いろりやかまど、人間の顔といったきわめて身近なものへの観察と洞察によっても裏付けられている。(5) こうして昌益は伝統思想との格闘、現実への鋭い洞察によってこの地点に達したのだと考えられる。

二　現代的論点との関係

前節で検討したような昌益の思想的営為は、昌益の魅力でもある個々の現代的な論点とどのように関係しているのだろうか。この点について筋道の通った理解を得られるならば、昌益の思想体系についてより十全に理解できるだけでなく、私たち自身が個々の現代的論点そのものを考えていくための助けとなるかもしれない。本節では、昌益の封建制批判や「平等」論と呼ばれる部分の検討を通して、昌益思想の背景にある理論と現代的論点とのつながりを少しでも明らかにしてみたい。

封建制批判という問題は現代日本の喫緊の課題ではないだろうが、現代の私たちが昌益に惹き付けられる大きな要因の一つであることは間違いない。E・H・ノーマンの「昌益は明治以前の日本の思想家のなかで、封建支配を完膚なきまでに攻撃した唯一の人である」という評価は［Norman 1949: 117：一五五］、「忘れられた思想家」というキャッチフレーズとともに人口に膾炙した。昌益の封建制批判は、武士のような「不耕貪食の徒」が農民たちの生産労働の成果を貪り食うこと、そしてそのような社会体制を過去の聖人たちが正当化してきたことへの痛烈な批判として注目を集めてきた。

（1）聖人批判と封建制批判

ここでは昌益の封建制批判と呼ばれる部分を、主に聖人批判との関係で検討してみたい。そこでは、聖人たちは社会に対してどのように悪影響を及ぼしたと捉えられているのだろうか。「大序巻」から、長くなるが引用する。

> 是レ転定・央土・活真気、互性・八気・通横逆ニ運回スルニ一点ノ邪汚気《じゃおき》無シ。……
>
> 然ルニ聖・釈以来《このかた》、横気ヲ以テ主宰ヲ為ス。上下ノ私法ヲ立テ、欲情盛ンニシテ教ヘヲ為シ、不耕貪食シテ下《しも》衆人ヲ苦シム。故ニ下《しも》ハ上《かみ》ヲ羨ムノ欲心、上ハ下ヲ貪ルノ欲心、責《せ》メ貪ラル患悲ノ情、下ヲ責メ採ル邪情・迷欲、怨恨ノ邪気、上下交《こもごも》邪気妄狂シ、……転定・活真ノ気行ヲ汚シ、不正ノ邪気ト成リ、或イハ六月寒冷シテ諸穀実ラズ、或イハ干魃《かんばつ》シテ衆穀不熟・焦枯《しょうこ》シ、凶年シテ衆人餓死シ、或イハ疫癘《えきれい》シテ多ク人死シ、転下皆死ニノ患《うれ》ヒヲ為ス。其ノ近証ヲ謂フ則ハ、大乱・大軍シテ人多ク殺シ殺サレ、万人手足ヲ安《お》ク所無ク、患ヒ悲シム其ノ邪汚ノ人気《じんき》、転定・活真ノ気ヲ汚シ、故ニ不正ノ気行ト成リテ、必ズ凶年シテ実ラズ、多ク餓死シ、疫癘シテ病死ス、近ク世人ノ知ル所ナリ。……是レ其ノ本《もと》、聖・釈、私法ヲ立テ、不耕貪食シ、己レ先ヅ盗欲心ニ迷フテ、而シテ後ニ世人《せじん》ヲ迷ハシ、欲賊心ト為《な》サシメテ致《いた》ス所ナリ。［一：一一八―一二〇］

ここで昌益は、聖人たちの誤った教えが与えた社会への悪影響を、気の流れを使って説明する。聖人たちが現れる前は、汚れた気など存在しなかった。しかし、聖人たちは上下の二別を肯定する「私法」を立てることで、不耕貪食を正当化し、民衆を苦しめた。これによって、通・横・逆の横気が支配的となったというのである。それによって、汚れた気の流れがさまざま害悪の形をとって現れる。冷害や干害による飢饉、病害、さらには大乱までも。つまり、世の中のさまざまな悪い出来事は、聖人の作為に始まる負の連鎖なのである。

こうした昌益の主張は、現代の感覚からはにわかには首肯しがたい。しかし、「下《しも》ハ上《かみ》ヲ羨ムノ欲心、上ハ下ヲ貪ルノ欲心、責《せ》メ貪ラル患悲ノ情…上下　交《こもごも》邪気妄狂シ」という説明は、上下の二別が立てられることによる、下から上への嫉みの感情、それに対する上の警戒心、そしてそれらの対立という負の関係性や悪循環を、気の流れを用いて言い換えたものだとも考えられる。[6]そして、冷害、干害、飢饉、大乱などといった一見すると別々のことがらに何らかのつながりを見出し、一貫した原理によって説明しようとした努力の成果がここに表れていると考えることもできるのではないだろうか。

ところで、こうした昌益の聖人批判と封建制批判が、凝縮されかつ文学的に表現されたものが、稿本『自然真営道』第二十四「私法世物語巻」だと思われる。この物語は、「四類」(鳥・獣・虫・魚)と呼ばれる動物たちが、それぞれ一堂に会して人間社会を論評するという体をとったものであるが、そこで昌益は、動物たちに自分たちの社会よりも人間社会が過酷なものであることを語らせることで、きわめて皮肉に満ちた物語に仕上げるのである。

具体的にはこうである。動物たちの世界では、たとえば鳥の世界だと鷲は鳥の王であり、鶴は鳥の公卿・大夫、鷹は鳥の諸侯、カラスは職人、カササギは商人……といった具合にそこには厳然たる秩序が存在するとされる。それは「大ハ小ト序シテ食フ事ハ常ノ業《ぎょう》」[六：三五]、つまり弱肉強食の世界だというのである(鷲が鶴を食べるという話は聞かないが、これは動物界の秩序を表す比喩だろう)。この点は他の獣、虫、魚の世界においてもそれぞれ同様である。

では、人間の場合はどうか。昌益はカラスに次のように述べさせている。

> 人ハ転真ノ通回ニ生マルル故ニ、転真ト与《とも》ニ一般ニ穀ヲ直耕シテ之レヲ行フベキニ、聖・釈出《い》デテ、不耕《ふこう》ニシテ転真ノ直耕及ビ道ヲ盗ンデ、貪《むさぼ》リ食フテ私法《しほう》ヲ立テ、王・公卿・大夫・諸侯・士・工・商、始マツテ以来《このかた》法世ト成リ……。……是レ大ハ小ヲ食フ序ヲ以テ此ノ如クナレバ、人ノ法世ハ吾吾《われわれ》ガ世ト相同ジ。人間ノ世ト云ヒテ勝《すぐ》レテ高シトスル所無シ。[六：三八―三九]

本来人間は誰もが直耕すべきなのだが、聖人が「私法」を立てたことにより、王、公卿、大夫、諸侯、士、工、商といった序列の「法世」になってしまった。これは大が小を食う（正確には大が小の功を食う）という動物たちと同じ秩序に陥ってしまっているというのである。それだけではない。人間の中には借金や年貢の取り立てに苦しめられる者がおり、さらには、上下関係自体が戦乱によってころころと変わる。こうして昌益は鳥たちに、「然ル則ハ鳥世ハ、人ノ法世ニハ甚ダ勝レテ極楽・太平ノ転下ナリ」と結論づけさせる［六：八六］。物語は、こうした動物たちの会話を通して人間社会への痛烈な風刺となっているのである。

　さて、ここで私たちの関心にとって重要なのは、こうした人間や動物たちのあり方も、前節にみてきたような気の流れに裏付けられていることである。たとえば、「吾吾《われわれ》如キノ四類《しるい》ハ、横気主宰ニシテ通逆ノ気ヲ伏シテ、横進偏気ヲ受ケテ鳥類ト生《な》ルナリ」というように［六：三五］、動物たちは、通・横・逆の運回における横気に規定されて、そうしたあり方をとるものとされる。それに対し人間は本来、通気に規定される。したがってその意味では、昌益において人間と動物は通・横・逆の運回に裏付けられた本来区別された存在だということになるが、聖人の作為は、人間にも横気の作用をもたらし、動物たちと同様、あるいはそれ以下のあり方にまで貶めさせるというのである。

　こうしたやり方で、昌益は通・横・逆の運回を半ば強引に用いつつ、人間や動物のあり方の出来までをも説明しようとするが、聖人の作為が人間にもたらす横気の作用は、先の「大序巻」の引用とも共通するものである。したがって、聖人批判と封建制批判についてみると、聖人による作為が社会にもたらす作用や、そのもたらし方も気の運行によって説明される点で、前節にみた昌益思想の背景にある理論との一貫性が読み取れるものと結論づけることは、大きな間違いではないと考えられる。

（２）人はどのように平等であり、あるべきなのか

　次に、昌益の「平等」論と呼びうる点を検討しよう。当然のことだが、二五〇年以上前に生きた昌益が現代人と同じく平等や不平等という言葉を用いているわけではない。それにもかかわらず、私たちは昌益の文章に「平等主義者」としての側面を強烈に感じ取るのである。ところで、私たちが平等という言葉を用いるとき、人びとが何らかの点で平等であるといった事実的な記述をする場合もあれば、地位や財などを指標として平等であるべきだという規範的な主張を行う場合

もある。そこでこうしたことを念頭に、昌益の文章から、人はどのように平等であり、どのように平等であるべきなのかという点を読み取ってみたい。

この点に関する昌益の考えは、「大序巻」の次の一節に凝縮されているように思われる。

> 男女《ヒト》ハ万万人ニシテ只一人ナル明証ノ備ハリ、面部ヲ以テ自《ひと》リ知レテ在リ。面部ノ八門ニ於テ二別《にべつ》無キコトハ、是レハ上《かみ》ニ貴キ聖王ノ面部トテ、九門・十門ニ備ハル者無ク、是レハ下賤《しもいや》シキ民《たみ》ノ面部トテ、七門・六門ニ備ハル者無ク、面部ニ大小・長短・円方ノ小異《しょうい》有レドモ、八門ノ備ハリニ於テ、全ク二別有ルコト無シ。是レ人ニ於テ、上下・貴賤ノ二別無キ自然・備極ノ明証ナリ。四行・進退・互性・八気ノ妙道ニ、外《そと》無ク内《うち》無ク、微《すこ》シモ二別無キ所以《ゆえん》、是レナリ。故ニ、人身ノ尺《たけ》・心《しん》・行《こう》ニ大違《たいい》無キ所以ナリ。本《もト》是レ転定・活真、一体ノ為《ス》ル所ナリ。［一：八〇］

人の顔はそれぞれ違う。それによってモテるかどうかが決まるのは不平等だから全ての人間の顔を統一しろ、という稀有な主張をする人を筆者は知っているが、昌益の観点からすればそうではない。たしかに人の顔はそれぞれ差異を持つ。しかし、面部の八門に注目してみれば、それは小さな差異であって、八門が備わっているという点では、どんな人にも違いはない。聖王も民衆も違いはないのである。考えてみると突飛な主張ではないが、私たちの関心にとって重要なのは、これが昌益思想の背景にある理論に裏付けられていることである。

つまり、四行八気のはたらきの現れである面部の八門は、差異を持つと同時に人びとの共通性の現れでもある。そこに二別批判が加わることで、上下や貴賤という二別を持った現実の社会のあり方への批判ともなっている。四行八気はもともと一つの気の流れであり、それが進退・大小などによって面部の八門という現れ方をとっている。そこに二別はない。しかるに、現実の社会には上下や貴賤という厳然たる二別が存在する。昌益は、本来二別のない人間が上下や貴賤の二別を社会に持つ矛盾を突こうとしているのだと考えられる。

おそらく、こうして人間の差異と共通性を認めつつ、上下の二別の封建制を批判する主張が、「男女《ヒト》ハ万万人ニシテ只一人」という謎めいたフレーズとともに、昌益の「平等」論としてこれまで人びとを惹き付けてきたのではないだろうか。

さて、こうした昌益の論法は、背景にある理論として先に検討したことの社会批判への応用として捉えられると同時に、それを超え出る側面をも持っているように思われる。前節では、昌益の四行八気説を、もっぱら森羅万象の説明原理として理解してきた。つまり、自然の自己運動の法則を記述する原理として理解してきたのである。しかし、社会へのまなざしに関していうと、昌益は現状を説明することには全く満足しない。むしろ根本的に異議を唱えるのである。

おそらく昌益は、自然の自己運動法則の解明を徹底させることで、それにそぐわない現状の社会のあり方に対しては、徹底的に変革を要求する境地にいたる。つまり、自然の自己運動の法則の記述が、それとは矛盾する社会のあり方に対しては、それが誤ったあり方だという規範的な主張へと転換するのである。こうしたやり方で、昌益思想の背景にある理論が社会批判においても、重要な役割を果たしていると考えられるのである。

本節をまとめよう。以上の検討をふまえれば、昌益の封建制批判や「平等」論といったものは、前節で検討した彼の思想の背景にある理論と一貫性を持つものとして捉えることができるのではないだろうか。つまり、四行八気は誰の眼にも明らかな形で人間のある種の平等性を根拠づけているとともに、それに反して上下・貴賤の二別を有する現実の社会に対しては批判的な視座をも提供するのである。また、人間の社会が上下・貴賤の二別を持つにいたった由来は、聖人の作為に帰される。聖人の作為が社会に及ぼす作用も、昌益の独自の気の運行によって循環的に説明される。

三　まとめにかえて——現代から昌益をどう読むか

本稿では、昌益思想の背景にある理論の基本を概観し、それが現代的論点へといかに結びついているかを確認してきた。本稿の考察は昌益思想の一部を恣意的に切り取り、貼り付けた強引なものだったかもしれない。あるいは逆に、昌益研究の常識をただ繰り返し述べたにすぎない可能性もある。いずれにせよ読者諸氏の厳しい批判を待ちたいが、以上の考察によって、本稿冒頭に述べた現代の私たちが昌益を読むことの難しさの理由が、いくらか明瞭になったのではないだろうか。

というのも、現代の私たちが昌益の現代的な論点に興味を持つ場合、彼がそうした主張を行っている事実と同時に、いかなる根拠でもってそうした主張を行うのかにも少なからず興味を持っているはずなのである。現代人であれば封建制を批判する根拠を、たとえば人権という概念だとか、「人は皆平等である」という理念に訴えるかもしれない。

ところが、昌益がそうした主張を導きだす根拠は、現代人には大きく共感できる部分と同時に、どうしても異なる部分がでてくる。つまりそれは、昌益独特の理論的背景を持っているのである。このため、背景にある理論が理解できないか、理解できたとしてもそれに賛同できないがゆえに、なかなか昌益を読みこなせた気になれないという事態にも陥るのではないだろうか。おそらくここに、現代の私たちが昌益とつきあっていく難しさがあるように思われるのである。

こうしたことをふまえつつ、昌益を現代からどう読むかについて、最後にごく簡単に問題提起を行ってみたい。昌益の理論的背景にせよ現代的論点にせよ、私たちはどのように接するべきだろうか。この点について筆者は、昌益の独創性や先進性をいたずらに強調することには、慎重にならなければならないのではないかと考える。

理論的背景についていうと、たとえば全集における寺尾の解説は――本稿の昌益理解もこれに多くを負っているが――昌益の独創性と先進性を強調し過ぎるきらいがあるように思われる。また逆に、人によってはそれをあまりにも非科学的なものと考え、昌益の途方もない妄想につき合わされているという感覚すら覚えるかもしれない。ならばこうした非科学的な部分は捨て、個々の現代的論点とその先進性をのみ取り上げればよいという考えにも、もっともらしさがある。

しかしながら、理論に関していえば、寺尾のように独創性や先進性を強調することは、昌益の思想が批判という形をとったにせよ伝統思想の影響の中にあったことを軽視し、昌益がいかにして思想を発展させてきたかを考えることの妨げにもつながるのではないだろうか。また、現代的論点に関していえば、それらはたしかに魅力的なものではあるが、それらが昌益の時代とは社会構造が大きく異なる現代に、そっくりそのまま当てはめのきくものかというと、そうでもないだろう。つまり、現代的論点の先進性をのみ取り上げることにも限界があるように思われるのである。だとすれば、私たちはその思想の形成や独特の論理を辿ることで、現代の問題に昌益先生だったらどう対処するだろうかと、考えるほかないのではないだろうか。

さらに付け加えていうと、そもそも昌益に対して先進性の評価を現代から一方的に下すこと自体が、私たちの立場を特権視した行為であるように筆者には思える。それは逆に昌益の「差別」的要素を強調すればよいということでもない。たとえば、三宅正彦編『安藤昌益の思想史的研究』[三宅編二〇〇一](7)には、「差別思想」や「女性差別」といった表現を含むタイトルの論文が収められている。もちろん事実内容は精査されるべきだが、遠く時代を隔てた人物に対して「差別」という価値的な評価を下すこともまた、自らの立場を特権視した振る舞いに思えるのである（この点、先進性を強調する研究と「差別」的要素を喧伝する研究は、互いを批判しあう形で相補的な関係にあるように思われる）。

どちらの立場に立つにせよ、そうした性急で一方的な評価ではなく、その理解し難さも含めて昌益の文章によりそい、彼が伝統思想の何と格闘し、現実の何に直面していたのかを考えていくことこそが、遠回りではあっても昌益の思想を現代に活かしていく道なのではないだろうか。

注

（1）廣松渉ほか編『岩波 哲学・思想事典』（岩波書店、一九九八年）の「陰陽五行説」の項を参照。

（2）昌益の思想形成過程の区分について、ここでは東條榮喜による四つの区分（早期、初期、中期、晩期）にしたがうことにする［東條二〇一一：三〇］。

（3）全集書き下し文では「水ノ徳用（自リ）行ハレ」とされているが、原文を確認のうえ［二一：三〇二］、括弧をはずした。

（4）以上に示したような昌益の自然概念が、今日の自然科学への理解は十全なものではない。昌益の自然概念が、今日の自然科学が対象とするような自然界（nature）を含意するかについては、見解の対立があるようである。安永寿延は「「自然」はけっして実体的ではなく、運動概念である。それは今日いわれる自然を意味しない」とする一方［安永一九七六：一八〇、強調原文］、寺尾五郎は「今日われわれが自然界という意味で使っている「自然」という言葉は、昌益がはじめて使った」としている［寺尾一九九六：九］。関連する記述として［東條二〇一一：三二一―三三一］。また、晩期昌益の自然概念にとって重要な要素「互性」について、本稿では踏み込むことができなかった。それが宋学の形而上学の批判的継承の位置に立つという指摘については［稲葉二〇〇四：一三二―一三六］を参照。

（5）昌益自身こう述べている。「活真・互性ノ妙道ヲ知ラント欲サバ、目前ト己身トニ備ハル道ヲ以テ、明暗・互性ヲ知リ尽スベシ」と［一：一〇九］。

（6）別の昌益と弟子との問答の中では、弟子が「治ハ乱ノ根ト成ル故ニ、上《かみ》、治ムレバ、下《しも》、乱ス」と述べているが［一：二一〇］、こうした「治」が「乱」の根となることの背景にも、上下の二別に由来する嫉みや警戒心とその対立という負の関係性や悪循環が見出されていたのではないだろうか。

（7）この論集は主に三宅の指導のもとで執筆された学生による卒業論文や修士論文によって構成されている。

凡例

安藤昌益の著作からの引用・参照に際しては、底本として安藤昌益研究会編『安藤昌益全集』、農山漁村文化協会、一九八二－一九八七年を用い、［ ］内に、全集の巻数と頁数を示す。また、引用は原則として全集の書き下し文を用いる。

文献

稲葉 守 二〇〇四、『今にして安藤昌益』、風濤社。
寺尾五郎 一九九六、『安藤昌益の自然哲学と医学――続・論考安藤昌益（上）』、農山漁村文化協会。
東條榮喜 二〇一一、『互性循環世界像の成立――安藤昌益の全思想体系』、御茶の水書房。
Norman, E. H. 1949. "Andō Shōeki and the Anatomy of Japanese Feudalism," in *The Transactions of the Asiatic Society of Japan*, Third Series, Vol. 2, The Asiatic Society of Japan.（邦訳）E・H・ノーマン『忘れられた思想家――安藤昌益のこと（上・下）』（岩波新書）、大窪愿二訳、岩波書店、一九五〇年。
三宅正彦編 二〇〇一、『安藤昌益の思想史的研究』、岩田書院。
安永寿延 一九七六、『安藤昌益』（平凡社選書）、平凡社。

日本のヘーゲル
——安藤昌益

森中定治

二〇一二年四月八日、東京都豊島区内の立教大学において、筆者の所属する日本生物地理学会の第六七回年次大会が開催され、そのなかで「生命とは何か?」と題したシンポジウムが開催されました。

不死の生物ベニクラゲの若返りを調査し昨今大きな話題を呼んでいる京都大学の久保田信准教授、複雑系理論の権威である東京大学の金子邦彦教授のお話、そして長野敬自治医大名誉教授の特別発言に先立って、私が生物の「種」という視点から生命(いのち)とは何か?について講演をしました(森中、二〇一二a)。

専門的になって恐縮ですが、「種」には共通の祖先から生まれた子孫が全部含まれる単系統種と、一部が別種として抜けてしまい全部は含まれない側系統種(または偽系統種)などがあります。図(二五二頁)に示しましたが、側系統種(図のB)のような種はいくつも知られています。分かり易い例では、ヒグマがそれに当たります。ヒグマは北極の周囲に広く生息していますが、そのうちのごく一部がホッキョクグマ(シロクマ)に進化しました。そのときヒグマは単系統種から側(偽)系統種に変わりました(Talbot S. L. & Shields, G. F. 1996)。

分子生物学が発展し個々の生物がもつDNAの塩基配列が次々と明らかになり、生物の近縁性を調べる生物系統学(三中、一九九七)が分子データを用いることによって近年大きく発

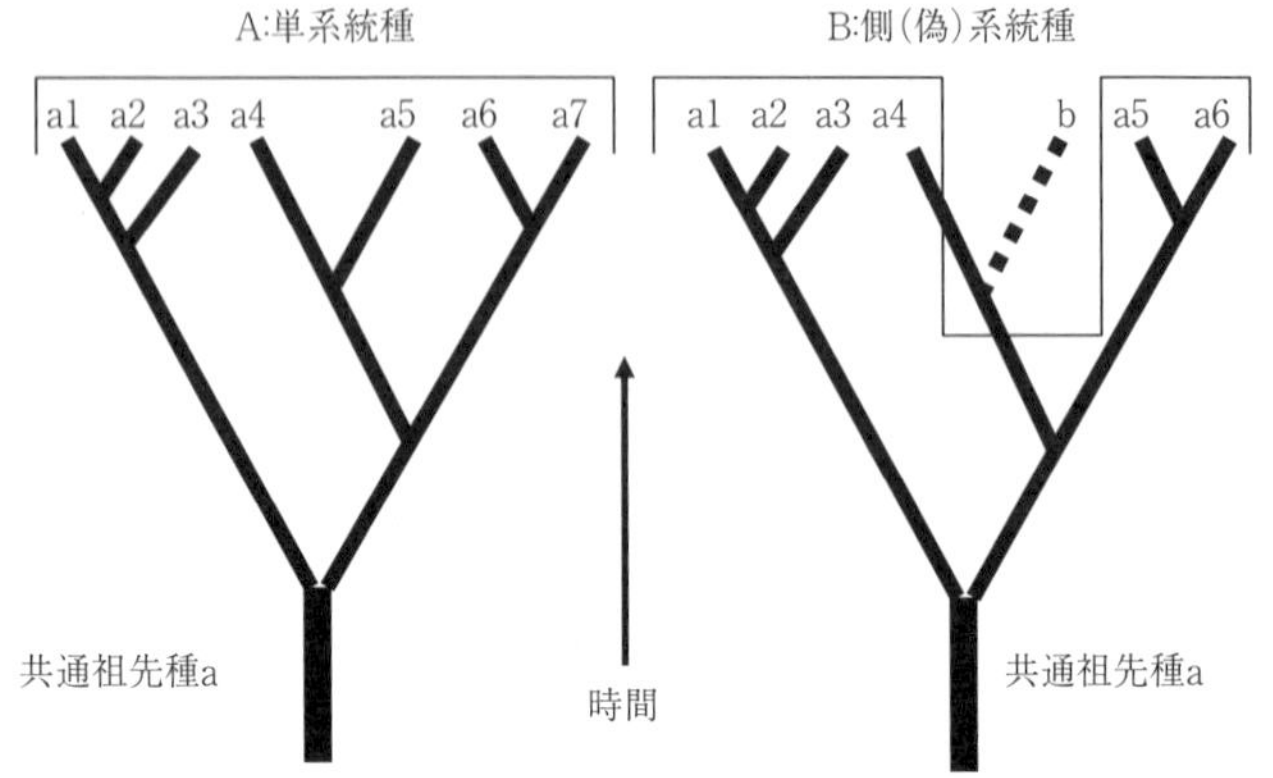

図：生物のモデル系統樹
(a1-a7は個体群、Bでは種aの1個体群が別種bになったケース)

展しました。昆虫（チョウ）を用いた研究でも系統研究は大きく進展し（森中、二〇〇五）、筆者もチョウを材料としてこの研究を進めています。筆者は、この一連の研究の過程で、カザリシロチョウというシロチョウ科のグループのなかに側系統種を現在発見しつつあり、この側系統種という概念が単に生物学上の一つの論点だけではなく、人間が生命を理解するうえで大変大きな意味をもつことを見いだしました。そして「種」について考えるうちに、生命とは何であるのか少しずつ分かってきたように思います。

生物の「種」とは、ある意味では「生命（いのち）」と同じであると、私は考えています。生命とは、次世代に現世代がもつ特性（形質）をほぼ正確につないでいくものです。

そして、つながっており同時にまた切れているもの、言葉を代えればひとつのものであるが同時にまた区別されるものであることが分からなければ、「種」つまり「生命」を理解することができないとその講演でお話しました。「生命（いのち）」とは、このような特性をもつものです。そしてこの特性のゆえに、ソクラテス、プラトンの古代ギリシャ、ローマから現代に至るまで明確な答えが得られず、論争が続いてきた理由だと、私は思います。

ドイツ観念論哲学は、ヘーゲル（一七七〇－一八三一）において極まったと言われます。ゲオルグ・ヴィルヘルム・フリードリヒ・ヘーゲルは、彼の代表的著作である大論理学において、以下のように述べています。

一　有と無との統一

それ故に純粋有と純粋無とは同じものである。眞理であるところのものは有でもなければ、また無でもなくて、有が無に、また無が有に――推移することではなくて、――推移してしまっていること（dass übergemangen ist）である。けれども同様にまた、眞理は両者の区別のないことではなくて、むしろ両者が同一のものではないということ、両者は絶対に区別されるが、しかしまた分離しないものであり、不可分のものであって、各々はそのままその反対の中に消滅するものだということである。それ故に、両者の眞理はこういう一方が他方の中でそのまま消滅するという運動、すなわち成（Werden）である。云いかえるとこの運動は、そこでは両者が区別されているが、しかしまたそのまま解消してしまっているというような区別を通して行われるところの運動である。

（ヘーゲル、『大論埋学』武市訳、二〇〇二）

ここでは〝有〟と〝無〟つまり〝ある〟と〝ない〟の概念を用いて論じています。しかし、生物学者である私からみれば、これは「生命（いのち）」の説明と同じであるように思います。生命はつながっていて、同時にまた切れています。ひとつのものでありながら同時にまた明確に区別ができます。先般の日本生物地理学会大会のシンポジウムで具体的にお話ししましたが、比喩ではなく現実です。〝推移してしまっている〟というところは、なかなか難しいのですが、徐々に変化するのではなくて、同時に生じるという「同時性」を表しています。

「生命（いのち）」は、現実にこの世にある実体であり、人間の頭のなかに造り出された観念ではありません。私が生物学者として、チョウの系統研究を通して見いだした「生命（いのち）」に基づいて、ヘーゲルの論述を私なりに理解しました。

もし私のような、何らかの具体的な対象、材料をもたずに、観念だけでヘーゲルのこの論述を考えてもチンプンカンプンの禅問答のようであり、分かる人は殆どいないのではないかと思います。ヘーゲル哲学が難解と言われる所以です。

彼は、哲学者としての言葉を使ってあくまで自分自身の持ち味で論じているけれど、〝ある〟と〝ない〟といった観念だけからこれに思い至ったのであれば、とてつもなくすごい人だと思います。

ヘーゲルの主張は、何か私の主張と共通する親近感を覚えます。言っていることは、比較的分かり易いことだと思うのですが、言い方が観念的、抽象的なので、読む人によっていろいろな見方ができると思います。つまり、読者がそこから何を見いだすかが、面白くまた価値のある点だと思います。

安藤昌益が気づいたものは、ヘーゲルと同じだと私は思います。彼は社会における人間の真実、ヘーゲルとは異なるもっと具体的な、今で言うところの生物学的なことからそれを見いだし、そして結果としてヘーゲルと同様の結論に至ったと思います。ヘーゲルのように観念からではなく生物学的な実体、あるいは人間の実社会からヘーゲルが見出したものと同じものを見出したのです。

昌益は一七〇三年（元禄一六年）に生まれ、一七六二年（宝暦一二年）に没しました。ヘーゲルより僅かに早く、一八世紀の社会を生きた人です。

昌益は、人間について以下の通り述べています（変革のアソシエ講座　第三期第七回、二〇一一）。

「ひと」の定義

「男女《だんじょ》ヲ人ト為ス。一人ヲ以テ人ト為《す》ル則《とき》ハ失《あやま》リナリ。男女《ヒト》ヲ以テ人ト為《ス》ル則ハ可ナリ。」（稿本『自然真営道』第三十五、『全集』第六巻）

「是レガ小ニ男女《ヒト》ナリ。故ニ外《そと》、男内ニ女《おんな》備ハリ、内《ウチ》、女内ニ男《おとこ》備ハリ、男ノ性ハ女、女ノ性ハ男ニシテ、男女互性……穀ヲ耕シ麻ヲ織リ、生生絶ユルコト無シ。是レ活真・男女ノ直耕ナリ。

転定ハ一体ニシテ上《かみ》無ク下《しも》無ク、統《す》ベテ互性ニシテ二別無シ。故ニ男女ニシテ一人、上無ク下無ク、統ベテ互性ニシテ二別無ク」（稿本『自然真営道』第二十五、『全集』第一巻）

昌益は、〝男女〟を〝ひと〟と訓んでいます（石渡、二〇〇七）。男と女の一組をもってヒトとみる見方を主張しました。これは、生物学者の私にとって、大変大きな驚きです。

もちろん、男も女もそれぞれが独立した一人の個人です。

現代社会では、性別に関わりなく、それぞれが同じ人間の一人として尊重され、対等の権利をもちます。これは言うまでもありません。

しかし、生命(いのち)という視点から考えたらどうでしょうか。生命を未来に継ぐには、男と女が一つになる必要があります。男性と女性が一つになって初めて、生命を未来へつないでいくことができます。

しかし、男性と女性、あるいは動物のオスとメスであっても、片方が別種であればどうでしょうか。片方が別種であれば、生命を未来に継ぐことはできません。このことから未来に向かって生命を分離するもの、それが「種」であることがわかります。逆に言えば、同じ種のなかのどの個体でも異性であれば未来に生命をつなぐことができます。むろん実際には、時間的、空間的、あるいは物理的、社会的な制約などから配偶の相手は限られますが、同種の異性とは未来に生命を継ぐ機能を有しており、どの個体も、どの時代においても、自らの「種」を未来につなぐことができます。逆に言えば自らの「種」を次世代につなぐことができないとき、その種、つまりその生命が消滅するということになります。

個体は明らかにそれぞれが異なります。たとえ双子であっても、人格はそれぞれ別であり、それぞれが一人の異なる人間であって、明確に区別ができます。しかし、一度も切れたことはないのです。前世代、つまり両親と生命の継承が行われ、継承された細胞をもってつながっているのです。このことから、人類はひとつであって総ての個体はつながっていることがわかります。男と女は別の機能をもっているが故に、それが一つになって次世代を産み出すのです。〝ヒト〟という一つの生命において、区別される二つが未来に生命をつなぐけれども、その二つはいずれもひとつの生命そのものであって区別がないのです。

人と人が争います。国と国も争います。その争い、我こそは正義なりという主張が衝突することはよいことだと思います。お互い真剣な対話、討議のなかに真の相互理解が生まれ、その土台のうえに協力と発展があるのだと思います。しかし、その争いが人を殺し、大地を汚し、環境を破壊しあう戦争となる時は、自らの主張を、そこまで正しいかと疑う必要が生じます(森中、二〇一二b)。なぜなら大地、環境は、人間というひとつの生命体が将来もずっと存続していくための場(土台)であるからです。特定の場所と時間を生きる一断片としての個別の人間の主張によって失われてよいものではないと思います。このことは、生命が個々に識別でき、同時にまた一つであることを理解することによって、深く理解できるようになります。この理解は、発展した科学が人類に対する刃となる時、人類を守る盾となります。詳しくは拙著『プルトニウム消滅！脱原発の新思考』（森中、二〇一二b）の終章「環境なくして人間なし　人間なくして経済なし」をご覧ください。

上記に示した二つ目の論述で、〝男内に女備はり、内、女内に男備はり、男の性は女、女の性は男にして、男女互性〟と昌益は述べています。これは男のなかにも女性的な要素があり、女のなかにも男性的な要素があると理解されています。それはそれで正しいと思います。しかし、後半に〝男の性は女、女の性は男にして、男女互性〟と述べています。この意味は、私には別の意味も浮かんできます。つまり、男は女がいなくては観念として存在しないということです。単性の世界、例えば男性だけの世界で、自らが男性であることを認識できるでしょうか。女性がいるからこそ男性という概念が生まれ認識できる、つまり人間がその頭脳で把握できるのではないでしょうか。女がいなければ男はこの世にないし、男がなければ女はないのです。このことから、ある面では男と女は同じものであることが見えてきます。〝男の性は女、女の性は男にして、男女互性〟という昌益の言葉は、これを表しているとも、私には受け取ることができます。ヘーゲルは現実の世界では、男と女の社会的役割を分けた封建的な面がありました。けれどもそれだけでヘーゲルを除外すれば、彼の遺産を捨ててしまうことになるでしょう。男と女は明らかに区別されるけれども同時にまた不可分であるというヘーゲルの言葉を現代を生きる我々が理解することは、人間がワンステップ成長することだと私は思います。

そして、〝上無く下無く、統べて互性にして二別無く〟という論述は、天が尊いことはなく、一方で地や海は下賤でもなく、男も女も総てが分離できないひとつのものであって差別はないと言っています。まさに昌益の深い哲学から結実した果実、素晴らしい理念だと思います。

社会が比較的平和で安定した元禄時代とはいえ、社会制度のなかに厳然とした身分の上下、男女の格差があった封建時代にあって、これほどの人間の真実を捉えた哲学を生み、それを当時の実社会に当てはめ、平然と論述した安藤昌益に感嘆の念を抱かずにはおられません。

引用文献

安藤昌益研究会編、一九八二－一九八七、『安藤昌益全集』、農山漁村文化協会。

石渡、二〇〇七、『安藤昌益の世界』、草思社、東京。

Talbot, S. L. & Shields, G. F. 1996. A phylogeny of the bears（Ursidae）inferred from complete sequences of three mitochondrial genes. *Molecular Phylogenetics and Evolution* 5, 567-575.

ヘーゲル、一八一二－一八一六、『大論理学』武市健人訳、二〇〇二、『大論理学（上巻の一）』、岩波書店、東京。

三中、一九九七、『生物系統学』、東京大学出版会、東京。

森中、二〇〇五、「第二章　分子による系統研究」、本多・加藤編『チョウの生物学』、東京大学出版会、東京。

森中、二〇一二a、「いのちの単位」（シンポジウム「生命とは何か？」）、第六七回日本生物地理学会年次大会講演要旨集。日本生物地理学会。

森中、二〇一二b、『プルトニウム消滅！脱原発の新思考』、展望社、東京。

「憲法」思想としての昌益の社会思想

渡部勇人

はじめに

昌益の提出した社会思想的な議論は多岐に渡るが、筆者が特に関心を有するのは社会の階級性の認識[1]とその変革[2]、そこでの住民による自治組織論[3]、主体形成論[4]および体制変革の過渡期論[5]である。そして、昌益思想の最も重要な概念の一つが、農耕を中心とした労働の重要性から自然と社会の認識へと敷衍される直耕である。また、上記の個別の概念を構成する土台となる思考の方法論あるいは認識論としての互性活真（矛盾の論理学）は弁証法的唯物論とも並び称されるものである。そして、封建社会を正当化する諸々の観念的イデオロギーを完膚なきまでに批判したことも注目される。

人民主権論的な民主主義論や平等論、平和論、環境論等、近・現代憲法上の個別の論点にとって重要な示唆を引き出しうる昌益思想[6]であるが、直接・間接に国家の問題を扱う憲法学にとって、それらの諸論点を考える際の基礎となる社会の認識の方法論の重要性を再確認させてくれることが、昌益研究の現代的意義の一つであると考える。

筆者は、憲法学の研究対象としては極めて珍しいと言ってよい昌益の社会思想を研究テーマとして選んだ。それは、昌益の思想に立憲主義に通じる先進性・民主性を感じると同時に、近・現代立憲主義が等閑視しがちな社会科学上の重要な問題すなわち階級の認識の重要性をみることができたからである。

また本稿では、研究の方法論上の問題とも関連して、特に有力な昌益研究者への批判論をとりあげることで、筆者の関心という観点による戦後の昌益研究史の流れの一つを概観した。

第一章　互性活真[7]

第一節　互性活真の概観

互性活真とは、何か具体的な存在としての対象を指す概念ではない。それは、自然と社会に通底する存在と運動の基礎的な範疇であり、その認識の方法論である。対象を単に観察・分析するにとどまらず、その方法を措定したところに、思想家としての昌益の独自性を看取することができる。

この範疇を、安藤昌益研究会『安藤昌益全集 別巻 安藤昌益事典』（農山漁村文化協会、一九八七年）（以下、『安藤昌益全集』は『全集』と略称する。）一八一頁の叙述を要約しつつ定義的に表現するならば、以下のようになる。

《互性活真とは、昌益の全思想体系を支える範疇であり、存在と運動の原理、物質の矛盾運動の法則であるとともに、それを認識する独創的な思考方法・弁証法的な論理である。『互性』とは、互いに対立し、かつ依存する二つの要素が、相手の性質を内包しあい、規定しあい、「性を互ひにす」ることで一つの事物の働きをなす、対立と統一の転化の矛盾関係・矛盾運動のことである。その根本は、根源的物質である『活真』の自己運動の『進退』である。それは常に『進』のなかに『退』をふくみ、『退』のなかに『進』をふくむ『進退・退進』の矛盾運動である》。

また同様に、寺尾五郎は、以下のように説く。

「昌益は、全存在を『無始無終』の運動過程にあるものとし、それを『自《ひと》リ然《す》ル』『進退』の自己運動ととらえた。その自己運動は、『進』の中に『退』があり、『退』の中に『進』がある自己運動であるという。すべての存在は『活真』の矛盾運動の表れであり、『矛盾がなければ世界はない』と考えた。[8]」

第二節　互性活真の思想的源流に着目した検討

昌益の研究史を概観すると、大きく二つの傾向が見られる。その一つめは、互性活真に限らず、昌益の思想それ自体の特異性・突然変異性をより積極的に承認し、その内在的論理の独自性を強く押し出すものである。[9]その二つめは、歴史学あるいは思想史の研究の伝統に則り、比較的その源流・先行思想との連関を重視するものである。[10]この両者の違いは、導き出される解釈や結果の違いを生じさせることもあるので、等閑視はできない。しかし、筆者の課題は、さまざまに解釈されうる昌益の思想そのものから憲法学の基礎理論を引き出すことにあるから、こうした違いについては、どちらかの立場を採るという態度はとらず、それらを統一的に把握し、専ら憲法学にとっての有効な示唆を引き出すことに意を用いる方針であることをここで確認しておきたい。

第三節　マルクス主義的昌益研究の到達点とその課題
――矛盾の論理学と哲学の根本問題――

第一項　寺尾昌益論と寺尾昌益論批判論

稲葉守『今にして安藤昌益』(風濤社、二〇〇四年)では、戦後の昌益研究史の概観、各重要範疇の解説がよく整理されており、中でも、「昌益批判者の見解の批判及び昌益擁護者の見解の批判」[11]として有力な研究者の業績がわかりやすく整理された上で著者の賛意あるいは批判が加えられている。

そして、この著作の大きな特徴として、全体を通じて繰り返される寺尾の昌益論[12]への批判を挙げることができる。極論するならば、この著作は寺尾昌益論の批判的検討の上に、それを発展的に乗り越える試みであり、そのためのツールとして、寺尾の昌益論では重視されていない要素を用いている論考であるといえる。

筆者は、昌益研究者の中で、質・量ともに最大の存在の一人として寺尾を挙げることに全く異論がない。そうであるからこそ、その昌益論をよりよく理解するためにも、それへの厳しい批判にも目配りすることは、筆者の研究にとって有益であると考える。

稲葉による寺尾昌益論の批判の要諦は、「昌益の独特な思想はそれだけで十分に面白く、マルクス主義の味付けを敢えて必要とはしないと思う。マルクス主義と同化されることによって昌益はかえって損をしているのではないかと思われる。昌益を昌益として解することでマルクス主義にも利益をもたらす方法が寺尾氏にとっても本来的な方法であるべきであり、思想史研究のとるべき行き方なのではあるまいか。」[13]との叙述に端的に表れていると考えてよいだろう。

そして、稲葉による寺尾の昌益研究の批判の中心にその(過剰に)マルクス主義的な傾向の指摘があるのなら、そこから筆者にとって特に興味を覚える論点を一つ抽出することができる。

それは、昌益は近代西洋哲学的な意味において純粋な唯物論者であったのか否か、という問題である。

第二項　昌益思想における唯物論と観念論

筆者の憲法科学の基礎理論の関心の中心は国家論にあり、その中核は階級論にある。

そうすると、実践的な価値観の表明であり当為の問題を議論する憲法解釈論とは違い、科学としての憲法の認識に際しては、そこに方法論を措定する必要がある場合がある。そして、その方法論の問題の一つとして、世上いわゆる哲学の根本問題について考える必要が生じる。

確かに、ヘーゲルの弁証法、論理学が観念論であると言われることからもわかるように、論理（学）それ自体は唯物論、観念論の別なく貫徹しうるものであるかもしれない。しかし、対象に迫る方法上の問題としてそこに科学を標榜するのであれば、この問題は導き出される認識としての結論に大きな差異を生じさせうるものである。またこの問題は、昌益の思想体系全体と各個別的範疇を彼自身の内在的論理の理解を基礎に検討していくうえでも重要である。

そこで、ここでは、昌益は唯物論者であったのかそれとも観念論者であったのか、あるいは少し表現を変えるならば、昌益思想の唯物論的傾向および観念論的傾向について考えてみようと思う。その目的は二つある。その一つめは、昌益思想の最も重要な基礎的範疇である互性活真そのものの理解を深めることである。その二つめは、日本国憲法の思想的基盤の一つである近・現代立憲主義に内在する近代的自然法思想その他の観念論的性格をどのように認識していくかという問題について考えることである。後者が前者の目的である。

寺尾と稲葉の論争（実際には稲葉による寺尾批判）において、この問題が中心的なものとして正面から議論されているわけではない。しかし、昌益は唯物論者であると規定してそれを疑うことのない様子の寺尾と、必ずしもそうではない稲葉の立場は、上述のような筆者の考えからは、両氏の昌益解釈の違いを最も鮮明に浮き立たせることのできる問題であるように思われるのである。

そこで、以下に、この問題についての稲葉の叙述を適宜引用し、私見を付して、ここでの解答を提示してみたい。

稲葉の昌益思想論は、既存の研究の問題点を挙げ、その不足を補うための新しい範疇を明確に提示しており、これまでの研究史に鑑みてその発展のために形而上学の検討の重要性を明示している点で、示唆に富む。

「昌益の考え方で重要なのは、その社会思想の基礎となっている自然そのものの考え方である。（中略：渡部）互性運動がそれである。これは昌益の自然論と社会論の土台をなし、自然世の実現もそれを基礎としている。けれどもさらによく調べてみると、それらの奥には実は形而上学的実体としての、つまり純粋理体としての互性活真の考え方があり、気の要素を全く含まない純粋な互性の考え方として存在していることが次第に判明してくる（傍点：渡部）。これは昌益研究者によって注意はされていないけれども、重要な観点であると思う。」(14) ここではまず、昌益の互性論には、形而上学的な要素が含まれていること、および、これまでの研究史においてそれが看過されてきたことが述べられている。

続けて、「これが気を含む互性の考え方となって、まずは自然哲学に現れ、次いで社会哲学となって現れてくるところに昌益の全哲学が存在していると考えられる。この点からすると昌益の哲学は形而上学、自然哲学、社会哲学の三部構成で出来上がっていると解することができる。」(15) ここでは、昌益思想の構成要素として形而上学が明示されている。この指摘は、これまでの唯物論的傾向の強かった昌益研究史に対して、重要な示唆を与えうる。これまでも、例えば安永寿延などは、昌益思想の源流としてインド・中国の古代思想を詳しく検討しているのであるが、ここにおける稲葉の主張ほど明確に、形而上学という用語によりそれを指摘してはいないように思われる。その点は続く「これまで昌益の哲学は自然哲学と社会哲学の二部構成で解釈されてきており、それはそれで意味があることであったが、今後は三部構成で考える方が昌益の仕事の実際に叶うだろうと私は考える。」(16) という叙述により明確に示されている。

そして、ここまでを導入として、以下に本論的な検討が続く。まず、「一般に形而上学と聴けば観念論であると考え、これに極度の嫌悪を覚えるために、昌益の形而上学的部分を敬遠していたきらいがあった。これは昌益を唯物論者として解釈し、形而上学に対立する学統に立つ思想家として昌益を位置づけようとする要求と無縁ではなかった。」(17) ここでは、明示されてはいないものの、寺尾の研究がその主たる批判の対象となっているように思われる。

続けて、「昌益の形而上学的部分」(18) についての稲葉の検討が、具体的に展開される。

「けれども昌益の学統は東洋と日本の学問史の伝統の中に

あるわけであり、従ってそこから探求を進めるとすれば、東洋の形而上学の伝統とその批判ということになることは必至であり、そうならざるをえない。だがそうなれば易経に始まりその後繋辞傳[19]を経て宋学で大きく発展する形而上学的思索を視野に入れないというわけにはいくまい。実際に昌益の互性の考え方は程子＝朱子の大極観を再解釈したものと考えることができる」[20]。「大極＝無極の同一性の思想とこの両者の交互作用から陰陽を導く考え方がそれであ」[21]る。「大極（＝無極）は神（真、心）とも呼ばれている。昌益はこの考え方を受け入れ、ここから互性活真を引き出していた。昌益は宋学の容赦ない批判者であるけれども、その直系に立つ思想家である。（中略：渡部）宋学の形而上学の批判的継承に立っている。これまではその関係が読みとれなかったのである（傍点：渡部）」[22]。

続けて、「ここに（昌益による：渡部）宋学の深い理解と継承を見ること、またその批判的改作および否定と発展とを見ることが大切である。（中略：渡部）この観点が今後多くを説明してくれるだろう」[23]。「宋学（程子＝朱子）の唱える大極は純粋理であって、気を全く含まない純理体である。それ故に大極論は形而上のことと解されており、陰陽以下五行のことは気（形而下のこと、現象の世界）のことと解され、両者は原理上大きく区別されると同時に、両者の関連が深く探求されたことは宋学の理論的業績として不滅の貢献である。これも昌益には受け継がれている。これは近世日本思想界では稀有な出来事であって、東洋の偉大な思想的伝統を継承する大事な流れである。」[24]

ここでは、対象をありのままに観察し、科学的な認識に到るための基礎的な世界観的立場であるとされる唯物論について、その立場を機械的に墨守しようとすることから生じる対象の認識における誤謬の発生の可能性について述べられていると読むことができる。これをさらに筆者なりに解釈すれば、対象に含まれる非唯物論的な要素につき、自己の世界観的立場を投影することなく、あくまで客観化することが、唯物論の貫徹になるのだということの確認とでもなろうか。

続けて、次の規定によりここにおける稲葉の論は締めくくられる。

「昌益の形而上学（純粋理説）は論理学と解することもできる。ただしこの論理学は形式論理学や数学的論理学（論理計算）ではなく、形而上学的論理学（万物の発生や起源や運動を取り扱う哲学的論理学）である。」[25]

以上、認識論的な態度の選択そのものが対象の考究の枷となりうることが、稲葉による寺尾批判により明確になった。それは換言するならば、昌益思想における唯物論的部分を正確に把握するためには、昌益の観念論的部分をも排除することなくありのままに見ていく必要があるのであり、そのためには当然ながらそうした関連する観念的諸形態・形而上学的諸形態の意識的な検討が必要となるということであろう。

第二章 「契フ論」および邑政論
――「民衆憲法の早過ぎた先駆け」――

第一節 在於私法盗亂世契自然活眞世論[26]

いわゆる「契フ論」の一般的な解釈は、寺尾によると、以下のようなものである。

「『契フ論』の内容からして、『私法盗乱の世から、自然世に接近していく過渡期を展望する論』と解すべきである。それはまだ本来の『自然世』ではなく、『上』の権力も『上下二別』も残存する過渡期であるから、『自然世』にぴったり符合するのではなく、実質的に接近するという意味で『契フ』と呼んだ。したがってそれは、『上』の権力支配がまだある『法世』ではあるが、その末期であり、実質的に『自然世』に接近する過渡期の社会についての論という意味である。『契フ論』は、それ自体が一つの完結円をなす社会構成体ではなく、努力して通り抜けなければならぬ闘争過程としての過渡期なのである。[27]」

また、稲葉は、寺尾の過渡期論の理解には疑問を示しつつも、「自然世の実現は一挙に実現されるのではなく二段階に分かれて行われる（中略：渡部）。これは正しい見方である。[29]」としている。

第二節 研究史における論争

ところが、この「契フ論」の解釈において、安永寿延は次のような独自の主張をしている。

「この『自然活真の世に合致する世』は、一見戦略的な二段階革命論の提示に見えるが、実はその逆であり、それの真っ向からの否定にほかならない。そもそも彼の思想のなかには、そのような戦略的構想といったようなものは存在しない。むしろ、二段階革命の論理は、彼の思想からすれば原理的に成り立たないことを彼は訴えたかったのである。彼が描こうとしたのは、まさしく地獄の黙示録であった。[30]」つまり、「邑政コミューンが無乱・平安をもたらすどころか、邑政コミューンを構成する人々による、基準となる『活真の妙道』の解釈をめぐって熾烈な争いが起こり、そのコミューンそのものが凄絶な修羅場とならない保証はどこにもない。とりわけ真理をめぐる覇権のためのたたかいはつねに妥協をゆるさない。」[31]のである。

この論争は主に昌益自身の「殺ス」[32]という表現の解釈の問題に帰着するようである。寺尾は安永に反論して、「日本ではじめて理想社会に至る過渡期の構想を示した大文章の中に、『殺』の一字があるというだけで気が顚倒し、スターリン的な『粛清の構図』を連想するようなひ弱な頭脳では、およそ『法世』の廃絶も、民衆の解放も語れるものではない。」[33]と痛罵している。同様に石渡は「昌益は生命を尊重することを自らの思想の基本においていた。また、説得－放免－繰り返しての説得、それによる『気づき』が基本である。昌益にとって『殺す』は『枯らす』であり、冬に草木が枯れるように、自然の摂理が『飢苦』を受け容れない者の命を奪うのである。」[34]と、昌益思想の全体像から、また原典に忠実に、より自然かつ理性的な解釈を示している。

しかし続けて安永は、驚くべき主張を行っている。すなわち、「要するに昌益が求めていたのは、過渡的な、したがって中途半端な法なき法ではなく、法の全面的廃棄である。それは単に人間を国家はもちろん社会からさえも解放するだけでなく、自然と人間のあいだに介在する一切の法を廃絶しない限り、人間は自然とともに生きていくことはできないことを、彼は主張しようとしている。朱子学的な内外の規範の一致を古学が否定して内なる規範を追放したのち、残る外的規範を、昌益は反自然的な『法』として否定する。とすれば、もはや論理必然として、内外の、あるいは一切の規範は直耕という、認識と実践の統一的行為のなかに解消されざるをえなかった。」[35]これには、寺尾の「過渡期がひとつの革命過程であることが理解できず、過渡期には反動勢力の撹乱や反撃などは少しもなく、みんな仲良くお手々つないで花園に行くように『自然世』に近づかなければならぬとでも考えているのだろう」[36]という批判が向けられている。

「契フ論」の理解は、昌益思想の解釈における学説の対立の中でも、ここに並べたような特に激しい論争を生じさせている。そして、憲法の研究の観点として、憲法の枠組みすなわち社会経済体制（＝国家の基本的構造）それ自体の外在的視点からの観察を行う場合には、そこから有効な視座を引き出しうる問題であるように思う。

多くの論者の解釈のように、「契フ論」をいわゆる最大限綱領に連結すべき最小限綱領、すなわち過渡期における政治綱領と理解するべきか。それとも、安永のように、一見非常なる悲観論に立つかのように見えるが、読み込みようによってはいわゆる左翼冒険主義と紙一重の急進的改革論あるいは無政府主義的な直接的変革論と理解するべきか。今後の研究の深化・発展が求められる問題ではあろうが、より一般的な過渡期論[37]と、昌益思想の全体に占める「契フ論」の意味という観点からは、安永の主張はやはり論理的な飛躍を感じさせるものであり、現実の諸外国における歴史[38]にも鑑みた上での批判的検討が必要であろう。やはり、「昌益が理想とする『自然世』ができるまでの過渡期の政治形態、社会組織（すなわち「契フ論」における邑政：渡部）」[39]においては、「権力者の裁きではなく、人民自身による裁き」[40]が主張されているという、いわば人民主権論的な民主主義の要素を重要視する必要があるように思う。

そして、こうした「契フ論」の解釈を巡る学説の対立以上に筆者にとって決定的に重要な観点は、以下のようなものである。「第二次世界大戦の敗北を受け、焦土の中で、民衆自身の手により民衆自身の憲法を目指して、いくつもの憲法草案が起草された。民衆自身になる憲法草案は、明治期にあっては大日本帝国憲法に取って代わることはできなかったが、民衆が構想したあるべき日本、あるべき日本社会の姿はこれからも振り返り、参照すべき文献として私たちの手に残されている。安藤昌益の（中略：渡部）『契フ論』も、そうした民衆憲法の早すぎた先駆けとして、読み継がれ、読み返されるべきものであろう」[41]。

むすびにかえて

本稿の目的は、昌益の社会思想から、どのような憲法学の基礎理論を、どのように引き出しうるか、という問いを立て、現時点で可能な範囲においてその答えを提示することであった。

そして、いわゆる憲法科学も社会科学の一領域であるから、そこでは認識の基礎の問題として、いわゆる哲学の根本問題について考える必要がある場合がある。また、対象の観念論的・形而上学的性格と、認識主体の立場の選択の問題は、近・現代立憲主義の依拠する近代的自然法思想に対して科学的にアプローチしようとする際に、有効な示唆を引き出しうる。すなわち、互性活真の研究史に着目した内在的論理の検討により、昌益思想の各個別具体的なトピックの理解の前提がつかめると同時に、認識論としての憲法学の方法上の問題について考えることができる。

そして、「契フ論」・邑政論といった個別具体的な論点からは、その社会的・歴史的な比較の方法により昌益独自の内在的論理を浮かび上がらせることで、そこから、現代立憲主義が抱える諸問題についての基礎理論の析出および社会体制外在的視点による憲法体制そのものの相対化が可能になる。この相対化は認識の手段である。

本稿では、各章においてダイジェスト的ではあれ問題の設定と解答あるいは解答への道筋および今後の課題とその検討の方法を提示した。

そして、筆者の昌益研究は、あくまで憲法学の基礎理論としてのそれであるから、広範な昌益思想の中からどの範疇を選択しまた限定していくのかという、いわば初期の問題設定が決定的に重要な意味をもつと考えた。

昌益思想の全ての基盤として直耕と互性活真があり、筆者の研究においては特に互性活真に着目することにした。そして、これが他の範疇の理論的基礎になっていることから、筆者の昌益研究全体のパースペクティブを提示する初期の導入としての位置づけとして、本稿においてはこの互性活真に重点をおいた。特に、東洋に自生した徹底した唯物論者としての昌益像に素朴な興味を覚えたことから昌益研究を始めた筆者にとって、昌益自身の構築した思想世界の理解のためには形而上学・諸観念形態の理解が必要であるという学説からは、いささかならず蒙を啓かれた思いがしたことから、その点についてはやや詳細に検討することとなった。

＊本稿は、拙稿『しらべるかい』第六号所収「安藤昌益の社会思想の憲法学的考察（一）」（安藤昌益と千住宿の関係を調べる会、二〇一〇年一二月）および『しらべるかい』第七号所収「安藤昌益の社会思想の憲法学的考察（二）」（安藤昌益と千住宿の関係を調べる会、二〇一一年一二月）を合わせ、大幅に加除修正したものである。

（1）「上下二別《じょうげにべつ》」・「法世《ほうせい》」。
（2）「自然世《しぜんせい》」。
（3）「邑政《ゆうせい》」。
（4）「正人《せいじん》」。
（5）「契フ論《かなう》」。
（6）cf.「安藤昌益の思想が日本国憲法の成立に直接的な影響を及ぼしたわけではありませんが、しかし思想史の文脈、あるいは憲法成立に係わった人々の人脈から見ると、両者の間には興味深い接点が見出されます。」村瀬裕也『安藤昌益の平和思想』（安藤昌益と千住宿の関係を調べる会、二〇〇八年）五頁。「（昌益思想から引き出しうる：渡部）、借り物の民主主義・お仕着せの民主主義でなく、日本社会の歴史の中にしっかりした伝統として存在する民主的な要素」石渡博明『安藤昌益 人と思想と千住宿——増補版』（安藤昌益と千住宿の関係を調べる会、二〇〇六年）五頁。

（7）「自然互性妙道之號也互性何乎曰無始無終土活眞自行小大進退」安藤昌益研究会『安藤昌益全集』（農山漁村文化協会、一九八二年）（以下、『全集』と略称する。）第一巻六三頁。

（8）寺尾『安藤昌益の社会思想——続 論考 安藤昌益（下）』（農山漁村文化協会、一九九六年）四七六頁。「日本人の思考は、なべてとかく情緒的で非論理的であるといわれるなかで、昌益が思考方法の学である論理学を、自己の学説の中に独自の分野として設定したこと自体が破格な独創であり、その論理学の内容が、整序の論理である形式論理学ではなく、「進退・退進」の矛盾の論理学であったことも、これまた破格な創造であった。」同上。

（9）例えば、「昌益とその思想は、洋学の流入以前の日本に自発・自生した科学的思考であり、全東洋の諸思想を批判・揚棄することで得られた土着の弁証法的論理である。これほどの思想が徳川中期に形成されていたことは、不思議といえば不思議であり、俗流科学史観などでは説明できないほど突出した現象である。」寺尾・前掲『論考 安藤昌益』（農山漁村文化協会、一九九二年）五九頁。

（10）この違いは、郷土史研究や地域振興の一環としての研究と、学界における学術としての研究の違いなども反映しているようである。また、昌益思想の共時的比較の視点について述べたものとして、「安藤昌益は、同時代における孤立した人物では決してない。江戸時代の通念や感覚は、昌益によって、極端なかたちで提示される。」小林博行『食の思想——安藤昌益』（以文社、一九九九年）一八五頁。

（11）八五頁以下。

（12）具体的には、前掲『先駆 安藤昌益』（徳間書店、一九七六年）、『論考安藤昌益』（農山漁村文化協会、一九九二年）、『安藤昌益の闘い』（農山漁村文化協会、一九七八年）、『安藤昌益の自然哲学と医学——続・論考安藤昌益（上）』（農山漁村文化協会、一九九六年）、前掲『安藤昌益の社会思想——続・論考安藤昌益（下）』（農山漁村文化協会、一九九六年）および『全集』など。

（13）稲葉・前掲一四五頁。

（14）稲葉・同上一三二頁。

（15）同上。

（16）同上一三三頁。

（17）同上。

（18）同上。

（19）「『易経』全体の哲学的概論」（『全集』八巻一〇五頁）。

（20）前掲・稲葉一三三頁。

（21）同上。

（22）同上一三四頁。

（23）同上。

（24）同上。

（25）同上一三六頁。

（26）書き下し文：「私法盗乱ノ世ニアリナガラ、自然活真ノ世ニ契フ論」。

(27) 寺尾『安藤昌益の社会思想――続・論考 安藤昌益（下）』（農山漁村文化協会、一九九六年）一九六頁。

(28) 稲葉・前掲一六六頁。ここで稲葉は、「契フ論」をマルクス的な過渡期論と同一視すること自体に疑問を呈しており、「昌益の過渡論」という表現を提示している。

(29) 稲葉・同上四四頁。

(30) 安永寿延『安藤昌益 研究国際化時代の新検証』（農山漁村文化協会、一九九二年）八九頁。こうした安永の主張を稲葉は強く批判する。「安永氏はここに粛清制度のあるのを見て思わず戦慄を覚えている。これは自然世を遼遠の未来へと持ち去ることと軌を一にする安永氏の動揺であろう。」稲葉・前掲一〇四頁。そして、稲葉は安永の研究の問題点は「実証主義的な方法の問題すなわち自己の思想の欠如による総合的統一の欠落」によるものであるとする。同上一〇五頁。

(31) 安永・同上九〇頁。

(32) 「爲盗者爲密淫者爲讒佞者凡爲悪事者有之則、其一族捕之、先斷食爲飢苦加異見一免之、懲飢苦再不爲悪事能耕則可也。若不辨再爲悪事則一族殺之。（中略：渡部）不辨者一族殺之。是於己出悪者己殺、又轉之所行也。」前掲『近世思想家文集』七〇一頁。「盗ミヲ爲ス者、密淫ヲ爲ス者、讒佞ヲ爲ス者、凡テ悪事ヲ爲ス者之レ有ル則ハ、其ノ一族之ヲ捕ヘ、先ヅ食ヲ斷チテ飢苦ヲ爲サシメ、異見ヲ加エテ一タビハ之レヲ免シ、飢苦ニ懲リテ再ビ悪事ヲ爲サズ、能ク耕ス則ハ可ナリ。若シ辨ヒズ、再ビ悪事ヲ爲サバ、一族之レヲ殺ス。（中略：渡部）辨ヒザル者ハ、一族之ヲ殺ス。是レ、己レヨリ出ヅル悪者ヲ己レト殺ス、又轉ノ行フ所ナリ。」『全集』第一巻二九二頁。「盗みをはたらく者、密通にふける者、他人を貶めて人に諂う者など、悪事をはたらく者が出た場合は、全て一族がこの者を捕え、まず食料を断って飢えの苦しみを味わわせ、よく諭して一度だけはその罪を免じてやり、その人間が飢えの苦しみに懲りて、二度とそのような悪事をせずまじめに農耕に励むならば、それでよしとせよ。もしおのれの誤りを自覚せず再び悪事をはたらくようであれば、一族がこの者の食を絶って死に至らしめる。（中略：渡部）どうしても自覚しない者は、飢えて死ぬしかなく、いわば一族がこれを殺すことになるが、これは一族の内部から出た悪を一族の手で断つのであり、天地自然の自己浄化作用というものである。」同上。

(33) 同様の批判として、「百姓一揆のように権力に対して立ち上がる術もなく、権力者のいない自然世を理想としていた昌益の思想と、ポルポト政権を同じ土俵で論ずるべきではない。」よど秀夫『守農太神安藤昌益』（幻冬社ルネッサンス、二〇〇九年）一七〇頁。

(34) 石渡『安藤昌益の世界』（草思社、二〇〇七年）二六〇頁。

(35) 安永・前掲九一頁。

(36) 寺尾・前掲『安藤昌益の社会思想――続・論考安藤昌益（下）』二二六頁。

(37) cf.「「過渡期世界経済」とは、（中略：渡部）①現代資本主義（ワイマール、ニューディール、ファシズム、福祉国家体制）と、②ソ連型社会主義の登場・拡大と崩壊を、すべて包摂する世界史の過渡期を意味する。現代資本主義とソ連型社会主義を、労働力商品化の矛盾の解決を模索する一見異なった二つの国家体制として把握しようというものである。そして現在その両体制も限界に直面したのである。」松本和日子『過渡期世界経済の課題と方法』（学文社、二〇〇二年）四頁、「過渡的形態に対する実践的態度、あるいは終極の目標が一時に完全に実現できない場合の方策、とにかく過渡的形態から発し、またそれ自身過渡的な意味をもつような方策、このような実践的結論にふれることなしに、過渡期の問題は十分に明らかにされたとは言えないであろう。」松村一人『辨証法と過渡期の問題』（伊藤書店、一九五〇年）六～七頁。

（38）例えば、中国の過渡期論については、木間正道・鈴木賢・高見沢磨『現代中国法入門 第五版』（有斐閣、二〇〇九年）二九、三六頁など。

（39）桜田・前掲一一〇頁。

（40）同上。

（41）石渡・前掲二六八頁。筆者は、日本における立憲主義の「受容」を、日本の思想史において位置づけることに関心を有している。cf.本稿脚注（6）。

照井竹泉は照井藤右衛門・碩安か

――新資料『秋田藩十二所陪臣家筋取調書』からの考察――

千葉克一

一　はじめに

1　安藤昌益との関連人物・照井竹泉とは

狩野亨吉は『安藤昌益』（岩波講座『世界思潮』第三冊所収、岩波書店、一九二八年。『狩野亨吉遺文集』所収、岩波書店、一九五八年）の中で、「照井竹泉なる人より安藤に寄せた手紙の文面より推察すれば、この人は先輩であったらしい」と記している。

この「手紙」とは、表紙の裏張りから出た断片のことである。

2　照井竹泉の書簡断片とは

照井竹泉なる人の書簡の断片については、その後、渡辺大濤が『安藤昌益と自然真営道』（木星社書院、一九三〇年。復刻版、勁草書房、一九七〇年）に、つぎのように記している。

照井竹泉　自然真営道第十九巻の表紙の裏張りから出た手紙には照井竹泉の署名がある。此人の名はとあり、これは葭右門とも藤右門とも読めさうだが、何れとも判明しない。この照井竹泉といふ人は手紙の用語より推して、昌益の先生であったらうと思はれる。兎に角彼の長者であることは疑ひない。

（同書三一ページ）

残念なことに、書簡断片の全体写真はない。わずかに、照井竹泉の名（通称）を影印で示しているだけである。

渡辺大濤はこの影印を「葭右門とも藤右門とも読めそうだが」「判明しない」として、判読されないままになっている。

因みにこの貴重な書簡断片は、しばらく渡辺大濤が持っていたと思われるが、現在は所在不明とのことである。つまり照井竹泉に関する資料は、以上がすべてである。

この判読がうやむやの影印の名（通称）を措いて、号「竹泉」に注目し、この人物を熱心に追求したのは、筆者の管見では三宅正彦（当時愛知教育大学教授）であろう。

二　照井竹泉についての先行研究について

三宅正彦は「安藤昌益の思想は、米代川中流域の比内地方の文化を基盤に形成された」として、「昌益と文化基盤を共有する層を探る」という視点から、旧家の系譜や蔵書に関する調査を行なう。そして、その過程で、昌益が生まれ育った二井田村から東へ約一〇キロの十二所町（大館市十二所）の武田家の系譜の中に、照井竹泉に関連するかと思われる照井窓竹という人物が記されていることを見出したのである。まずそれを紹介する。

《このあと分析・考察するために、資料に一貫番号を付す》

三　十二所町武田家および武田三代について　……①

三宅正彦は、「南比内十二所町武田家——安藤昌益と照井氏・武田氏」（「比内文化の伝統」、北鹿新聞、一九九三年（平成五年）四月十五日・十七日）で、つぎのように記している。その該当部分を転写する。

1　武田三代について

南比内十二所町武田家

一　安藤昌益と照井氏・武田氏

二井田村から「二リ廿五丁四十六間」（『郷村史略』）はなれた南比内十二所町（大館市十二所）の武田家は、江戸時代、秋田藩十二所城代茂木氏に儒医として仕えた家である。とくに昌益と同世代の三秀は、京都の伊藤東涯（仁斎の子、古義堂二代塾主）に、その子三益は介亭（東涯の弟）に、孫三省は東所（東涯の子、古義堂三代塾主）に入門して、古義学を学んだ。

この三人を武田三代という。

2　武田氏系図から

久豊―武田三秀
此君始学医受業師照井窓竹先生後遊学于京師入
伊藤長胤先生之門還テ後南部鹿角郡花輪ニ住ス
古国ナルヲ以テ出テ仕ン事ヲ求ルト云事不成再
十二所ニ住ス甚兵衛即応君之嫡子也宝歴六年丙
子七月七日卒
法名恵公玄定居士行年五十四

士友―武田三益　幼名藤太郎号立斎
受業師照井氏又受儒於京師伊藤介亭先生明和年
中茂木侯疾病也請治於士友君即奏効依賜四人扶
持云久豊君之嫡子也妣奈良氏女也以享保二十年
乙卯十弐月四日生久豊君居南部花輪之時也文化
九年壬申十二月十九日卒
法名立斉三益居士行年七十有八

為忠―武田三省　号勿斉幼名万治郎又回庵
受業師照井氏后上京受儒伊藤東所先生士友君之
嫡子母山脇氏女也以宝歴七年丁丑八月廿六日生
文政十一年戊午四月六日卒
法名智門三省居士行年七十二

つまり三宅正彦は、「武田三代として名高い十二所町武田家の系譜から、昌益と同じ世代である三秀の医学の師は照井窓竹で、その子三益、孫三省の師も照井氏となっている」ことを見つけたが、「それ以上のことは分からなかった」という。

ここで、稿を宿題である影印部分に戻すこととする。

四　影印部分を「藤右衛門」と判読する

筆者は、以前からこの影印部分とにらめっこをしてきたが、これは「藤右衛門」でないだろうかと考えるようになった。

古文書解読の入門書によれば、「何右衛門・何左衛門の〝衛〟は、略されて点となり、さらには点もなくなって、何右門・何左門のようになる」と教えている。筆者の経験からしても、古文書を読めばこのような例はごく普通に見られることである。

因みに、人物をあらわす名は大別して、号と通称（通り名）と本名（実名）の三つがある。この場合の「竹泉」は号であるが、号はもちろんその人のみのもので、さらに時には別の号に替え、生涯には幾つもの号をもつことは普通のことである。

これに対して通称（この場合は「藤右衛門」）は一般に通用している名であり、また通り名とも言われるように、一家の主人が祖先より代々受け継ぐ名でもある。三つ目の本名（実名）は系図などに書き込まれる名で、改まった場合などに用いるものである（後述するが、件の人物を照井藤右衛門とした場合は「碩安」となる）。つまり、いろいろな資料から或る人物を探す場合、号（雅号）や本名（実名）よりも通称（通り名）の出現率が当然はるかに高いので、通称（通り名）が分かるということは大事なことである。

すなわちこの人物は、筆者の中では通称が「照井藤右衛門」、号が「竹泉」ということで、長い間探し求めていたところ、昨年（二〇一一）春、つぎに紹介する資料『秋田藩陪臣家筋取調書』の内の「秋田藩十二所陪臣家筋取調書」の中に、その名「照井藤右衛門」が明記されているのに出合うことができ、実在の人物であることが確認できたのである。

そこで、あの渡辺大濤がはっきりしなかった影印部分は、「藤右衛門」であると確信をもって判読した上で、新資料および関連資料を紹介しながら、その分析と考察を試みたいと思った次第である。

五　新資料『秋田藩陪臣家筋取調書』（秋田県公文書館所蔵、県D―八―四）……②

1

昨年（二〇一一）五月のこと、われわれ北羽歴史研究会（大館市）に、このあと照井藤右衛門の名を見付けるきっかけとなる研究論稿「秋田藩十二所所預茂木陪臣考」コピーが届いたのである。

光を与えてくださったのは、秋田県立博物館学芸主事の畑中康博氏である。まず、この『秋田藩陪臣家筋取調書』とは、どんなものかを若干説明すると、明治二年、版籍奉還により全国諸藩で給禄改正が行われた。そこで、いったん全員解雇して、改めて藩主の家臣（直臣）はもちろん、藩主の家臣の家臣すなわち陪臣も「県貫族」という県の職員にしようとする。その際に、新給料額をいくらにするかを決めるために、陪臣一人ひとりについて由緒を調べさせ、提出させたのである。

秋田県の場合、明治三年（一八七〇）十月に秋田藩士が自家の陪臣の由緒を書上げて藩庁へ提出している。それを合冊したものが『秋田藩陪臣家筋取調書』で、五冊が現存し、秋田藩士六十五家の陪臣一三四〇家の取立年代や石高その他が記されている。

この六十五家の内の一家「茂木弥三郎家人家筋書上帳」の中に、その家人の一人として「照井藤右衛門」の名があったのである。

畑中氏は、さきに「秋田藩陪臣社会の構造――「陪臣家筋取調書」の分析を通じて――」という論稿を『秋田県公文書館研究紀要14』（平成二〇年三月）に寄せておられるが、このたびは、秋田藩士六十五家のうちから特に十二所の所預であった茂木氏だけを取上げて、『秋田県立博物館研究報告第36号』（二〇一一年三月）に「秋田藩十二所所預茂木陪臣考」を発表された。そして、十二所の地元であるということからか北羽歴史研究会の鷲谷豊会長に、その別刷コピーを届けてくださったのである。

２　北羽歴史研究会の取組み

畑中氏のご好意に感謝しながら、いただいた論稿をもとに学習会を行なった。

(1)「秋田藩十二所所預茂木陪臣考」を読む

平成二三年八月一八日

提起者高松毅（事務局次長）・武田政二郎（副会長）

(2)古文書学習会「茂木弥三郎家人家筋書上帳」を読む

平成二三年六月一六日

担当千葉克一（古文書部長・筆者）

この内容は、担当の筆者が秋田県公文書館で撮影した原本コピーを全員に配布し、みんなで解読しながら、さらに照井氏と安藤昌益の関連を探ってみた。

六　「茂木弥三郎家人家筋書上帳」から

この書上帳は、前述の『秋田藩陪臣家筋取調書』六十五家のうちの十二所所預の第十代茂木知端（弥三郎は通称）が、自分の召抱えるところの家人五十二人一人ひとりについて召抱えの年代や禄高などを書上げ、明治三年（一八七〇）十月に提出したものである。

見ると、厳しい審査があったらしく、二度三度と返却された跡があり最終的に朱でランクが記され、新給料額決定となったことがうかがえる。

この中から照井藤右衛門の直系子孫である照井健蔵と（系図に先祖の師が照井氏と記されている）、武田氏の直系子孫である武田三祐と、二人の書上げを見てみよう。

１　まず「照井健蔵」分　……③

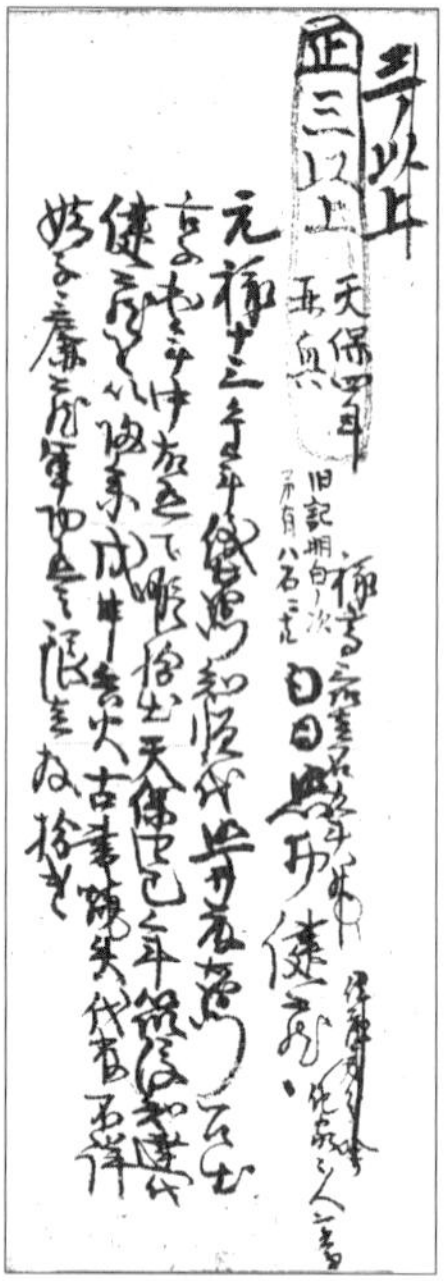

［解読文］

正三以上　天保四年再興　禄高参拾壱石九斗八升
健蔵身分吟　他家々人審
旧記明白ノ次第有
八石ニナル　〇〇照井健蔵
元禄十三午年儀右衛門知恒代照井藤右衛門召出
享和年中故有て暇指出天保四巳年筑後知達代
健蔵を以帰参戊申兵火古書焼失代数不詳
嫡子廉蔵軍功有之銀壱枚指遣

急いで書いたらしく単純な誤記がある。「元禄十三午年」は「元禄三午年」でなければならない。ここは重要なポイントなので説明すると、元禄十三年は午年ではなく辰年であることと、茂木知恒は元禄七年に没しているので十三年とすれば知量でなければならない（現にこの照井健蔵の次の米山寅之助の冒頭は「元禄十三辰年筑後知量代…」と書かれている）。もう一ヶ所、「戊申」は戊辰戦争のことであるから「戊辰」でなければならない。

以上を直して、大意は

「元禄三午年（一六九〇）に、（十二所所預となった初代）茂木知恒（儀右衛門は通称）が（照井健蔵の先祖の）照井藤右衛門を召出した。享和年中（一八〇一～〇四）に事情があって暇を出した。天保四巳年（一八三三）、第八代知達（筑後は通称）が照井健蔵を以て再び召出した。戊辰の年（慶応四年―一八六八）の兵火で古書類が焼失したので照井家が何代仕えたかは不詳である。健蔵の嫡子廉蔵は（戊辰戦争で）軍功が有ったので銀壱枚を指遣わした」と。

2　「茂木弥三郎家人家筋書上帳」から「武田三祐」分……④

つぎに、照井氏と関連ある武田家宗家である「武田三祐」分の書上げを見てみる。

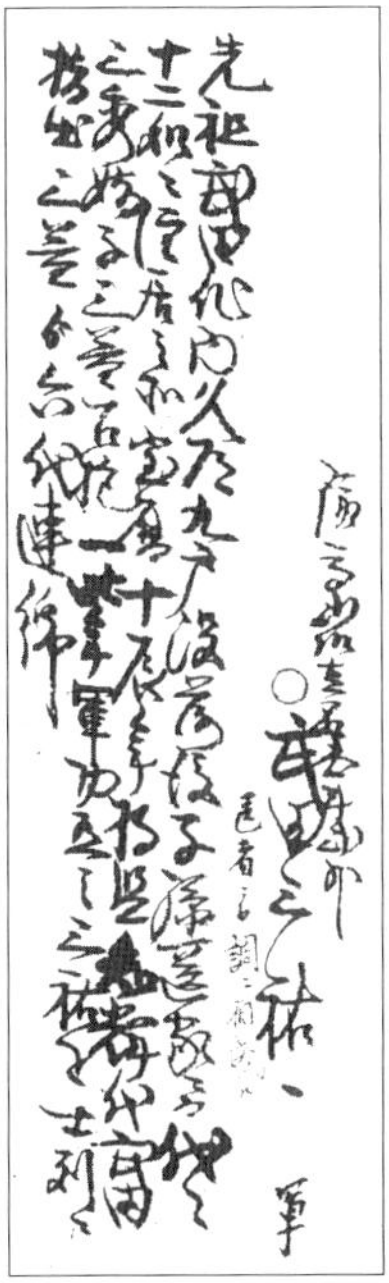

［解読文］

> 禄高弐拾壱石五斗弐升
> ○武田三祐　　軍
> 医者ニ而調ニ相成ル
> 先祖武田作内久道九戸没落後子孫医家ニ而代々
> 十二処ニ住居之処宝暦十辰年将監知輝代武田
> 三秀嫡子三益召抱一昨年軍功有之三祐を士列ニ
> 指出三益より六代連綿

大意は

「（武田三祐の）先祖の武田作内久道が九戸（の乱で逃れて）後、子孫は医家となって、代々十二処に住居していたところ、宝暦十年辰年（一七六〇）に、第五代知輝（将監は通称）が、武田三秀の嫡子である三益を召抱えた。一昨年（の戊辰戦争で）軍功があったので、三祐を武士身分とした。（武田三祐家は）武田三益より六代、連綿召抱えている」と。

このように提出した結果、裁定され、新給料額が決定したことを示す資料がある。

それが『士族卒明細短冊』である。

七　関連資料『士族卒明細短冊・大館十二所分』（秋田県公文書館所蔵）から……⑤

『士族卒明細短冊』とは、明治六年、県が雛形を示し、決定した新しい禄高と姓名はもちろん、年齢や住所、父・祖父の名、その外まで認めさせ、一人ひとり提出させたものである。

その中に「照井健蔵」分がある。

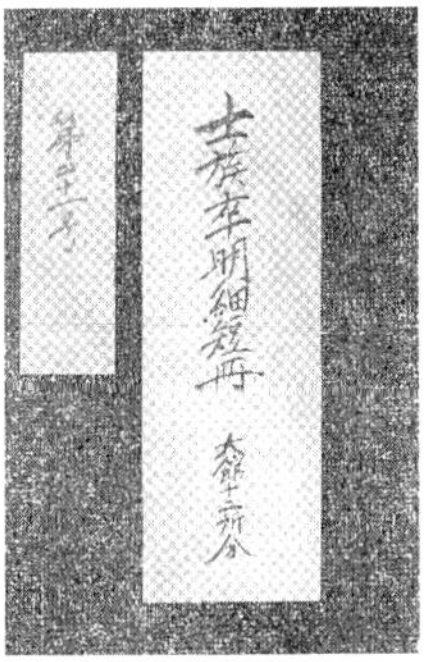

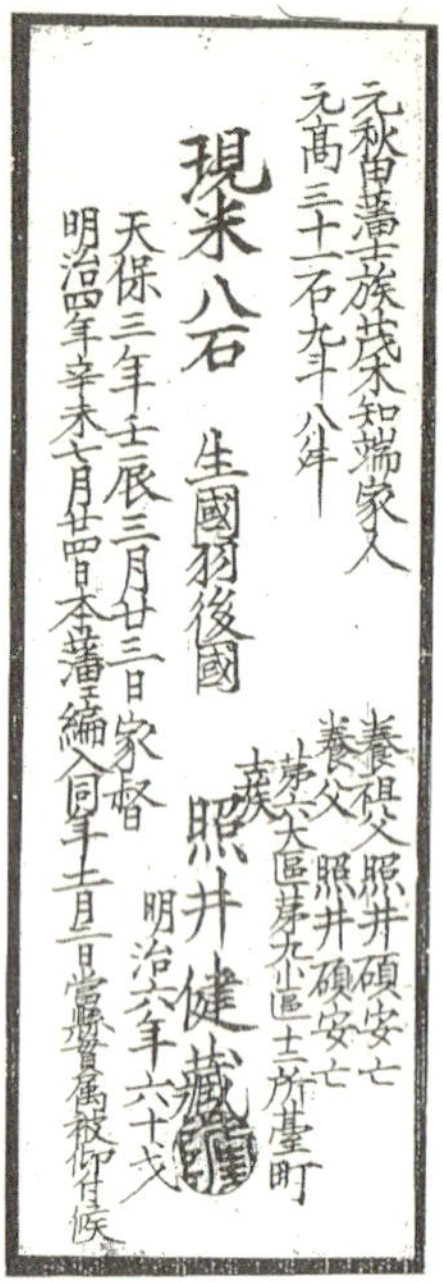

元秋田藩士族茂木知端家人
養祖父　照井碩安　亡
元高　三十一石九斗八升　養父　照井碩安　亡
第六大区第九小区十二所台町
士族
現米　八石　生国羽後国　照井健蔵
明治六年　六十才
天保三年壬辰三月廿三日家督
明治四年辛未七月廿四日本藩エ編入、同年十一
月三日当県貫族被仰付候

このように、新しいことが分かってくると、既存の関連資料が次々と思い出される。後でまとめて分析するので、まず、それらを列挙することとする。

八　関連資料『十二所町郷士読本』（達子勝蔵編、昭和八年刊、成章小学校）から

1　「明治五年提出・十二所士族屋敷図」（同書巻二の口絵）

十二所町の南側の高台上に「照井健蔵」の屋敷あり。……⑥

2　「御館御家中」の中に

「六石士　照井藤兵衛」「御台所役　照井藤兵衛」

「取次役　照井藤兵衛」などとあり。（同書巻二の四七ページ）……⑦

九　関連資料『扇田・正覚寺過去帳』から「照井氏戒名」……⑧

これは全くの奇縁というか、筆者・千葉家の墓が扇田の正覚寺にある。つまり菩提寺であり筆者は檀家総代の一人であるが、十数年前、先代ご住職（小林昭寛師）の許しを得て古い『過去帳』を拝見させていただいたことがある。それは宮野尹賢（安藤昌益と交流があったかもしれないと目されてい

る人物で、綴子で宝暦七年没。正覚寺過去帳にその戒名が記されてある）一族の戒名を調べたいからであったが、その際に念のため照井姓の人についても記録していたのである。今回それが役立つこととなった。照井氏九霊である。

（なお、正覚寺は元和年中の開山であるが、元禄年中に火難あり過去帳も焼失した。天保年代に檀家から先祖の方々の名前（法名・俗名・施主・続柄など）を集め、天保九年に作成されたのが現存の古い過去帳である。このためか文字の誤記が見られる。

例えば「照井碩安」の「碩」を「硯」と、「安」を「庵」と書いたりしている。）〈年代順に。月日を省略し没年のみを記す。没年月不記の方あり、1番とす。〉

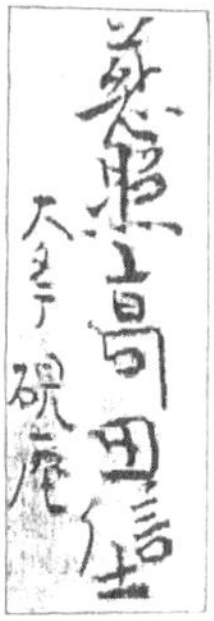

1　没年月不記（?）
慈照高田信士
大タテ　硯庵

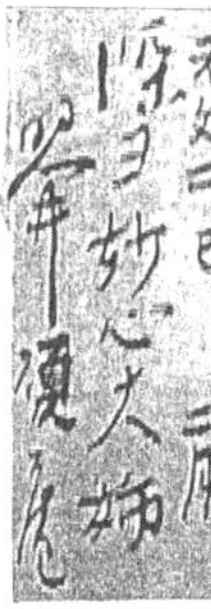

2　元文二巳（一七三七）
深ヨ妙心大姉
照井碩庵

3　同（天明）五巳（一七八五）
順阿達道信士
照井硯庵子

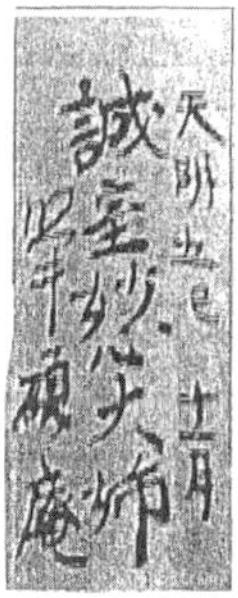

4　天明五巳（一七八五）
誠室妙心大姉
照井碩庵

5　同（天明）八申（一七八八）
高天慈雲居士
大館　硯安

6　同（文化）八未（一八一一）
安阿了心自照居士
照井硯庵

7　文政五午（一八二二）
廓夢道然信士
照井硯安倅

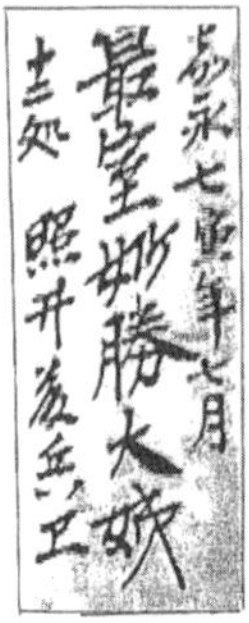

8　嘉永七寅（一八五四）
最室妙勝大姉
十二所　照井藤兵ヱ

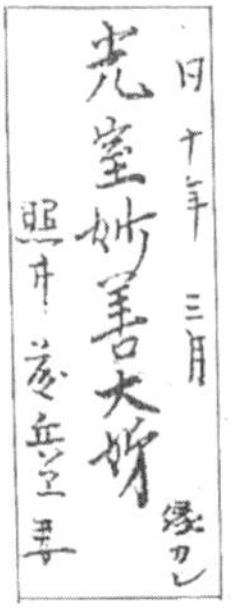

9　同（明治）十年（一八七七）
縁カシ
光室妙善大姉
照井藤兵ヱ

十　関連資料『大館市史』から――照井姓の俳人――……⑨

1　「大館の俳人として、…、照井尋風（順益）、…、の名がある。」

照井尋風は正しくは小林尋風（小林玄泰）で、三宜庵民児、蕗庵五貢とともに大館ではこの三人が、また花岡では鳥潟扇峰が小夜庵五明から文台を許されている。」

（第三巻上二七四ページ）

2　「文化一〇年刊の『万家人名録』に　…、
尋風（照井順益、百合庵）」

（第四巻七七四ページ）

十一　関連資料『大館戊辰戦史・附沿革史』から――俳人・照井せき庵――……⑩

「五明派初代　尋風　せき庵　又百合庵」

（九六八ページ）

（筆者注――「せき庵」は「碩庵」であろう）

以上の資料・関連資料を参考にしながら、つぎに分析を試みることとする。

十二　照井藤右衛門の茂木家人登用年について〈分析1〉

茂木氏は、慶長七年（一六〇二）佐竹氏の国替に従って常陸から秋田に来た。城代格の待遇で横手に居たが、茂木知恒の時の天和三年（一六八三）、三代藩主義処の命で十二所城代（正しくは所預。禄高三一〇〇石）となった。

前出③「茂木弥三郎家人家筋書上帳」を見ると、家人五十二人の登用年が当然だが必ず記されている。それによれば、常陸時代からが塩沢・町井・赤上・関・小嶋・川連・川又・田谷の八氏。横手時代の登用が小野・平沢・赤平の三氏で、十二所に来て最初の登用が実に元禄三年（一六九〇）の照井藤右衛門である。以降、同四年の小山、同六年の松沢、同十二年の田中、同十三年の米山と続いていく。

照井藤右衛門は、禄高（三一石余）からしても医師として召出されたと考えられる。

さて、そのとき、安藤昌益はどうか。昌益は元禄十六年（一七〇三）生まれであるから藤右衛門が十二所茂木氏に召出されて一三年後に、二井田で生まれたことになる。また、昌益とまったく同じ元禄十六年に武田三秀が十二所で生まれている（三秀の父甚兵衛久政は大工で、十二所の長興寺を造営している。のち仏門に入っている）。

昌益の師と目される照井藤右衛門・竹泉。そして武田三秀の医学の師と系譜に記されている照井窓竹。昌益と三秀が同い年ということから、竹泉と窓竹は同一人と考えてもよいのではなかろうか。

照井藤右衛門が元禄三年当時に何歳であったかは不明である。二代藤右衛門への相続年も、没年も不明である。いずれ照井氏は、③「享和年中（一八〇一～〇四）に暇指出し」まで一一〇年間も茂木氏に仕えている。そして約二〇年を経て、天保四年（一八三三）に再び養嗣子の健蔵が召出されるが、⑦から、このときは医師としてではないようである。

十三　照井氏の通称と実名について〈分析2〉

⑤『士族卒明細短冊』「照井健蔵」を見ると、当主健蔵は養嗣子である。明治六年に六十歳。そして養父の名は「碩安」、養祖父の名も「碩安」である。ここで思い出すのが、⑧『正覚寺過去帳』の照井氏の施主名である。最も古い元文二年（一七三七）以降すべて「碩安」である。これらから、照井氏は初代から通称「藤右衛門」、実名「碩安」を代々継いだものと考えられる。

そして養嗣子に入った健蔵が、自ら通称を「藤兵衛」に替えたことが、⑥、⑦、⑧からうかがえる。

十四　「武田三代」について〈分析3〉

④により、十二所武田氏が医師として茂木氏に召抱えられたのは宝暦十年（一七六〇）のことで、よく言われる三秀ではなくて、その子の三益である（禄高二一石余）。

三宅正彦が「三秀の戒名が菩提寺長興寺の武士身分の過去帳に記されている」ことから「三秀が茂木家の家士になり、武士身分に編入されたのは、確実であろう。『武田氏系図』では、茂木家に仕官するのは三益の代からになっているが、一代さかのぼることになる」（北鹿新聞、一九九三年四月一七日）として、「茂木氏儒医の武田三代」などと書いたものだから、その後の諸書に同様の誤りが見られるが、訂正されなければならない。

十五　大館の俳人・照井尋風について〈分析4〉

⑨・⑩から、尋風、順益、百合庵、せき庵（碩安）とあるので、すべて同一人物つまり碩安その人と思われる。有名な吉川五明から文台を許されたほどの俳人は、照井氏の何代目であろうか、健蔵の養祖父ぐらいか。十二所でなく大館とあるのは、時期的に、③「享和年中（一八〇一～〇四）に暇を指出した」ことと関連があるかもしれない。

では、この辺で仮説になるかもしれないが、まとめてみよう。

十六　まとめとして

1　狩野亨吉、渡辺大濤によって昌益の「先輩」ないし「先生」格と目され紹介された「照井竹泉」とは、照井藤右衛門・碩安と思われ、横手から十二所所預として来た茂木知恒に、元禄三年（一六九〇）、医師として十二所で最初に召出された家人（陪臣）である。号は竹泉、のち窓竹であろう。また、通称の藤右衛門と実名の碩安は、家督とともに代々継がれたであろう。「三益の師も照井氏、三省の師も照井氏」の意は（二代藤右衛門）（三代藤右衛門）の意であり、これらを裏付けるものと考える。

2　茂木氏の側医として武田氏がよく言われるが、初めて三益が登用された（後出）のは初代照井藤右衛門登用の七〇年後である。だから三益以前の七〇年間、照井氏が側医を（二～四代ぐらいか）勤めていて、この間に安藤昌益や武田氏の師となった時期があったのだろうと考える。

3　照井藤右衛門と安藤昌益・武田三秀の年齢差はいくらかをみれば、仮に三〇歳の登用とすれば四三歳差となる。すると、もし昌益と三秀が一五歳の時点で学んでいたとすれば、師である藤右衛門五八歳ということになる。なお、三秀は（伊藤東涯『初見帳』に入門は享保十五年（一七三〇）とあり）二七歳のときに上京しているので、その時点では藤右衛門は七〇歳代か。「窓竹」は晩年の号ではないかと考える。

4　三秀の子三益も、照井氏（おそらく二代藤右衛門）から、初めて医学を教わっているが、のち宝暦十年（一七六〇）

に、三益は茂木知輝に医師として召抱えられる。二五歳のときである。さらに三益の子三省も照井氏（おそらく三代藤右衛門）から初めて医学を教わり、三益を継いでいる。このように照井氏・武田氏が茂木氏の医師を同時に何代か勤めた時期があったろうということも考えられる（⑦によれば、幕末期の茂木氏の御側医は小野玄鱗・吉田正安・武田泰安の三人である）。

5 大館の著名な俳人として名を残している照井尋風は、③「享和年中（一八〇一～〇四）に暇を指出」して引退した（何代目かの）照井藤右衛門・碩安であろう。

6 ③・⑤から、直系子孫の照井健蔵とその嫡男廉蔵は、明治初期には十二所に居たことは確かであるが、その後の消息は不明である。

十七　おわりに

『照井氏由緒書・系譜』があればすっきりするかもしれないが、それが見つからない現在、いわば情況証拠によって迫ってみたつもりであるが、果たしてどのぐらい近付けたものか。これらのことに関心をお持ちの方にいくらかでも参考になれば幸甚である。

電話帳を見れば、大館市内に「照井」姓の方がかなりおられる。照井健蔵・廉蔵のご子孫を探してみたいと思っている。

新資料『秋田藩陪臣家筋取調書』を北羽歴史研究会へ届けてくださった畑中康博氏と早速に学習会を催してくれた鷲谷豊会長さんに、深く感謝しながら終わりとする。

昌益思想研究へのまなざし

山﨑庸男

一九六八年（昭和四三）からの東大紛争の少し前、大学の卒業論文に安藤昌益を選んだ。それ故、関東大震災の被災を免れた稿本『自然真営道』一二冊の閲覧のために東大図書館に通った。校内には立看《たてかん》が散見され、日毎に多くなっていった。また、八戸資料の収集にご尽力された上杉修氏（故人）を訪れた。四隅が焦げた昌益関係の資料（『甘味ノ諸薬・自然ノ気行』）を見せて頂き、其の中に古方派の医者・香川修庵のことが記述されていて、私は驚き、筆写をお願いしたが否であった。

　こうして昌益の著作に触れながら、E・H・ノーマン『忘れられた思想家――安藤昌益のこと』（岩波新書、一九五〇）以来の封建社会の批判者・安藤昌益像や、昌益の思想形成の背景を近世封建社会の矛盾と結びつける視点・方法論では、昌益思想は解明できないのではないか、そんな疑念がおこった。又、当時の昌益研究の姿勢に対して、稚拙な表現だが〝昌益には洋服よりも和服の方が似合うのに〟とか、「私制字書巻・一」（『安藤昌益全集』一）に描かれた素朴な人物像からは、破天荒な言説が湧き出てくるのではないか等々。こうして私は近世医学史の脈絡の中で、昌益はどのような位置にいるのだろうかと、手探りをはじめた。

　社会人となり、昌益研究から自然と離れ、今回定年退職を期に昌益研究を再開した。農文協版『安藤昌益全集』（本稿で使用した昌益の資料はこの全集本を使用）を手にして、八戸資料を見ることができ、『全集』発刊の労をとられた方々に感謝している。しかし、『全集』の昌益像と私の昌益像は異なる。また、「自然」「進退」等の用語の捉えかたもやはり異なる。今回、自分の浦島太郎的位置から「昌益思想研究へのまなざし」を記述して、多くの方々からのお叱りを受けたい。

一　延享期八戸・昌益のまなざし

安藤昌益が江戸時代の中頃・延享期（一七四四―一七四七）を中心に、八戸の町医者として生活していたことは資料的にも確認されている。今回、『全集』第十六巻上（八戸関係資料一）・下（八戸関係資料二）を手にして、「八戸・昌益のまなざし」を、一つは「自然」という用語の使い方と意味内容を、一つは「私欲」に対する昌益の関心の高さについて探っていく。

かつて狩野亨吉氏は「自然と云う文字の連発である。……自然と云う事が安藤にとっては如何に大事のものであったかと云うことは認めざるを得ない。」（狩野亨吉『安藤昌益』書肆心水、二〇〇五）と述べている。一般に「自然」という語の理解はやっかいなものである。『古語大辞典』（小学館、一九八三）にて、「自然」は、「物の本来の性。おのずと。ひとりでになるさま。」等々である。「おのづから」は、「人工を加えず自然に。ひとりでに。」等々である。

では、八戸資料から①「自然」②「自《ミ》ヅカラ」「自ヅカラ《ヲ》」の使用頻度をみる。『確竜先生韻経書』では、①は七六箇所、②は五二箇所。『暦ノ大意』は、①は一六箇所、②は一七箇所。『博聞抜粋』は、①は一一箇所、②は一六箇所である。この結果から、昌益は①②を同じような意味内容で捉え、文脈によって①②を使い分けていると推測する。

次は使用した著書の中での「自然」の使用例を『確竜先生韻経書』で見てみる。この書は昌益の音韻論（反切《はんせつ》）である。反切は漢字の発音表記法の一つで、二つの漢字を用い、一方の声母と他方の韻母と声調を組み合わせて、その漢字を表す（例、徳・紅→東）。

○「一」「二」ノ切シ、「唯」○「イツ」ノ「イ」ハ「ア・イ・ウ」三字ノ中ニシテ即チ「ア」ナリ。「ア」ハ未発・無声無音ノ一ツナリ。「二」ト呼ブ則ハ自ヅカラ《ヲ》「イ」ノ韻《ヒビキ》具ハル。「一」ノ「イ」ト「二《イ》」ノ「イ」ト感応シテ「唯《ユイ》」ト反ル。「唯《イ》」ハ未発・不動、其ノ儘自然ノ体ナリ。「唯」ノ中、自ヅカラ《ヲ》「一」「二」具ハル。「一」「二」自ヅカラ《ヲ》感ジテ「唯」ト為ル故ニ、「一」「二」「唯」未発ノ中ニシテ、父母・帰字ノ反切、自然ニ具ハル。此レ天地異前・混沌ノ反切ナリ。

○「自」「然」ノ切シ「真」○父字ノ「シ」ト、母字ノ「ゼン」ノ「ン」ト感合シテ「真」ト反ル。所謂自然トハ真ノ言《イヒ》ナリ。真ハ自然ノ体ナリ。此レ一・二、自然ノ妙ナリ。声音ノ自然ナルコト此ノ如シ。

○「陰」「陽」ノ切シ「養」……此ノ故ニ「陰」「陽」ヲ反切スレバ自然ニ万物ヲ「養フ」ト反ル。人意ノ為ス所ニ非ズ、自然ニ自然ガ為ル所ナリ。此ノ二ノ反切ハ自《オ》ヅカラ此ノ如シ。

この二例から「自然」と「自《ヲ》ヅカラ」が同じ意味内容として使用されていることが分かる。また、天地開闢《かいびゃく》以前の状態(混沌)を「自然」と捉えていること、昌益の重要な概念である「真」を「真ハ自然ノ体ナリ」と「真」の本体の在りかたを「自然」と捉えていることも分かる。又、昌益の「自然」「自《ヲ》ヅカラ」を理解する上で、「人意ノ為ス所ニ非ズ」と人間の作為とは絶対に相容れない意味内容を備(具)わりとしていること、この視点はとても重要である。宝暦期の聖人の作為としての「私法」批判の根拠となる「自然」である(蛇足であるが、『日本思想史辞典』〈ぺりかん社、二〇〇一〉には「じねんしんえいどう　自然真営道」と標記されている。前述した反切の「自《シ》」「然《ゼン》」の読みからみて、「自然」〈しぜん〉の読み方が適正ではないか。昌益の門人、大館・二井田村の一関重兵衛は「自然《シゼン》」とルビを付している(『全集』一四、六七頁))。

昌益の「自然」についてのまなざしをもう一つ見てみる(『博聞抜粋・雑ノ条』)。

○天真ノ一ノ卵〈シルシナリ〉。鴨ノ卵ヲ雞雌ニ抱《イダ》カシムル時ハ生マルナリ。生マレテ後、我ガ子ニアラザルコトヲ知リテ愛サズ。杏木ニ梅木ヲ接《ツ》ゲバ生育ス。此ノ如キノ類、皆、天理ノ真ナリ。考フベキコトナリ。

生命はおのずから(自然に)活きる力を具えている。気の思想家昌益は、生命(気)は互いに感応し合い、同気は和合し異気は不和する。それは「自《ヲ》ヅカラ具ハル」。生命の営みには、文字や学問、私欲と私法、諂いや誑かす、そんな世界とは無縁に「自リ知リテ自リ然ル」「人意ノ為ス所ニ非ズ、自然ニ自然ガ為ル所ナリ」(『確竜先生韻経書』)。

次に昌益の和歌を通して昌益のまなざしを見てみる。一つは『詩文聞書記《しぶんもんじょき》』からである。

この書は八戸の天聖寺住職・延誉上人《えんよしょうにん》の残したもので、昌益と八戸知識人との交流を窺える貴重な資料である。『全集』にはその一部が「抜粋」として繰入れられ、その「延享甲子春」に「確竜堂柳枝軒　正信」の和歌が記載されている（『全集』の読み下しには同意できず、『新編八戸市史』「近世資料編Ⅲ」、市史編纂委員会、二〇一一、を使用する）。

人のあか　おどす吾か身の耻（恥）つかしや
風呂敷の　火たき見るに　付けても

私の解釈は、いかにして、ひとの垢（煩悩）を落とすことに心がけている自分だが、風呂敷をかぶった火たきを見るに付け、自省ばかりだ（『博聞抜粋・釈氏篇』には「無垢ハ煩脳《（ママ）》ノ垢《カ》無シト云フ義ナリ。」とある）。

もう一つは、同資料に、「〇此ノ四偈（筆者注・黄檗宗の頌）、受戒ノ時ニ受クル文ナリ。是レヲ四句ノ偈ト云フ。」に続いて

正信之レヲ和シテ、
去リテ後、如何ナルモノト人問ハバ
嵐ヤ松ノ音ニ応（コタ）ヘン

私の解釈は、私欲・煩悩を去ってはじめて自然（自ずからなるもの）と感応できることを歌ったものとする。

私は二つの和歌を通して思う。かつての禅僧を経て、延享期の昌益は人間の欲望（私欲）について深く考察していたのではないか。又、昌益は人間の私欲の問題を、人間の内面の問題とするとともに次のようにも捉えている。重要な昌益のまなざしである。

天道ハ凡ソ道ニ背ケルヲ罰スルニ、金気ノ神（筆者注・「罪ヲ殺伐シ糺ス精」）ヲ以テス。其ノ従フ者ヲ仁《メグ》ムデ、其ノ邪慾ノ者ヲ悪ム。（『暦ノ大意・上』）

夫レ政ハ私為ル者ニ非ズ、天地ノ道ナリ。天地ハ私ヲ為ス者ニ非ズ、自然ノ公徳ナリ。（『暦ノ大意・中位・下』）

このように延享期の昌益は、天道・道・政治（事）に通底する在るべき在り方としての「自然」は、「私欲」とは絶対に相容れないことと捉えていた。この昌益の問題意識は、やがて宝暦期の聖人・釈迦等への批判、「私欲」「私法」への徹底的な批判的言説となって現れる。私は延享期と宝暦期の『自然真営道』とを、昌益の一貫した問題意識の発展した結果だと捉えている。

次に延享期・八戸における昌益の姿を他者（天聖寺住職・延誉上人）のまなざしから見てみる。

数日講筵（演）ノ師、大医元公昌益、道ノ広キコトヲ天外ニモ猶聞コエン。徳ノ深キコトヲ顧ミレバ地徳尚《ヲ》浅シ。道徳無為ニシテ衆人ニ勧メ、実道ニ入ラシムコト、古聖ニモ秀デタラン者ナリ。（『詩文聞書記』）。

この資料を次のように考える。まず、「道徳無為」の指摘は、昌益思想の根幹である作為でない「自然」の意味内容のことであり、昌益による「人欲」（作為）に対する鋭いまなざしを読み取ったのであろう。又、特に「衆人ニ勧メ、実道ニ入ラシムコト、古聖ニモ秀デタラン者ナリ」という昌益の求道者・伝道者としてのアクティブな姿の指摘である。この姿は終生変わらなかった。この昌益の姿をもう一つの資料から探ってみる。『儒道統之図』（鈴木宏「『儒道統之図』――安藤昌益京都修学に関連する新史料について――」、『日本史研究』四三七号、一九九九）である。

この『儒道統之図』は中国の儒教の聖賢による「道」の伝授の系統図である。伝説上の三皇五帝に始まり「伏羲→（略）→孔子→曾参→子思→孟子（略）→朱熹」と記し、日本でこの道統を継いだのは、「（略）→味岡三伯→安藤良中」とある。図の「良中」の脇には「真儒伝之一巻有師家ニ也」と記されている。

この資料が発表されたとき研究者は驚いたと聞く。京都の医者・味岡三伯と昌益との関係や、宝暦期の昌益が執拗に批判した儒教の聖人たちの道統図に自己（良中）を位置づけていたからである。私は近年この資料の存在を知った。延享期の昌益は、孔子を「孔子曰ク、『性ハ唯之レ仁』ト説キ玉ヘリ。有難キコトナリ」（『禽獣草木虫魚性弁』）と尊崇していた。ところが宝暦期には昌益は聖人・孔子批判を開始する。この『儒道統之図』をどのように捉えたらよいであろうか。はじめに「道統」に関する昌益の記述を見てみる。

「伏義ヨリ此ニ至リ二万有百年、聖人ノ私失見ハレズシテ、反ッテ貴ビ来ルニ、曾子ニ至リテ聖失ノ見ハルルコト、誠ニ天ノ示シナリ。曾子、之レヲ言イ見ハスト雖モ、此ノ後、曾子ニ継ギテ言ヒ統クル者無ク、……二千有百年ニシテ、『学問統括』（筆者注・後に稿本『自然真営道』に編入）ニ至リテ、漸ク又、曾子ノ天言ヲ見ハシテ……天、中古ニハ曾子ヲ以テ示見シ、末世ニハ『統括』ヲ以テ又之レヲ示見ス」（『私法儒書巻』三）と、孔子から「宗ヲ曾子ニ譲」（同上）られ、真道・直耕を実践する曾子（曾参）を昌益は「天代ノ真人」と高く評価する。曾子より道統を継承する昌益の道統観は、さらに「惜シイカナ曾子、天代ノ人ト為（シ）テ、直耕ハ天ノ真道ナルコトヲ一巻ノ書ニ見ハシ後紀ニ為ザルコト」（『私法儒書巻』三）

こうして、昌益は『統道真伝』『自然真営道』を著して「末世」の道統者として自己を位置づける。私は以上のように資料『儒道統之図』を捉える。

もう一つ延享期の昌益のまなざしを見てみる。八戸天聖寺住職・延誉上人は、昌益を「大医元公」「濡儒安先生」と儒医として高く評価したが、昌益の講演に対し「心理廓然として釈門に通ず」（『詩文聞書記』）と。思うに、延誉上人は昌益の「私欲」に執する心法を見たのであろう。また、禅僧から運気論医者として大きく変貌して八戸に登場した昌益は、変貌を示唆するこんな述懐をもしている。

「草木・国土悉ク皆成仏」ト云フカラハ、仏氏ニ於テモ悉ク造化ノ理ヲバ知ルベキコトナリ。然ルニ造化ノ理ヲ説キタル法談ヲ聞イタルコトモナン。（『禽獣草木虫魚性弁』）

二　昌益の男女《ヒト》論へのまなざし

数年前、東京千住の「安藤昌益と千住宿の関係を調べる会」の皆さんを前に、昌益関係の医書発見について話をする機会を得た。最後に私から「昌益が、『男女《ヒト》』とルビしていることから、多くの方は昌益思想の男女平等論だという。当時（近世）の人々は『男女《ヒト》』の表現から男女平等思想と読み取るであろうか。現代人は平等思想を学び、江戸時代は男尊女卑社会と認識して、昌益の『男女《ヒト》』を見て直ちに男女平等論と判断するのではないか」と発言した。多くの方は安藤昌益は男女平等論者と理解しているため怪訝な反応であった。私の発言の主旨は近世人のまなざしで見る大切さ、「男女《ヒト》」の表現だけでなく、昌益の男女平等論がどのような構造・論理をもって述べられているのか、その作業を通して確認すべきであろうということである。

最近、若尾政希氏の「安藤昌益の女性観」（『日本女性史大辞典』吉川弘文館、二〇〇八）を見る機会があった。若尾氏は「女性への差別的な言辞も散見される。たとえば、『女至愚にして心を転ぜざること石の如し』と女がきわめて愚かだと論じたり」と一例をあげる。この記述は昌益の字書である『私制字書巻・二』にあり、正確には「▲妬《ト》ハ、女、至愚ニシテ心ヲ転ゼザルコト石ノ如シト作ル字ナリ。」である。これは昌益の「嫉妬」の字解であり、若尾氏による昌益の「差別的な言辞」の引用例には性急さを感じる。

次に昌益の男女平等論の論理とその構造を見てみる。特に注意することは、「男女ニシテ一人」という表現である。江戸時代において、現在使用する対等・平等に近い語としては、等・均・斉・平であろうか、論を進める。

延享期八戸の昌益は、「天子・諸侯ハ二倫ノ臣衆ヲ主リ天ノ通気ニ合ス。諸臣ハ君庶ノ上下二倫ヲ主リテ地ノ横気ニ合ス《（シ）》、万物ヲ載ス。庶人ハ君臣二尊ノ下ニ在リテ農桑ヲ業ム」（『暦ノ大意・上』）と身分・上下の人倫構造を肯定する。男女の関係・構造については、「反切相合シテ同一ナリ。其ノ天理ヲ以《ヲモ》ンミル則《トキ》ハ、男女・父母、二ナリト雖モ、交合シテ子ヲ生ズルニ至リテハ一ナリ」（『確竜先生韻経書』）と、天理から男女を「一」と捉えている。この男女「一」は天理（原理）から導き出されている可能性は高い。延享期の昌益は天理と人倫とを一体として見る視点は確立していない。次に宝暦期の資料を見てみる

（以下、『統道真伝』は『統』と略記）。

①　転定ニシテ一体・男女ニシテ一人ハ、自然・活真ノ妙体ノ進退ナリ。（『人相視表知裏巻』二）

〈転と定で一体、男と女で一人、その根拠は活真の体である「一」である〉

②　男女《ヒト》、本何者ゾ。……是レ乃チ転定ノ正身ニシテ活真ノ全体、乃イ人体ナリ。（『人相視表知裏巻』一）

〈男女《ヒト》は転定の正身、活真の全き本体、すなわち人の本

体である〉

③　人ハ転下ニ只一人《リ》、一ノ《ヒトリ》人ハ米ノ一《ヒト》ナリ。故ニ万万人ニシテ一人、一人ガ米ノ一《ヒト》ナリ。（『統』五「万国巻」）
〈一人は、米の一《ヒト》から誕生し、万人は一人で、それは米の「一《ヒト》」からくる。〉

一人《ヒトリ》ハ「一人《ヒトタリ》」ナリ。……故ニ「一人《ヒトリ》」ハ「一足《ヒトタ》リ」、「一足《ヒトリ》」ハ「一人《ヒトタ》ル」ナリ。（『和訓神語論』）
〈私たちは「男女《ヒト》」のルビから「人《ヒト》」とイメージしがちだが、「一《ヒト》」の意味内容ではないか。昌益が「転定ニシテ一体、男女ニシテ一人」のポイントは「一」にある。「一」は「真」の本体（「一真」）で、転定で「一」の「体」、男女で「一」の「人」（本体）のことである。よって「一人」の意味内容は、人間の一人・二人ではなく、「一」である人間の本体の表現（記）としての「一人」である。昌益は「男女ニシテ一人ナレバ、救ヒ救ハルル之レ無キ故ニ一《ヒト》ナリ」（『私法神書巻』下）と言う。〉

④　転定ニシテ一体、男女ニシテ一人、善悪ニシテ一物、邪正ニシテ一事、凡テ二用ニシテ一真ナル自然ノ妙道……（『私法儒書巻』二）
〈この「男女ニシテ一人」の表現は、常に「転定ニシテ一体」と対に主張される。昌益の気一元論（天人同一原理）では、社会的存在としての「男女」が、自然界の「転定」と一体化され、自立した固有の世界として位置づけられていない。常に「凡テ二用ニンテ一真」の天人同一原理の中で位置づけられている。〉

⑤　女ハ男ニ随ヒテ私セザル者ナリ。故ニ女色ニ迷ヒ、己レ乱人ト為リ之レニ泥ミ……（『統』一「糺聖失」）
〈若尾氏は前掲書にて「女は男に随」との単語的な引用文から、直ちに、昌益は「男性による女性支配を正当化している。」という。はたしてそうか。⑤は遊女・傾城（けいせい）の場面で、昌益は「皆男ノ迷泥ヲ為ス所、女ニ拘ハル所ニ非ズ。」と、男の「私」を批判する文脈の下での記述である。〉

⑥　男女ノ楽シミ一和シテ、二別有ルコトヲ知ラズ。是レ男ハ善、女ハ悪ニシテ、善悪ガ一ナルコト、是ノ如シ

（『私法儒書巻』二）

⑦　女ハ退気外ニシテ進気ヲ内ニ包ム故ニ、魂神（筆者注・精神活動）外ニ通達スルコト能ハズシテ魯鈍・頑愚ナリ。……男ハ進気外ナル故ニ、魂神能ク外ニ通達シテ賢才・工知ナリ（『統』三「人倫巻」）

〈⑥⑦は昌益の互性論の対概念の機械的な配当からくる、昌益思想の旧態依然の配当的思考の結果である。〉

⑧　女ハ地道、経水常ニ余シテ人倫ノ相続ノ本ト為ル、然ルニ五障三従〈三従ハ女ノ道ナリ〉ト賤シムルハ失リ（『統』二「糺仏失」）

〈この資料を若尾氏は引用しない。昌益は江戸時代の女性の心構えとしての「女三従の教え」を批判しているではないか。丁寧に、整合的に、近世人のまなざしで対象を見ることであろう。〉

昌益の男女論・一人《ヒト》論をみた。その論の構造・論理は根源的な「真」の本体である「一」の原理から導き出されていることが確認できた。昌益の男女論は、近世社会の男女の現実を直視した視点とはとても言えない。

三　昌益の封建制批判論へのまなざし

現在の日本史教科書には、「安藤昌益は『自然真営道』を著して、万人がみずから耕作して生活する自然の世を理想とし、武士が農民から収奪する社会や身分社会を否定した。」（『詳説日本史』、山川出版社、二〇一二）。安藤昌益像の通説的な記述であろう。また、近世史に造詣の深い深谷克己氏から若尾政希氏へ宛てた「私信」（若尾政希『安藤昌益からみえる日本近世』、東京大学出版会、二〇〇四）がある。その中で深谷氏は「前期昌益と後期昌益があるとして、その変化はなんによっておこったと考えるのか、現実なのか、純粋思考の結果なのか、いずれお教え下さい。」とある。深谷氏のことだから昌益の著書は相当読み込んでいると推察する。でも、近世史の中に、通説的な昌益像は落ち着きがわるい、と深谷氏は思っていると私の眼には映る。前期昌益は八戸を基盤に当時の既成学問等を肯定している。後期昌益は儒教・仏教等既成の学問全体を、聖人を激しく批判する。この落差の背景・原因の究明は可能なのか、深谷氏の率直な疑問であろうか。昌益の主張の核心が封建制・身分制批判にあるとするならば、当時の社会の問題（一揆・飢饉・その他）と結び付けて考察するのは常道であろう。しかしやっかいなことに、昌益は自己を取り巻く生活の様子、当時の社会の出来事など、ほとんど記述していない。研究対象としてとてもやっかいな人物である。研究者の方々は、八戸地方の寛延二年（一七四九）の大凶作と「猪飢饉」（イノシシケカチ）や、宝暦の飢饉（一七五五〜五六、宝暦五〜六年）などの出来事を昌益思想誕生の背景と位置づける。寛延期はあの延享期のすぐ後、宝暦五年は稿本『自然真営道』第一巻「私制字書巻」の序文の年号と一致する。

では、昌益の身分制批判・「士農工商」「五倫」などがどのような文脈の中で記述されているのか見てみる。

伏義……天地ヲ二ツト為シ、上尊・下卑ノ位ヲ附ク。是レ己レ衆ノ上ニ立タンガ為ノ私法、転下ニ道ヲ失ル根源ナリ（『統』一「糺聖失」）

世世十一人ノ聖人、九マデ上ニ立チテ帝王ト為リ、五常・五倫・四民ノ政事ヲ立テ、天下ヲ治メ、民ヲ慈シミ、種種ノ教ヘヲ為スコト、曾子ノ言ヲ以テ之レヲ省《ミ》レバ、皆、己レヲ利シ、推シテ上ニ立チ、栄花ヲ為ス、私制ノ法言（『私法儒書巻』二）

儒法ハ漢土ノ聖人利己ノ亢偏知ヲ以テ衆人ヲ誑カシ、推シテ王ニ立チ、私失・妄制ノ字学ヲ以テ衆人ニ敬ハレントノミセシメ、其ノ謀政ノ為ニ五常・四民・五倫ノ私法ノ私教ヲ立ツ（『統』二「糺仏失」）

この昌益の主張は、中国の道統者・聖人が自己の私欲を実現するために、封建的な身分制（四民）や、それを補強する封建倫理（五倫）などの教えを作為（私法・私制）したと批判している。この宝暦期の視点はあの延享期の視点――「天道」「政事」と相容れない「私欲」への批判――となんと一貫しているではないか（「一延享期八戸・昌益のまなざし」参照）。

昌益の宝暦期の著書は儒学・仏教等を中心とした既成教学への批判、中国の聖人、釈迦への批判がほとんどと言っても大過はない。江戸時代昌益が生きた身分制社会への記述はない。例えば前述した八戸の飢饉・猪飢饉は多くの餓死者が出たが、この記述はない。昌益は「猪ハ……穀物類ヲ食フ。

……肉ハ甘味ニシテ冷ナリ。多食スル則（トキ）ハ、異病ヲ発シテ人ヲ殺ス」（『統』四「禽獣巻」）の記述はある。

極端な表現だが、昌益は「自然（道）」と相容れない「私欲」（私法）批判・「既成教学」批判のみに全精神を集中した人物、と表現した方が昌益の実像に近い（「予、此ノ土ニ生マルルニ至リテ、悉ク世世ノ聖聖・釈・諸祖ノ自然ノ真道ヲ失リタルヲ観出ス」（『統』一「糺聖失」）。

もう一つ昌益の著書から「士農工商」の武士の記述を見てみる。

四民ハ士農工商ナリ。是レ聖人ノ大罪・大失ナリ。士ハ武士ナリ。君下ニ武士ヲ立テテ衆人直耕ノ穀産ヲ貪リ、若シ強気ニシテ異輩ニ及ブ者之レ有ル則ハ、此ノ武士ノ大勢ヲ以テ捕リ潰ン為ニ之レヲ制ス。亦聖人ノ令命ニ背キ、党ヲ為シテ敵ヲ為ス者ニハ、此ノ武士ヲ以テ之レヲ責メ伐タント為テ兼用ス。（『統』一「糺聖失」）

この箇所は［聖失ヲ糺ス下ニ自然ノ真道自リ見ハル　儒失ノ部」の主題の中の項「四民ヲ立ツル失リ」にある。この「武士」の描写をどう捉えるかである。江戸時代の武士の実態を切り取り、明確に武士を批判する記述というよりは、聖人の私法（四民）を糺す中の一つとしての「武士」の姿で、「聖人ノ令命ニ背」く者に対処する「武士」の姿なのである。昌益の支配制度の認識において、中国（例えば『礼記』『書経』の世界）と日本の近世幕藩体制との差異の明確な認識はない。昌益のまなざしはそこには無い。昌益は常に、他のある一点（自然と作為）を見つめていたのである。私の昌益研究へのまなざしは、延享期から宝暦期への昌益思想を、整合性をもって見る視点である。そして、昌益は、延享期以降、当時の医学界の問題（自然と作為）を一つの契機に、求道者・伝道者としてのマグマ（塊・まなざし）は、一挙に宝暦期昌益思想へと変貌を遂げた、と私は捉えている（拙稿「一八世紀後半の医学界と安藤昌益」『史学雑誌』九三編一号、一九八四）。

昌益の身分制批判論を検討する上で二つの補強資料を示す。一つは、身分制（二別）批判の原理と視点は、やはりあの「一真」と「私欲」からであること。一つは、昌益は基本的には日本社会を肯定しているということである。

転定ニシテ一体、男女ニシテ一人、善悪ニシテ一物、邪正ニシテ一事、凡テ二用ニシテ一真ナル自然ノ妙道ヲ、上下

二別、貴賤二別、……凡テ悉ク二儀ト為シ、己レ己レガ利ノミヲ欲スル転（テン）下ノ大迷トナル。（『私法儒書巻』一）

日本国……今ニモ他国ヨリ来ル迷世・偽談ノ妄教ヲ省キ去ル則ハ、忽然トシテ初発ノ転真国ノ自然ニ帰シテ、永永飢饉・寒夏・干秡・兵乱等ノ患ヒ無キ安住国ナリ（『統』五「万国巻」）

おわりに

この論稿は通説の昌益像とは大いに異なるものである。若い時に抱いた疑念は『安藤昌益全集』を手にした現在まで一貫していることに驚く。浦島太郎的な立場からの発言であるが、

①安藤昌益は伝統的な慣用語「自《ヲ》ずから」「自然に（と）」に対し、初めて気（生命）の思想を導入して、天人同一に「自り然る」（生命・自然）世界を原理的・体系的に構築し、「自《ヲ》ずから」「自然」なるものに意味内容と価値を付与した思想家である。

②昌益は常に「気」「いのち」「労働」「私欲」などを通して、人間の心と身体、社会の安平を根源的に見つめていた思想家である。

③昌益思想形成の根幹に彼の求道者としての強烈な姿がある。『自然真営道』を世に問うた理由はそこにある。また、彼の著書から既成教学への批判的言辞等を脇に置くと、東北農民の質実な自律した生活倫理が脈々と流れていることが分かる。近世中期頃から各地に形成されてくる所謂「通俗道徳」の形成の中で、昌益思想とその役割を見ていくことも大切かもしれない。

執筆者紹介

佐藤栄佐久（さとう・えいさく）元福島県知事
安藤昌益（あんどう・しょうえき）大館市役所勤務
根城秀峰（ねじょう・ひでみね）安藤昌益資料館を育てる会会長
相川謹之助（あいかわ・きんのすけ）安藤昌益と千住宿の関係を調べる会会長
片岡　龍（かたおか・りゅう）東北大学大学院文学研究科准教授
赤上　剛（あかがみ・たけし）渡良瀬川研究会副代表
小林嬌一（こばやし・きょういち）ジャーナリスト
小林孝信（こばやし・たかのぶ）『たんぽぽ』（松戸市民ネットワーク）編集委員
竹下和男（たけした・かずお）子どもが作る〝弁当の日〟提唱者・元香川県の中学校校長
上之園幸子（うえのその・ゆきこ）中学校教員
池村美奈子（いけむら・みなこ）安藤昌益と千住宿の関係を調べる会会員
佐々木鴻（ささき・つよし）元神奈川県高等学校教員
佐藤喜作（さとう・きさく）日本有機農業研究会会長
菊地文代（きくち・ふみよ）株式会社周代表
中瀬勝義（なかせ・かつよし）エコライフコンサルタント
八重樫新治（やえがし・しんじ）安藤昌益の会会員

齋藤里香（さいとう・りか）岩手県立博物館主任学芸員
東條榮喜（とうじょう・えいき）『互生共環』編集発行人
添田善雄（そえだ・よしお）ＮＰＯ法人足立ほがらかネットワーク会長
石渡博明（いしわた・ひろあき）安藤昌益の会事務局長
児島博紀（こじま・ひろのり）安藤昌益と千住宿の関係を調べる会会員
森中定治（もりなか・さだはる）日本生物地理学会会長
渡部勇人（わたなべ・はやと）明治大学大学院法学研究科博士課程
千葉克一（ちば・かついち）北羽歴史研究会会員
山﨑庸男（やまざき・のぶお）元千葉県高等学校教員

編者紹介
石渡博明（いしわた・ひろあき）
児島博紀（こじま・ひろのり）
添田善雄（そえだ・よしお）

現代《いま》に生《い》きる安藤昌益《あんどうしょうえき》

2012年10月25日　第1版第1刷発行

編者　石渡博明，児島博紀，添田善雄
発行者　橋本盛作
発行所　株式会社 御茶の水書房
〒113-0033　東京都文京区本郷5-30-20
電話　03-5684-0751

Printed in Japan　　組版・印刷／製本　㈱タスプ

ISBN978-4-275-01000-1　C0036